应用技能型院校“十三五”规划教材
立体化校企合作财经教材

企业财务管理

立体化校企合作财经教材编委会
陶红 胡静 / 主编
朱庆时 俞鸣强 / 副主编

立信会计出版社
LIXIN ACCOUNTING PUBLISHING HOUSE

图书在版编目(CIP)数据

企业财务管理 / 陶红，胡静主编. —上海：立信会计出版社，2020.8(2023.7 重印)

ISBN 978-7-5429-6522-6

Ⅰ.①企… Ⅱ.①陶… ②胡… Ⅲ.①企业管理—财务管理 Ⅳ.①F275

中国版本图书馆 CIP 数据核字(2020)第 147470 号

策划编辑 王斯龙
责任编辑 王斯龙
封面设计 南房间

企业财务管理

Qiye Caiwu Guanli

出版发行	立信会计出版社		
地　　址	上海市中山西路 2230 号	邮政编码	200235
电　　话	(021)64411389	传　　真	(021)64411325
网　　址	www.lixinaph.com	电子邮箱	lixinaph2019@126.com
网上书店	http://lixin.jd.com		http://lxkjcbs.tmall.com
经　　销	各地新华书店		

印　　刷	苏州市古得堡数码印刷有限公司
开　　本	787 毫米×1092 毫米　1/16
印　　张	15.25
字　　数	372 千字
版　　次	2020 年 8 月第 1 版
印　　次	2023 年 7 月第 2 次
书　　号	ISBN 978-7-5429-6522-6/F
定　　价	40.00 元

立体化校企合作财经教材编委会

（按姓氏笔画排名）

preface 前言

随着我国管理会计体系的建设与推进,会计工作从原来注重事后核算的财务会计,逐步转型为注重事前预测及筹划的管理会计。财务管理作为理财的基本知识,有助于企业管好用好资金。

财务管理是财务会计类专业的核心课程,大多商贸类专业(如投资与理财、工商企业管理等)将其确定为必修课程。财务管理课程主要学习运用现代管理理论与方法对企业财务活动进行预测、决策、计划、控制和分析,涉及筹资管理、投资管理、营运资金管理和收益分配管理等内容,理论性与实践性都比较强。非专业人员,也可以通过选学,掌握基本财务管理工具,了解简单的财务常识,有助于个人理财或参与企业管理。

本书教改思路清晰,采用模块化编写体系,体现启发式教学理念,突出重点内容,适应学生的基础知识和认知规律,深入浅出,理论联系实际。配套课件、习题、案例、微课、课外拓展等多种类型的课程资源,方便进行线上线下混合式教学,实用性强,既适用于高职院校财经商贸专业日常教学,又可根据需要选择内容进行员工培训,是财经商贸专业教学的普适教材。

本书编写团队人员构成合理,专业知识扎实,有丰富的教学和财务工作经验。本书由无锡城市职业技术学院陶红老师、胡静老师担任主编,无锡城市职业技术学院朱庆时老师、无锡欧瑞京机电有限公司财务总监俞鸣强先生担任副主编。编写具体分工如下:陶红编写模块一、模块二、模块三,朱庆时编写模块四,胡静编写模块五、模块六、模块七;俞鸣强为本书提供实务案例并审核教材,有效保证了实务知识的科学性与规范性。

本书在编写过程中，参考了大量的文献资料，值此之际，谨向原作者深表谢意！由于编者水平有限，时间仓促，书中不足之处在所难免，敬请同行及读者批评指正，以便再版时修订。

本书由"无锡城市职业技术学院重点教材"项目资助。

编　者

2020 年 6 月

contents 目录

模块一　认识财务管理 ······ 1

第一节　企业与企业财务管理 ······ 2

第二节　企业财务管理的目标 ······ 6

第三节　企业财务管理的环节 ······ 10

第四节　企业财务管理的环境 ······ 11

第五节　常见财务管理岗位职责 ······ 14

课后练习 ······ 17

模块二　掌握财务管理基础工具 ······ 21

第一节　货币时间价值 ······ 22

第二节　时间价值的计算方法 ······ 23

第三节　投资风险价值 ······ 37

课后练习 ······ 38

模块三　筹资管理与决策 ······ 43

第一节　筹资管理概述 ······ 44

第二节　债务筹资 ······ 46

第三节　股权筹资 ······ 54

第四节　筹资预测 ······ 60

第五节　资本成本 ······ 62

第六节　杠杆效应 ······ 68

第七节　资本结构 ······ 74

课后练习 ······ 77

模块四　投资管理与决策 ······ 85

第一节　项目投资 ······ 86

第二节　证券投资 ······ 106

课后练习 …… 123

模块五　营运资金管理 …… 131

第一节　营运资金管理概述 …… 132

第二节　现金的管理 …… 137

第三节　应收账款的管理 …… 147

第四节　存货的管理 …… 155

第五节　应付账款的管理 …… 163

课后练习 …… 166

模块六　利润及利润分配管理 …… 171

第一节　利润管理 …… 172

第二节　利润分配管理 …… 175

课后练习 …… 192

模块七　财务分析 …… 197

第一节　财务分析的内容 …… 198

第二节　财务指标的计算和分析 …… 208

第三节　财务综合分析 …… 223

课后练习 …… 226

附表 …… 230

附表一　复利现值系数表 …… 231

附表二　复利终值系数表 …… 232

附表三　年金现值系数表 …… 233

附表四　年金终值系数表 …… 234

模块一

认识财务管理

第一节　企业与企业财务管理

财务管理，又称“理财”，它普遍存在于国家（政府）、金融企业、工商企业、事业机构、家庭（个人）等组织之中，这些组织既是市场活动的主体，也是经济利益的主体。

就国家（政府）理财主体而言，主要活动是在市场上通过经济杠杆和经济政策，保持市场平衡，促进经济结构优化；通过制定有关法律和法规，维持市场秩序，保证市场机制正常发挥；通过建立健全社会保障体系，保持社会秩序稳定，保证经济持续发展。同时国家（政府）在进行经济活动时，无不渗透其理财活动的同步运行，在这一层次的理财活动我们称之为财政（政府理财），例如税收政策、财政预算等都是财政的主要内容。

就金融企业理财主体而言，主要活动是在金融市场上，进行融通资金、开展信用活动，以谋取金融利润，因此金融主体在进行上述金融活动时，也必然伴随其理财活动。对这一层次的理财活动，我们称之为财金（金融理财），例如存贷款活动、同业资金拆借、货币汇兑等。

就工商企业理财主体而言，主要活动是根据市场的需求组织生产和经营，以追求市场活动的效益最大化，同时根据企业生产和经营的需要筹集资金、运用资金并对资金收益进行科学分配，它组成的理财活动，我们称之为财务。

本教材立足于工商企业这一财务主体，探讨企业的财务管理。

一、什么是企业

企业是一个契约性组织，它是从事生产、流通、服务等经济活动，以生产或服务满足社会需要，实行自主经营、独立核算、依法设立的一种营利性的经济组织。

典型的企业组织形式有三种：个人独资企业、合伙企业以及公司制企业。

（一）个人独资企业

个人独资企业是由一个自然人投资，全部资产为投资人个人所有，全部债务由投资者个人承担无限责任的经营实体。

个人独资企业具有创立容易、经营管理灵活自由、不需要缴纳企业所得税等优点。但对于个人独资企业业主而言，个人独资企业具有以下缺点：

（1）需要业主对企业债务承担无限责任，当企业的损失超过业主最初对企业的投资时，需要用业主个人的其他财产偿债。

（2）难以从外部获得大量资金用于经营。

（3）个人独资企业所有权的转移比较困难。

（4）企业的生命有限，将随着业主的死亡而自动消亡。

（二）合伙企业

合伙企业通常是由两个或两个以上的自然人（有时也包括法人或其他组织）合伙经营的企业，是由各合伙人遵循自愿、平等、公平、诚实信用原则订立合伙协议，共同出资、合伙经营、共享收益、共担风险的营利性组织。合伙企业，可分为普通合伙企业和有限合伙企业。

合伙企业的生产经营所得和其他所得，按照国家有关税收规定，由合伙人分别缴纳所得税。

除业主不止一人外，合伙企业的优点和缺点与个人独资企业类似。此外，《中华人民共和国合伙企业法》规定普通合伙人对企业债务须承担无限连带责任。如果一个合伙人没有能力偿还其应分担的债务，其他合伙人须承担连带责任，即有责任替其偿还债务。法律还规定合伙人转让其所有权时需要取得其他合伙人的同意，有时甚至还需要修改合伙协议。

（三）公司制企业

公司制企业简称公司，是指由投资人（自然人或法人）依法出资组建，有独立法人财产，自主经营、自负盈亏的法人企业。

1. 公司制企业的分类

公司是经政府注册的营利性法人组织，并且独立于所有者和经营者。根据现行的《中华人民共和国公司法》（以下简称《公司法》），公司有有限责任公司和股份有限公司两种形式。

有限责任公司简称有限公司，是指股东以其认缴的出资额为限对公司承担责任，公司以其全部财产为限对公司的债务承担责任的企业法人。根据《公司法》的规定，依照本法设立的有限责任公司，必须在公司名称中标明“有限责任公司”或者“有限公司”字样。

知识链接

国有独资公司是有限责任公司的一种特殊形式，具体是指国家单独出资、由国务院或者地方人民政府授权本级人民政府国有资产监督管理机构履行出资人职责的有限责任公司。国有独资公司的公司章程由国有资产监督管理机构制定，或者由董事会制定报国有资产监督管理机构批准。我国国有独资公司不设股东会，由国有资产监督管理机构行使股东会职权。国有资产监督管理机构可以授权公司董事会行使股东会的部分职权，决定公司的重大事项，但公司的合并、分立、解散、增加或者减少注册资本和发行公司债券，必须由国有资产监督管理机构决定。

股份有限公司简称股份公司，是指其全部资本分为等额股份，股东以其所持股份为限对公司承担责任，公司以其全部财产对公司的债务承担责任的企业法人。

有限责任公司和股份有限公司的区别主要如下：

（1）股东人数要求不同。设立有限责任公司的股东人数可以为 1 人或 50 人以下；设立股份有限公司，应当有 2 人以上 200 人以下为发起人。

（2）股权表现形式不同。有限责任公司的权益总额不作等额划分，股东的股权是通过投资人所认缴的出资额比例来表示的；股份有限公司的权益总额平均划分为金额相等的股份，股东的股权是用持有多少股份来表示的。

（3）股份转让限制不同。有限责任公司不发行股票，对股东只发放一张出资证明书，向股东以外的人转让出资需要由股东会或董事会讨论通过；股份有限公司可以发行股票，股票可以依法转让。

2. 公司制企业的优缺点

公司制企业的优点主要如下：

(1) 所有权的流动性强。公司的所有者权益被划分为若干股权份额,每个份额可以单独转让。

(2) 有限债务责任。公司债务是法人的债务,不是所有者的债务。所有者对公司承担的责任以其出资额为限。当公司资产不足以偿还其所欠债务时,股东无须承担连带清偿责任。

(3) 可以无限存续。一个公司在最初的所有者和经营者退出后仍然可以继续存在。

(4) 融资渠道较多。公司制企业更容易筹集所需资金。

公司制企业的缺点主要如下:

(1) 组建公司的成本高。设立公司制企业比设立个人独资企业或合伙企业复杂,需要提交一系列法律文件,且花费的时间较长。公司成立后,政府对其监管比较严格,需要定期提交各种报告。

(2) 存在代理问题。所有者和经营者分开以后,所有者成为委托人,经营者成为代理人,代理人可能为了自身利益而伤害委托人利益。

(3) 双重课税。公司作为独立的法人,其利润需缴纳企业所得税,企业利润分配给股东后,股东还需缴纳个人所得税。公司制企业不同于个人独资企业和合伙企业,它是一个法律实体,我们在法律上称它为"法人"。作为法人,公司具有许多与自然人相同的权利,它以公司的名义拥有财产,具有法律身份。公司可以签订合同,为公司的债务承担责任,也要为公司获得的利润缴纳企业所得税。

以上三种形式的企业组织中,个人独资企业占企业总数的比重很大,但是绝大部分的商业资金是由公司制企业控制的。因此,企业财务管理通常把公司理财作为讨论的重点。

二、企业财务管理的内容

所谓财务,一般是指社会各经济环节中涉及钱、财、物的经济业务。财务管理是企业合理组织财务活动、正确处理财务关系的一项经济管理工作。财务管理作为企业管理的一个重要组成部分,是对企业生产经营活动的价值管理,具体表现为对企业资金的管理。

企业的基本活动可以分为筹资、投资、营运和分配活动四个方面。从财务管理角度看,筹资也可以分为长期筹资和短期筹资,投资可以分为长期投资和短期投资。由于短期投资、短期筹资和企业现金流管理有着密切关系,所以通常将其合并在一起讨论,称为营运资金管理。因此,本教材把财务管理的内容分为筹资管理、投资管理、营运资金管理、收入与分配管理四个部分。

(一) 筹资管理

企业要根据其生产经营、发展战略、投资和资本结构等方面的需要,通过筹资渠道和资本市场,运用筹资方式,依法、经济有效地筹集企业所需资金,进行筹资管理。无论是建立新企业,还是经营现有企业,都需要筹措一定数量的资金。在进行筹资活动时,企业一方面要科学预测筹资的总规模,以保证所需资金;另一方面要通过筹资渠道和筹资方式的选择,确定合理的筹资结构,降低资本成本,增加公司的利益,控制相关的风险。筹集资金管理是企业财务管理的一项重要内容。

（二）投资管理

投资是企业生存、发展及进一步获取利润的基本前提。企业取得资金后，必须将其投入使用，以取得良好的经济效益。在进行投资管理活动时，企业必须考虑投资规模，同时还必须通过投资方向和投资方式的选择来确定合适的投资结构，提高投资效益，降低投资风险。不同的投资项目，对企业价值和财务风险的影响程度不同。企业的投资，有对内投资和对外投资之分。对内投资是指企业把筹集到的资金用于本企业的资产上，如购置固定资产、无形资产等；对外投资是指企业把筹集到的资金用于购买股票、债券、出资新组建公司或与其他企业联营等。如果投资决策不科学、投资结构不合理，那么投资项目往往不能达到预期效益，影响企业盈利水平和偿债能力。投资决策的正确与否，直接关系到企业的兴衰成败。

（三）营运资金管理

企业在日常的生产经营活动中，会发生一系列流动资产和流动负债资金的收付。企业的营运资金在全部资金中占有较大的比重，是企业财务管理工作的一项重要内容。营运资金管理主要涉及现金持有计划的确定，应收账款的信用标准、信用条件和收款政策的确定，存货周期、存货数量、订货计划的确定，短期借款计划、商业信用筹资计划的确定等。如何节约资金成本、提高资金使用效率、进行流动资产的投融资，以及如何管理流动负债等都需要企业提前做好规划。

（四）收入与分配管理

收入与分配管理是对企业收入与分配活动及其形成的财务关系的组织与调节，是企业进行销售预测和定价管理，并将一定时期内所创造的经营成果在企业内、外部各利益相关者之间进行合理、有效分配的过程。收入反映的是企业经济利益的来源，而分配反映的是企业经济利益的去向，两者共同构成企业经济利益流动的完整链条。收入的初次分配是对成本费用的弥补，这一过程随着再生产的进行而自然完成，而利润分配则是对收入初次分配的结果进行再分配。根据投资者的意愿和企业生产经营的需要，企业实现的净利润可以作为投资收益分配给投资者，也可以暂时留存企业形成未分配利润，或者作为投资者的追加投资。企业的财务人员要合理确定分配的规模和结构，确保企业取得最大的长期利益。

以上企业财务管理的四部分内容是相互联系、相互制约的。筹资是基础，离开企业生产经营所需的资金筹措，企业就不能生存与发展，而且公司筹资数量还制约着公司投资的规模。企业所筹措的资金只有有效地投放出去，才能实现筹资的目的，并不断增值与发展；而投资反过来又决定了企业需要筹资的规模和时间。投资和筹资的成果都需要依赖资金的营运才能实现，筹资和投资在一定程度上决定了公司日常经营活动的特点和方式，但企业日常活动还需要对营运资金进行合理管理与控制，努力提高营运资金的使用效率与效果。收入与分配的来源是企业上述各方面共同作用的结果，同时又会对上述各方面产生反作用。因此，筹资管理、投资管理、营运资金管理、收入与分配管理都是企业价值创造的必要环节，是保障企业健康发展、实现可持续增长的重要内容。

第二节 企业财务管理的目标

企业的目标就是创造财富(或价值)。一般而言,企业财务管理的目标就是为实现企业创造财富或价值这一目标服务。鉴于财务活动直接从价值方面反映企业的商品或者服务提供过程,因而财务管理可为企业的价值创造发挥重要作用。

一、企业财务管理目标理论

企业财务管理的目标有以下几种代表性的理论。

(一) 利润最大化

利润最大化是指假定企业财务管理以实现利润最大为目标。

利润最大化目标的主要优点是,如果企业追求利润最大化,就必须讲求经济核算,加强管理,改进技术,提高劳动生产率,降低产品成本。这些措施都有利于企业资源的合理配置,有利于企业整体经济效益的提高。

但是,以利润最大化作为财务管理目标存在以下缺陷:

(1) 没有考虑利润实现时间和资金时间价值。比如,今年 100 万元的利润和 10 年以后同等数量的利润的实际价值是不一样的,10 年间会产生时间价值的增加,而且这一数值会随着贴现率的不同而有所不同。

(2) 没有考虑风险问题。不同行业具有不同的风险,同等利润值在不同行业中的意义也不相同。比如,风险比较高的高科技企业和风险相对较小的制造业企业无法简单比较。

(3) 没有反映出创造的利润与投入资本之间的关系。

(4) 可能导致企业短期财务决策倾向,影响企业长远发展。由于利润指标通常按年计算,因此,企业决策也往往会服务于年度指标的完成或实现。

利润最大化的另一种表现方式是每股收益最大化,即把企业的利润和股东投入的资本联系起来考察。除了反映所创造利润与投入资本之间的关系外,每股收益最大化与利润最大化目标的缺陷基本相同。

(二) 股东财富最大化

股东财富最大化是指企业财务管理以实现股东财富最大为目标。在上市公司,股东财富是由其所拥有的股票数量和股票市场价格两方面决定的。在股票数量一定时,股票价格达到最高,股东财富也就达到最大。

与利润最大化相比,股东财富最大化的主要优点如下:

(1) 考虑了风险因素。这是因为通常股价会对风险作出较敏感的反应。

(2) 在一定程度上能避免企业短期行为。这是因为不仅目前的利润会影响股票价格,预期未来的利润同样会对股价产生重要影响。

(3) 对上市公司而言,股东财富最大化目标比较容易量化,便于考核和奖惩。

以股东财富最大化作为财务管理目标存在以下缺点:

(1) 通常只适用于上市公司,非上市公司难以应用。这是因为非上市公司无法像上市公司一样随时准确获得公司股价。

(2) 股价受众多因素影响，特别是企业外部的因素，有些还可能是非正常因素。股价不能完全准确反映企业财务管理状况，比如，有的上市公司处于破产的边缘，但由于可能存在某些机会，其股票市价可能还在走高。

(3) 更多地强调股东利益，而对其他相关者的利益重视不够。

(三) 企业价值最大化

企业价值最大化是指企业财务管理行为以实现企业的价值最大为目标。企业价值可以理解为企业所有者权益和债权人权益的市场价值，或者是企业所能创造的预计未来现金流量的现值。未来现金流量这一概念，包含了资金的时间价值和风险价值两个方面的因素。因为未来现金流量的预测包含了不确定性和风险因素，而现金流量的现值是以资金的时间价值为基础对现金流量进行折现计算得出的。

企业价值最大化目标要求企业通过采用最优的财务政策，充分考虑资金的时间价值和风险与报酬的关系，在保证企业长期稳定发展的基础上使企业总价值达到最大。

以企业价值最大化作为财务管理目标，具有以下优点：

(1) 考虑了取得报酬的时间，并用时间价值的原理进行了计量。

(2) 考虑了风险与报酬的关系。

(3) 将企业长期、稳定的发展和持续的获利能力放在首位，在一定程度上能克服企业在追求利润过程中的短期行为。因为不仅目前利润会影响企业的价值，预期未来的利润对企业价值增加也会产生重要影响。

(4) 用价值代替价格，避免了过多外界市场因素的干扰，有效地规避了企业的短期行为。

但是，以企业价值最大化作为财务管理目标过于理论化，不易操作。对于非上市公司而言，只有对企业进行专门评估才能确定其价值，而在评估企业的资产时，由于受评估标准和评估方式的影响，很难做到客观和准确。

(四) 相关者利益最大化

在现代企业是多边契约关系的总和的前提下，确立科学的财务管理目标，需要考虑哪些利益关系会对企业发展产生影响。在市场经济中，企业的理财主体更加细化和多元化。股东作为企业所有者，在企业中拥有最高的权力，并承担着最大的义务和风险；但是债权人、员工、企业经营者、客户、供应商和政府也为企业承担着风险。因此，企业的利益相关者不仅包括股东，还包括债权人、企业经营者、客户、供应商、员工、政府等。在确定企业财务管理目标时，不能忽视这些相关利益群体的利益。

以相关者利益最大化作为财务管理目标，具有以下优点：

(1) 有利于企业长期稳定发展。这一目标注重企业在发展过程中考虑并满足各利益相关者的利益关系，因此，在追求长期稳定发展的过程中，有利于站在企业的角度上进行投资研究，而避免只站在股东的角度进行投资可能导致的一系列问题。

(2) 体现了合作共赢的价值理念，有利于实现企业经济效益和社会效益的统一。由于企业需兼顾企业、股东、政府、客户等的利益，所以它不仅仅是一个单纯谋利的组织，还承担了一定的社会责任。企业在寻求其自身的发展和利益最大化过程中，由于需维护客户及其他利益相关者的利益，就会依法经营、依法管理，正确处理各种财务关系，自觉维护和确实保障国家、集体和社会公众的合法权益。

（3）这一目标本身是一个多元化、多层次的目标体系，较好地兼顾了各利益主体的利益。这一目标可使企业各利益主体相互作用、相互协调，并在使企业利益、股东利益达到最大化的同时，也使其他利益相关者利益达到最大化。

（4）体现了前瞻性和现实性的统一。比如，企业作为利益相关者之一，可以采用未来企业报酬贴现值作为评价指标；股东可以采用股票市价作为评价指标；债权人可以采用风险最小、利息最大作为评价指标；员工可以采用工资福利作为评价指标；政府可采用社会效益等作为评价指标。不同的利益相关者有各自的指标，只要合理合法、互利互惠、相互协调，就可以实现所有相关者利益最大化。

（五）四种财务管理目标之间的关系

以上四种财务管理目标，都是以股东财富最大化为基础的。因为，企业是市场经济的主要参与者，企业的创立和发展都必须以股东的投入为基础，离开了股东的投入，企业就不复存在。并且，在企业的日常经营过程中，作为所有者的股东在企业中承担着最大的义务和风险，相应也需享有最高的报酬，即股东财富最大化，否则就难以为市场经济的持续发展提供动力。

当然，以股东财富最大化为核心和基础，还应该考虑利益相关者的利益。股东权益是剩余权益，只有满足了其他方面的利益之后，才会有股东的利益。企业必须缴税、给职工发工资、给顾客提供他们满意的产品和服务，然后才能获得税后收益。可见，其他利益相关者的要求先于股东被满足，因此这种满足必须是有限度的。如果对其他利益相关者的要求不加限制，股东就不会有“剩余”了。除非股东确信投资会带来满意的回报，否则股东不会出资。没有股东财富最大化的目标，利润最大化、企业价值最大化以及相关者利益最大化的目标也就无法实现。因此，在强调公司承担应尽的社会责任的前提下，应当允许企业以股东财富最大化为目标。

二、利益冲突与协调

现代企业众多利益相关者中，所有者与经营者、所有者与债权人的利益冲突是最明显的。因此，协调好它们之间的利益关系至关重要。

（一）所有者和经营者

在现代企业中，经营者一般不拥有占支配地位的股权，他们只是所有者的代理人。所有者期望经营者代表他们的利益工作，实现所有者财富最大化，而经营者则有其自身的利益考虑，二者的目标经常会不一致。通常，所有者支付给经营者报酬的多少，取决于经营者能够为所有者创造多少财富。

经营者和所有者的主要利益冲突是经营者希望在创造财富的同时，能够获取更多的报酬，并避免各种风险；而所有者则希望以较小的代价（支付较少报酬）实现更多的财富。

为了协调这一利益冲突，所有者通常会采取解聘和激励措施来约束经营者。其中，激励就是将经营者的报酬与其绩效直接挂钩，激励方式包括股票期权、绩效股两种。

（二）所有者和债权人

所有者的目标可能与债权人期望实现的目标发生矛盾。首先，所有者可能要求经营者改变举债资金的原定用途，将其用于风险更高的项目，这会增大偿债风险，债权人的负债价值也必然会降低，造成债权人风险与收益的不对称。因为高风险的项目一旦成功，额外的利润为所有者独享；但若失败，债权人却要与所有者共同负担由此造成的损失。其次，所有者可能在未征得现有债权人同意的情况下，要求经营者举借新债，导致偿债风险相应增大，从而致使原有债权的价值降低。

所有者与债权人的利益冲突，可以通过限制性借债、收回（或停止）借款方式解决。

三、企业的社会责任

企业的社会责任是指企业在谋求所有者或股东权益最大化之外所负有的维护和增进社会利益的义务。具体来说，企业社会责任主要包括以下内容。

（一）对员工的责任

企业除了向员工支付报酬的法律责任外，还负有为员工提供安全工作环境、职业教育等保障员工利益的责任。按我国《公司法》的规定，企业对员工承担的社会责任有：

（1）按时足额发放劳动报酬，并根据社会发展逐步提高工资水平。

（2）提供安全健康的工作环境，加强劳动保护，实现安全生产，积极预防职业病。

（3）建立公司职工的职业教育和岗位培训制度，不断提高职工的素质和能力。

（4）完善工会、职工董事和职工监事制度，培育良好的企业文化。

（二）对债权人的责任

债权人是企业的重要利益相关者，企业应依据合同的约定以及法律的规定对债权人承担相应的义务，保障债权人合法权益。这种义务既是公司的民事义务，也可视为公司应承担的社会责任。企业对债权人承担的社会责任主要有：

（1）按照法律、法规和公司章程的规定，真实、准确、完整、及时地披露公司信息。

（2）诚实守信，不滥用公司人格。

（3）主动偿债，不无故拖欠。

（4）确保交易安全，切实履行合法订立的合同。

（三）对消费者的责任

企业的价值实现，很大程度上取决于消费者的选择，企业理应重视对消费者承担的社会责任。企业对消费者承担的社会责任主要有：

（1）确保产品质量，保障消费安全。

（2）诚实守信，确保消费者的知情权。

（3）提供完善的售后服务，及时为消费者排忧解难。

（四）对社会公益的责任

企业对社会公益的责任主要涉及慈善、社区等。企业对慈善事业的社会责任是指承担扶贫济困和发展慈善事业的责任，表现为企业对不确定的社会群体(尤指弱势群体)进行帮助。其表现形式有捐赠、招聘残疾人或生活困难的人到企业工作、举办公益性活动等。

(五) 对环境和资源的责任

企业对环境和资源的社会责任可以概括为两大方面：一是承担可持续发展与节约资源的责任；二是承担保护环境和维护自然和谐的责任。

此外，企业还有义务和责任遵从政府的管理、接受政府的监督。企业要在政府的指引下合法经营、自觉履行法律规定的义务，同时尽可能地为政府献计献策、分担社会压力、支持政府的各项事业。

企业是社会的经济细胞，理应关注并自觉改善自身的生态环境，重视履行对员工、消费者、环境、社区等利益相关方的责任，重视其生产行为可能对未来环境的影响，特别是在员工健康与安全、废弃物处理、污染等方面应尽早采取相应的措施，减少企业在这些方面可能会遭遇的各种困扰，从而帮助企业可持续发展。

第三节　企业财务管理的环节

财务管理环节是企业财务管理的工作步骤与一般工作程序。一般而言，企业财务管理包括以下几个环节。

一、计划与预算

(一) 财务预测

财务预测是指根据企业财务活动的历史资料，考虑现实的要求和条件，对企业未来的财务活动做出较为具体的预计和测算的过程。财务预测可以测算各项生产经营方案的经济效益，为决策提供可靠的依据；可以预计财务收支的发展变化情况，以确定经营目标；可以测算各项定额和标准，为编制计划、分解计划指标服务。

财务预测的方法主要有定性预测和定量预测两类。

(二) 财务计划

财务计划是指根据企业整体战略目标和规划，结合财务预测的结果，对财务活动进行规划，并以指标形式落实到每一计划期间的过程。财务计划主要通过指标和表格，以货币形式反映在一定的计划期内企业生产经营活动所需要的资金及其来源、财务收入和支出、财务成果及其分配的情况。

确定财务计划指标的方法一般有平衡法、因素法、比例法和定额法等。

(三) 财务预算

财务预算是指根据财务战略、财务计划和各种预测信息，确定预算期内各种预算指标的过程。它是财务战略的具体化，是财务计划的分解和落实。

财务预算的编制方法通常包括固定预算与弹性预算、增量预算与零基预算、定期预算与滚动预算等。

二、决策与控制

（一）财务决策

财务决策是指按照财务战略目标的总体要求，利用专门的方法对各种备选方案进行比较和分析，从中选出最佳方案的过程。财务决策是财务管理的核心，决策的成功与否直接关系企业的兴衰成败。

财务决策的方法主要有经验判断法和定量分析方法两类。

（二）财务控制

财务控制是指利用有关信息和特定手段，对企业的财务活动施加影响或调节，以便实现计划所规定的财务目标的过程。

财务控制的方法通常包括前馈控制、过程控制、反馈控制等。财务控制措施一般包括预算控制、运营分析控制和绩效考评控制等。

三、分析与考核

（一）财务分析

财务分析是指根据企业财务报表等信息资料，采用专门方法，系统分析和评价企业财务状况、经营成果以及未来趋势的过程。

财务分析的方法通常有比较分析法、比率分析法和因素分析法等。

（二）财务考核

财务考核是指将报告期实际完成数与规定的考核指标进行对比，确定有关责任单位和个人完成任务的过程。财务考核与奖惩紧密联系，是贯彻责任制原则的要求，也是构建激励与约束机制的关键环节。

财务考核的形式多种多样，可以采用绝对指标、相对指标、完成百分比进行考核，也可采用多种财务指标进行综合评价考核。

第四节　企业财务管理的环境

财务管理环境是指对企业财务活动和财务管理产生影响作用的企业内外各种条件的统称，主要包括技术环境、经济环境、金融环境、法律环境等。

一、技术环境

财务管理的技术环境，是指财务管理得以实现的技术手段和技术条件，它决定着财务管理的效率和效果。目前，我国进行财务管理所依据的会计信息是通过会计系统所提供的，占企业经济信息总量的60%～70%。在企业内部，会计信息主要是提供给管理层决策使用，而在企业外部，会计信息则主要是为企业的投资者、债权人等提供服务。

目前，我国正全面推进会计信息化工作，全力打造会计信息化人才队伍，基本实现大型企事业单位会计信息化与经营管理信息化的融合，进一步提升企事业单位的管理水平和风险防范能力，做到"数出一门、资源共享"，便于不同信息使用者获取、分析和利用，进行投资和相关决策；基本实现大型会计师事务所采用信息化手段对客户的财务报告和内部控制进行审计，进一步提升社会审计质量和效率；基本实现政府会计管理和会计监督的信息化，进一步提升会计管理水平和监管效能。通过全面推进会计信息化工作，使我国的会计信息化达到或接近世界先进水平。我国企业会计信息化的全面推进，必将促使企业财务管理的技术环境进一步完善和优化。

二、经济环境

在影响财务管理的各种外部环境中，经济环境是最为重要的。

经济环境内容十分广泛，包括经济体制、经济周期、经济发展水平、宏观经济政策及通货膨胀水平等。

（一）经济体制

在计划经济体制下，国家统筹企业资本、统一投资、统负盈亏，企业利润统一上缴，亏损全部由国家补贴，企业虽然是一个独立的核算单位但无独立的理财权利。财务管理活动的内容比较单一，财务管理方法比较简单。在市场经济体制下，企业是"自主经营、自负盈亏"的经济实体，有独立的经营权，同时也有独立的理财权。企业可以从其自身需要出发，合理确定资本需要量，然后到市场上筹集资本，再把筹集到的资本投放到高效益的项目上以获取更大的收益，最后将收益根据需要和可能进行分配，保证企业财务活动自始至终根据自身条件和外部环境作出各种财务管理决策并组织实施。因此，财务管理活动的内容比较丰富，方法也复杂多样。

（二）经济周期

在市场经济条件下，经济发展与运行带有一定的波动性，大体上经历复苏、繁荣、衰退和萧条几个阶段的循环，这种循环就叫作经济周期。

在经济周期的不同阶段，企业应采用不同的财务管理战略，如表1-1所示。

表1-1　经济周期中不同阶段的财务管理战略

复苏	繁荣	衰退	萧条
1. 增加厂房设备	1. 扩充厂房设备	1. 停止扩张	1. 建立投资标准
2. 实行长期租赁	2. 继续建立存货	2. 出售多余设备	2. 保持市场份额
3. 建立存货储备	3. 提高产品价格	3. 停产不利产品	3. 压缩管理费用
4. 开发新产品	4. 开展营销规划	4. 停止长期采购	4. 放弃次要利益
5. 增加劳动力	5. 增加劳动力	5. 削减存货	5. 削减存货
		6. 停止扩招雇员	6. 裁减雇员

（三）经济发展水平

经济发展水平越高，财务管理水平也越高。财务管理水平的提高，将推动企业降低成本、改进效率、提高效益，从而促进经济发展水平的提高；而经济发展水平的提高，将改变企业的财务战略、财务理念、财务管理模式和财务管理的方法手段，从而促进企业财务管理水平的提高。财务管理应当以经济发展水平为基础，以宏观经济发展目标为导向，从业务工作角度保证企业经营目标和经营战略的实现。

（四）宏观经济政策

不同的宏观经济政策，对企业财务管理影响不同。金融政策中的货币发行量、信贷规模会影响企业投资的资金来源和投资的预期收益；财税政策会影响企业的资金结构和投资项目的选择等；价格政策会影响资金的投向和投资的回收期及预期收益；会计制度的改革会影响会计要素的确认和计量，进而对企业财务活动的事前预测、决策及事后评价产生影响等。

（五）通货膨胀水平

通货膨胀对企业财务活动的影响是多方面的。其主要表现在：增加资金占用，从而增加企业的资金需求；企业利润虚增，造成企业资金由于利润分配而流失；利率上升、资金供应紧张，增加企业筹资成本，加大筹资难度。

为了减轻通货膨胀对企业造成的不利影响，企业应当采取措施予以防范。在通货膨胀初期，货币面临着贬值的风险，这时企业可以进行投资以避免风险，实现资本保值；与客户应签订长期购货合同，以减少物价上涨造成的损失；取得长期负债，以保持资本成本的稳定。在通货膨胀持续期，企业可以采用比较严格的信用条件，减少企业债权；调整财务政策，防止和减少企业资本流失等。

三、金融环境

企业总是需要资金从事投资和用资活动的。资金的取得离不开金融机构、金融工具和金融市场，金融政策的变化必然影响到企业的理财行为。

（一）金融机构

金融机构主要是指银行和非银行金融机构。银行是指经营存款、放款、汇兑、储蓄等金融业务，承担信用中介的金融机构，包括各种商业银行和政策性银行，如中国工商银行、中国农业银行、中国银行、中国建设银行、国家开发银行、中国农业发展银行等。非银行金融机构主要包括保险公司、信托投资公司、证券公司、财务公司、金融资产管理公司、金融租赁公司等机构。

（二）金融工具

金融工具是指形成一方的金融资产并形成其他方的金融负债或权益工具的合同。借助金融工具，资金从供给方转移到需求方。金融工具分为基本金融工具和衍生金融工具两大类。常见的基本金融工具有企业持有的现金、从其他方收取现金或其他金融资产的合同权利以及向其他方交付现金或其他金融资产的合同义务等；衍生金融工具又称派生金融工具，是在基本金融工具的基础上通过特定技术设计形成的新的金融工具，常见的衍生金融工具包括远期合同、期货合同、互换合同和期权合同等，种类复杂繁多，具有高风险、高杠杆效应的特点。

金融工具具有流动性、风险性和收益性的特征。

(三) 金融市场

金融市场是指资金供应者和资金需求者双方通过一定的金融工具进行交易,进而融通资金的场所。金融市场的主要功能就是把社会各个单位和个人的剩余资金有条件地转让给社会各个缺乏资金的单位和个人,使财尽其用,促进社会发展。金融市场不仅为企业融资和投资提供了场所,而且还可以帮助企业实现长短期资金转换,引导资本流动,提高资金转移效率。

按期限标准分类,金融市场可分为货币市场和资本市场。货币市场又称短期金融市场,是指以期限在 1 年以内的金融工具为媒介,进行短期资金融通的市场,包括同业拆借市场、票据市场、大额定期存单市场和短期债券市场等;资本市场又称长期金融市场,是指以期限在 1 年以上的金融工具为媒介,进行长期资金交易活动的市场,包括股票市场、债券市场和融资租赁市场等。

四、法律环境

法律环境是指企业与外部发生经济关系时应遵守的有关法律、法规和规章,主要包括公司法、证券法、金融法、证券交易法、经济合同法、税法、企业财务通则、内部控制基本规范等。市场经济是法制经济,企业的经济活动总是在一定法律规范内进行的。法律既约束企业的非法经济行为,也为企业从事各种合法经济活动提供保护。

国家相关法律、法规按照对财务管理内容的影响情况可以分如下几类:

(1) 影响企业筹资的各种法律、法规主要有:公司法、证券法、金融法、证券交易法、合同法等。这些法律、法规可以从不同方面规范或制约企业的筹资活动。

(2) 影响企业投资的各种法律、法规主要有:证券交易法、公司法、企业财务通则等。这些法律、法规从不同角度规范企业的投资活动。

(3) 影响企业收益分配的各种法律、法规主要有:税法、公司法、企业财务通则等。这些法律、法规从不同方面对企业收益分配进行了规范。

法律环境对企业的影响是多方面的,影响范围包括企业组织形式、公司治理结构、投融资活动、日常经营、收益分配等。企业组织形式不同,业主(股东)权利责任、企业投融资、收益分配、纳税、信息披露等不同,公司治理结构也不同。上述不同种类的法律、法规,分别从不同方面约束企业的经济行为,对企业财务管理产生影响。

第五节　常见财务管理岗位职责

财务部门是组织领导和具体从事财务管理工作的职能部门,其职能主要包括保证企业生产经营所需的各项资金;参与企业经营预测和决策,合理分配企业的货币收入,监督检查企业的各项财务活动和财务计划的执行情况等。

一、财务总监

财务总监是指由企业所有者或全体所有者代表决定的，全面负责企业财务活动、会计活动，并对其进行全面监督和管理的高级管理人员。财务总监履行企业所有者财务职能，对企业财务活动的合法性、有效性等进行监督，并协助企业决策层制定企业发展战略，负责其职能领域内企业财务决策和战略。财务总监的主要职能是财务监督，但是也具有一定的管理职能，在工作中通常与财务、会计的具体组织管理工作紧密结合。

一般情况下，财务总监需要对企业财务活动事前、事中、事后进行监督，对财务制度、资金、人员等方面进行监督和控制，其岗位职责如下：

(1) 制定企业财务目标、政策及操作程序，并根据授权向总经理、董事会报告。

(2) 建立健全企业财务系统的组织结构，设置岗位，明确职责，保障财务会计信息质量，降低经营管理成本，保证信息通畅，提高工作效率。

(3) 对企业的经营目标进行财务描述，为经营管理决策提供依据，并定期审核和计量企业的经营风险，采用有效的措施予以防范。

(4) 建立健全企业内部财务管理、审计制度并组织实施，主持企业财务战略的制定、财务管理及内部控制工作。

(5) 协调企业同银行及政府部门的关系，维护企业利益。

(6) 审核财务报表，提交财务分析和管理工作报告；参与投资项目的分析、论证和决策；跟踪分析各种财务指标，揭示潜在的经营问题并提供管理当局决策参考。

(7) 确保企业财务体系的高效运转；组织并具体推动企业年度经营/预算计划程序，包括对资本的需求规划及正常运作。

(8) 根据企业实际经营状况，制定有效的融资策略，利用各种财务手段，确保企业最优资本结构。

(9) 依法审定企业的财会人员、审计机构人员的人事任免、晋升、调动、奖励、处罚等工作。

(10) 完成董事会、总经理交办的其他临时工作。

二、财务经理

一般来说，财务经理负责组织制定企业年度财务预算和绩效考核体系，建立健全财务核算体系和内控制度，建立成本控制体系，准备月度经营分析报告，完善现金流管理，为企业重大投融资等经营活动提供财务决策支持。良好的财务状况，健康的财务体系，对于一个企业而言，往往起着至关重要的作用。

财务经理如果直线向总经理（总裁）汇报，那么，财务经理这个职位就是企业财务负责人，相当于财务总监、首席财务官、总会计师、主管财务的副总裁等职位。如果财务经理与总经理（总裁）之间还有直线上级（如财务总监、首席财务官、总会计师、主管财务的副总裁等），那么，财务经理就是企业财务部门负责人，而不是企业财务负责人。在国内，财务经理岗位的设置因企业管理规模、企业管理文化、企业组织机构的历史沿革不同而不同，因此不能一概而论。

虽然各个企业的财务经理工作内容不尽相同，每个企业都是因需而设。但是，一个企业的财务经理的典型工作内容都是类似的，主要内容如下：

（1）全面负责财务部的日常管理工作。

（2）组织制定财务方面的管理制度及有关规定，并监督执行。

（3）制定、维护、改进企业财务管理程序和政策，制订年度、季度财务计划。

（4）负责编制及组织实施财务预算报告，月、季、年度财务报告。

（5）负责企业全面的资金调配，成本核算、会计核算和分析工作。

（6）负责资金、资产的管理工作。

（7）监控可能会对企业造成经济损失的重大经济活动。

（8）管理与银行及其他机构的关系。

（9）协助财务总监开展财务部与内外的沟通和协调工作。

（10）完成上级交给的其他日常事务性工作。

三、预算主管

财务预算作为一种行之有效的管理手段，正在被越来越多的企业单位所接受。良好的财务状况，正确的财务预算分析，对于一个企业起着至关重要的作用。其岗位职责如下：

（1）负责制定和完善企业预算管理体系，考核体系的相关政策、规则，提升企业预算管理工作、业绩考核工作的专业质量。

（2）负责年度预算编制、年终预算调整的组织工作，对各级机构预算进行编制、沟通并分解落实。

（3）分析和监控预算执行情况，及时撰写预算分析报告，提供各级机构关键绩效指标执行情况。

（4）负责各级机构考核、计算、兑付工作。

四、投资主管

投资主管是指在企业中负责根据投资市场和企业自身的具体情况，拟订投资计划并维护企业与资本市场关系、控制投资风险的专业人员。其岗位职责如下：

（1）组织人员进行行业研究及投资项目的市场调研等前期工作，确保信息收集准确和完整。

（2）根据市场调研结果进行可行性分析，组织人员整理资料并编写项目投资可行性报告，提出投资方向建议。

（3）针对投资项目准备推荐文件，并编写投资调研报告，拟订投资项目的实施计划和实际行动方案。

（4）负责与融资部门人员联系获取资金或者与企业外部联系获取合作，引进外部资金。

（5）如果与外部进行合作，需拟定合作模式和具体方案。

（6）进行投资项目的具体实施，并监控和分析投资项目的经营管理，及时提出改进意见和项目拓展意见。

五、融资主管

融资主管是指企业中具有丰富的融资知识和经验，主管融资的具体事务，设计、执行和监督融资方案实现融资目标，同时负责组织协调和拓展融资渠道的专业人员。其岗位职责如下：

(1) 负责建立企业的融资渠道，与银行等金融机构、风险投资以及个人进行联系。

(2) 对企业的相关融资项目进行市场调研并编写项目可行性报告，对项目的风险进行风险分析并出具风险分析报告，提出项目的运作方案。

(3) 负责融资项目的具体执行工作，监督和控制项目的进度，对项目的具体情况提供具体的效益指标数据分析报告。

(4) 合理调配资金，安排企业内部融资，监督资金的使用情况，提高资金的使用效率。

(5) 根据投资项目的需要进行融资，以满足项目的投资需要。

(6) 负责财务融资报表以及相关配套资料的处理。

六、成本主管

成本管理是企业生产经营过程中各项成本核算、成本分析、成本决策和成本控制等一系列科学管理行为的总称。其岗位职责如下：

(1) 原材料核算，应付材料款核算(进料、来料、国内采购的物料等)。

(2) 成本核算，外加工核算。

(3) 建立和完善成本核算体系。

(4) 制定相关成本核算制度及业务流程并进行检查与监督。

(5) 负责成本的日常监控，审核各类成本核算数据。

(6) 为预算提供相关财务管理信息及建议。

(7) 建立健全成本核算财务档案管理制度。

(8) 协助财务总监建立完善的成本信息系统。

课后练习

一、单选题

1. 与普通合伙制企业相比，下列各项中，属于公司制企业特点的是(　　)。

A. 设立时股东人数不受限制　　B. 有限债务责任

C. 组建成本低　　D. 有限存续期

2. 某公司董事会召开公司战略发展讨论会，拟将企业价值最大化作为财务管理目标，下列理由中，难以成立的是(　　)。

A. 有利于规避企业短期行为

B. 有利于量化考核和评价

C. 有利于持续提升企业获利能力

D. 有利于均衡风险与报酬的关系

3. 下列财务管理目标中，容易导致企业短期行为的是(　　)。

A. 相关者利益最大化

B. 企业价值最大化

C. 股东财富最大化

D. 利润最大化

4. 与企业价值最大化财务管理目标相比,股东财富最大化目标的局限性是(　　)。

A. 对债权人的利益重视不够

B. 容易导致企业的短期行为

C. 没有考虑风险因素

D. 没有考虑货币时间价值

5. 下列有关企业财务管理目标的表述中,错误的是(　　)。

A. 企业价值最大化目标弥补了股东财富最大化目标过于强调股东利益的不足

B. 相关者利益最大化目标认为应当将除股东之外的其他利益相关者至于首要地位

C. 利润最大化目标要求企业提高资源配置效率

D. 股东财富最大化目标比较适用于上市公司

6. 下列应对通货膨胀风险的各种策略中,不正确的是(　　)。

A. 进行长期投资

B. 签订长期购货合同

C. 取得长期借款

D. 签订长期销货合同

7. 财务管理的核心是(　　)。

A. 财务预测

B. 财务决策

C. 财务预算

D. 财务控制

8. 在经济周期的不同阶段,企业应采用不同的财务管理战略,下列各项中,不属于繁荣时期财务管理战略的是(　　)。

A. 扩充厂房设备

B. 开展营销规划

C. 开发新产品

D. 增加劳动力

9. 与普通合伙制企业相比,下列各项中,属于股份有限公司缺点的是(　　)。

A. 筹资渠道少

B. 承担无限责任

C. 企业组建成本高

D. 所有权转移较困难

二、多选题

1. 下列有关相关者利益最大化目标的具体内容中,正确的有(　　)。

A. 强调尽可能降低风险

B. 强调所有相关者的首要地位

C. 加强对企业代理人的监督和控制

D. 保持与政府部门的良好关系

2. 公司的下列行为中,可能损害债权人利益的有(　　)。

A. 提高利润留存率

B. 加大为其他企业提供的担保

C. 提高资产负债率

D. 加大高风险投资比例

3. 下列属于企业需要满足的社会责任的有(　　)。

A. 按时足额发放劳动报酬,提供安全健康的工作环境

B. 主动偿债，不无故拖欠

C. 确保产品质量，保障消费安全

D. 及时支付股利，确保股东的利益

4. 下列关于经济周期中的经营理财战略的表述中，正确的有（　　）。

A. 在经济复苏期企业应当增加厂房设备

B. 在经济繁荣期企业应减少劳动力，以实现更多利润

C. 在经济衰退期企业应减少存货

D. 在经济萧条期企业应裁减雇员

5. 金融工具的特征包括（　　）。

A. 流动性　　B. 风险性

C. 收益性　　D. 稳定性

6. 法律环境对企业的影响范围包括（　　）。

A. 企业组织形式　　B. 公司治理结构

C. 日常经营　　D. 投资活动

7. 下列关于财务管理环节的相关表述中，正确的有（　　）。

A. 财务分析的方法通常有比较分析法和比率分析法

B. 财务预算是财务战略的具体化，是财务计划的分解和落实

C. 财务决策是财务管理的核心

D. 计划与预算环节包括财务预测、财务计划和财务预算

8. 以相关者利益最大化作为财务管理目标的优点包括（　　）。

A. 相关者利益最大化目标比较容易量化

B. 有利于实现企业经济效益和社会效益的统一

C. 体现了前瞻性和现实性的统一

D. 较好地兼顾了各利益主体的利益

9. 下列各项中，属于计划与预算环节的有（　　）。

A. 财务预测　　B. 财务分析

C. 财务控制　　D. 财务预算

10. 下列各项中，属于个人独资企业优点的有（　　）。

A. 创立容易　　B. 经营管理灵活自由

C. 筹资容易　　D. 不需要缴纳企业所得税

三、判断题

1. 不论是公司制企业还是合伙制企业，股东或合伙人都面临双重课税问题，即在缴纳企业所得税后，还要缴纳个人所得税。（　　）

2. 就上市公司而言，将股东财富最大化作为财务管理目标的缺点之一是不容易被量化。（　　）

3. 企业财务管理的目标理论包括利润最大化、股东财富最大化、公司价值最大化和相关者利益最大化等理论，其中，公司价值最大化、股东财富最大化和相关者利益最大化都是以利润最大化为基础的。（　　）

4. 企业的社会责任是企业在谋求所有者权益最大化之外所承担的维护和增进社会利益的义务，一般划分为企业对社会公益的责任和对债权人的责任两大类。 (　　)

5. 假定不考虑其他因素的影响，通货膨胀一般导致市场利率下降，从而降低筹资难度。 (　　)

6. 金融市场分为货币市场和资本市场，股票市场属于资本市场。 (　　)

7. 在影响财务管理的各种外部环境中，法律环境是最为重要的。 (　　)

模块二

掌握财务管理基础工具

第一节 货币时间价值

小故事

1977年的400元，现在变成多少钱？

1977年，汤婆婆是一家工厂的行车工，每月工资20元。夫妻俩省吃俭用积攒下来400元，当年这笔钱对普通家庭来说堪称巨款。1977年，汤婆婆把钱存进银行后，由于家里一直不急需用钱，这笔钱就一直存在了银行。2010年，汤婆婆想起了这张存单，于是去取钱。

存单内容显示，汤婆婆于1977年5月31日在中国银行存入400元的一年定期存款，月息为2.7‰，即每一百元存一个月得利息2角7分。由于33年来存款利率经历无数次变化，所以人工计算非常困难，这需要将33年来的利率变化表进行对照。和现在的“自动转存”不同，汤婆婆的存款一年到期后，都是按活期储蓄计算。最后通过电脑计算，本金400元，利息438.18元，税金2.36元，汤婆婆可以取得835.82元。

一、货币时间价值的含义

资金在周转使用中由于时间因素形成的增值，称为资金的时间价值。由于财务上货币计量的特点，人们也将其表述为货币的时间价值。

在不考虑通货膨胀的前提下，一定量的资金在不同的时点上具有不同的价值。即现在的100元钱和将来的100元钱不等值，且前者要比后者的价值大。因为如果将现在的100元钱存入银行，在银行存款利率为10%的条件下，1年后可得到110元；反之，可以这样认为，要想1年后得到100元，现在只需存入90.9元（少于100元）。可见，随着时间的推移，资金发生增值，这就是时间价值。

提示：

比较两笔资金的大小必须放在同一时点上。如果不在同一时点，要将它们折算到同一时点才能作比较。

资金的时间价值是客观存在的，产生于资金运动。换句话说，闲置的资金是不会产生时间价值的。企业必须合理利用资金，投放于报酬率高的项目，并加速资金周转，获得最大的经济利益。

二、货币时间价值的表现形式

货币的时间价值，通常有绝对数和相对数两种表现形式。绝对数表现形式，就是指资金的增值额；相对数表现形式，是增值额与本金的比率。在实务中，人们习惯使用相对数表示货币时间价值。用相对数表示的货币的时间价值也称为纯粹利率（简称纯利率）。纯利率是指在没有通货膨胀、无风险情况下资金市场的平均利率。没有通货膨胀时，短期国债利率或1年期银行存款利率可以视为纯利率。中国人民银行人民币存款基准利率如表2-1所示。

表2-1　中国人民银行人民币存款基准利率(2020年5月)

单位:年利率%

项目	利率
一、活期存款	0.35
二、定期存款	
（一）整存整取	
三个月	1.10
半年	1.30
一年	1.50
二年	2.10
三年	2.75
（二）零存整取、整存零取、存本取息	
一年	1.10
三年	1.30
（三）定活两便	按一年以内定期整存整取同档次利率打六折执行
三、协定存款	1.15
四、通知存款	
一天	0.80
七天	1.35
五、个人住房公积金存款	
当年缴存	1.50
上年结转	1.50

注:央行基准利率是银行间借贷的标准利率,银行实际利率在基准利率区间内浮动。

第二节　时间价值的计算方法

一、现值和终值

现值(P),指现在的价值,即本金或期初金额。

终值(F),指将来的价值,即本金与利息之和。

思考：画一条时间数轴，标一标 P 在哪里，F 在哪里。

二、单利方式计算终值和现值

单利计算方法是指仅按本金计算利息，本金所生利息不加入本金重复计算利息的方法。

（一）单利终值

单利终值，即单利计息下的本金与利息之和。其计算公式为：

$$F = P + I = P + P \times i \times n = P \times (1 + i \times n)$$

式中，I——利息；

i——利率，指利息与本金的比率，计算多用年利率；

n——计息期数，常见的周期有年、月等。

【例 2-1】 老张在年初将 10 000 元存入银行，存期为 3 年，年利率为 4.5%。问：老张 3 年后能取多少钱？

解：

$$I = 10\ 000 \times 4.5\% \times 3 = 1\ 350(\text{元})$$

$$F = 10\ 000 + 1\ 350 = 11\ 350(\text{元})$$

答：老张 3 年后能取出 11 350 元。

【例 2-2】 东方公司有一张带息商业汇票，面值为 2 000 元，票面利率为 6%，期限为 6 个月。问：票据到期值是多少？

解：

$$I = 2\ 000 \times 6\% \times \frac{6}{12} = 60(\text{元})$$

$$F = 2\ 000 + 60 = 2\ 060(\text{元})$$

答：票据到期值为 2 060 元。

提示：

利率和计息期数要统一。年利率对应计息期为年，月利率对应计息期为月。若没有特别交代，给定的利率默认为年利率。例如，在[例 2-1]中，我们需要将 6 个月换算成6/12 年，与年利率统一。当然也可以将年利率 6%换算成月利率，以便与 6 个月的期限相统一。

思考: 年利率、月利率、日利率如何互相换算;年、月、日表示的期数如何互相换算?

(二) 单利现值

单利现值,即已知将来的本金和利息之和,按单利计算期初的本金。其计算公式为:

$$P=\frac{F}{1+i\times n}$$

【例 2-3】 张阿姨 5 年前购买了一定数额的国债,利率为 5.2%,到期共取得本利和 63 000 元。问:张阿姨当初购买了多少数额的国债?

解:

$$P=\frac{63\ 000}{1+5.2\%\times 5}=50\ 000(\text{元})$$

答:张阿姨当初购买了 50 000 元国债。

思考: 在单利方式计算下,如果已知 P,F,i,你能求出 n 吗? 如果已知 P,F,n,你能求出 i 吗?

三、复利方式计算终值和现值

小故事

可怜的印第安人

到过美国纽约市旅游的人都知道,该地最为昂贵的地产,就是纽约的最中心区——曼哈顿。这块地产是荷兰人彼得·米纽伊特(Peter Minuit)在 1626 年从印第安人那儿以仅价值 24 美元的玻璃珠买来的。今日的美国人谈起此事,都取笑当时的印第安人太傻,只会做赔本生意,这么好一块地皮竟然以区区 24 美元就卖了。

美国著名基金经理彼得·林奇(Peter Lynch)计算过,如果当时的印第安人把这 24 美元存在银行里,每年可得到 8%的利息,到了今日,连本带利,数额已经远超过曼哈顿地产今日的总价值(约 30 亿美元)。并且最令人惊讶的是,这个总额是曼哈顿地产总值的 1 000 倍。你知道彼得·林奇是如何计算的吗?

复利计算方法是指每经过一个计息期,要将该期的利息加入本金再计算利息,逐期滚动计算的方法,俗称“利滚利”。货币的时间价值通常是按复利计算的。

(一) 复利终值

复利终值指现在的特定资金按复利计算方法,折算到将来某一定时点的价值,或者说是现在的一定本金在将来一定时间,按复利计算的本金与利息之和,简称本利和。

假设某人现在(年初)将 100 元存入银行,年利率 3%,一年后连本带息续存,连续 5 年,则每年年末的本利和分别计算如下:

第一年年末:$F = 100 \times (1 + 3\%) = 103$(元)。

第二年年末:$F = 103 \times (1 + 3\%) = 106.09$(元)。

第三年年末:$F = 106.09 \times (1 + 3\%) = 109.27$(元)。

第四年年末:$F = 109.27 \times (1 + 3\%) = 112.55$(元)。

第五年年末:$F = 112.55 \times (1 + 3\%) = 115.93$(元)。

因此,复利终值的计算公式为:

$$F = P \times (1 + i)^n$$

上式中,$(1 + i)^n$ 被称为“复利终值系数”,可用$(F/P, i, n)$表示。因此,复利终值的计算公式也可以表示为:

$$F = P \times (F/P, i, n)$$

复利终值系数可以通过查阅本书“附表二　复利终值系数表”得出。

【例 2-4】 某同学毕业后的第一年积攒了 5 000 元钱,他用这些钱买了年报酬率为 10% 的股票。若一切顺利,经过 4 年时间,他连本带利能得多少钱?

解:

$$F = 5\,000 \times (1 + 10\%)^4 = 5\,000 \times 1.464\,1 = 7\,320.5(\text{元})$$

答:该同学四年后连本带利获得 7 320.5 元。

【例 2-5】 某人将 100 万元存入银行,年利率为 4%,每半年计息一次,按照复利计算,求 5 年后的本利和。

解: 本例中,每半年计息期一次,5 年共有 10 期,半年利率=4%÷2=2%。

5 年后的本利和计算如下:

$$F = 100 \times (F/P, 2\%, 10) = 100 \times 1.219\,0 = 121.90(\text{万元})$$

答:5 年后的本利和为 121.90 万元。

思考: 复利终值和单利终值的计算一样吗?复利计算时,假设已知终值,怎样求现值?

(二) 复利现值

复利现值是指以后期间收到或支付的资金按复利计算的现在的价值，即原始本金额。用复利终值计算公式倒求本金，计算公式为：

$$P=\frac{F}{(1+i)^n}$$

上式中，$\frac{1}{(1+i)^n}$ 被称为"复利终值系数"，可用$(P/F, i, n)$表示。因此，复利终值的计算公式也可以表示为：

$$P=F\times(P/F, i, n)$$

复利现值系数可以通过查阅本书"附表一　复利现值系数表"得出。

提示：

复利现值和复利终值互为逆运算。复利现值系数和复利终值系数互为倒数。

【例 2-6】 刘先生为儿子预存上大学的费用，预计 6 年后需支出 20 000 元，在银行存款利率为 3.5%的情况下，按复利计算，现在需存入多少钱？

解：

$$P=20\,000\times\frac{1}{(1+3.5\%)^6}=20\,000\times0.813\,5=16\,270(\text{元})$$

答：刘先生现在需存入 16 270 元。

说明：[例 2-6]中的 $i=3.5\%$，无法从附表中直接查到系数，此时可以对照公式用计算器求得系数。

思考： 小故事"可怜的印第安人"里基金经理彼得·林奇是怎样计算的？假定时间计算到 2026 年(经过了 400 年)，那么当年的 24 美元变成了多少美元？

思考： 在复利方式计算下，如果已知 P，F，i，你能求出 n 吗？如果已知 P，F，n，你能求出 i 吗？

在复利终值、复利现值的计算中，现值可以泛指资金在某个特定时间段的“前一时点”（而不一定真的是“现在”）的价值，终值可以泛指资金在该时间段的“后一时点”的价值。按照要求将该时间段划分为若干个计息期，使用相应的利息率和复利计息方法，就可以将某个时点的资金计算得出该笔资金相当于其他时点的价值是多少。

四、年金终值和年金现值

年金是指在一定时期内发生的金额相等且时间间隔期相同的系列收付款项。在企业的收付款项中，如折旧、租金、利息、保险金等通常都采用年金的形式。年金的间隔期间可以不是一年，例如，每季季末等额支付的债务利息也是年金。

按发生的收付时点不同，年金可分为普通年金、预付年金、递延年金、永续年金 4 种（见图 2-1）。其中，普通年金应用广泛，是其他年金推算的基础。

图 2-1　年金的分类

（一）普通年金的计算

普通年金是发生在每期期末的年金，又称“后付年金”。

（1）普通年金终值的计算公式。

$$
\begin{aligned}
F &= A\times(1+i)^0 + A\times(1+i)^1 + A\times(1+i)^2 + \cdots + A\times(1+i)^{n-2} \\
&\quad + A\times(1+i)^{n-1} \\
&= A\times\frac{(1+i)^n-1}{i} \\
&= A\times(F/A,i,n)
\end{aligned}
$$

上式中，$\frac{(1+i)^n-1}{i}$ 为年金终值系数，可用 $(F/A,i,n)$ 表示。年金终值系数可以通过查阅本书“附表四　年金终值系数表”得出。其计算过程如图 2-2 所示。

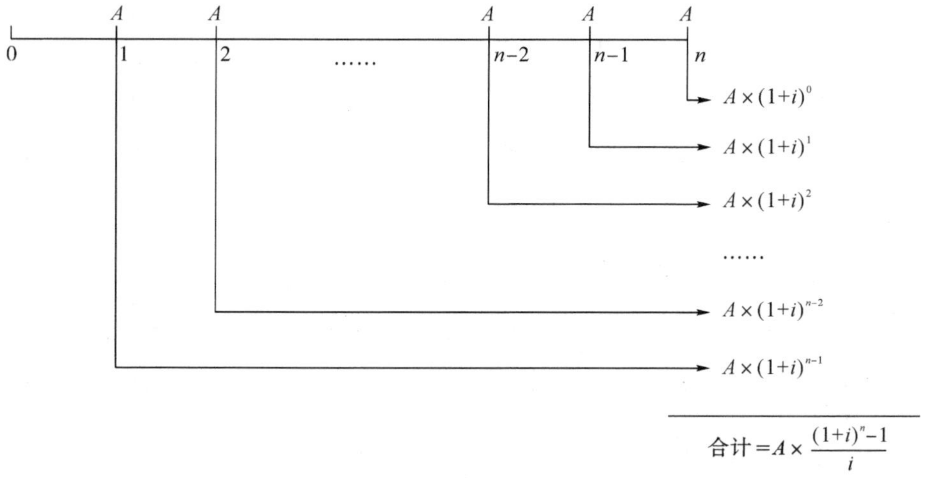

图 2-2 普通年金终值计算示意图

【例 2-7】 大洋公司有一大型工程项目，总投资 10 亿元，5 年建成，每年年末投资 2 亿元，年利率为 7%，请画出时间数轴并计算第 5 年年末实际累计总投资额。

请画一画[例 2-7]的时间数轴。

解： $F = A\times(F/A,i,n) = 2\times(F/A, 7\%, 5) = 2\times 5.750\,7 = 11.50$（亿元）

答：5 年年末实际累计总投资额 11.50 亿元。

(2) 普通年金现值的计算公式。

$$P = A\times\frac{1}{(1+i)^1} + A\times\frac{1}{(1+i)^2} + A\times\frac{1}{(1+i)^3} + \cdots + A\times\frac{1}{(1+i)^{n-1}}$$

$$+ A\times\frac{1}{(1+i)^n}$$

$$= A\times\frac{1-(1+i)^{-n}}{i}$$

$$= A\times(P/A,i,n)$$

上式中，$\frac{1-(1+i)^{-n}}{i}$ 为年金现值系数，可用$(P/A, i, n)$表示。年金现值系数可以通过查阅本书“附表三 年金现值系数表”得出。其计算过程如图 2-3 所示。

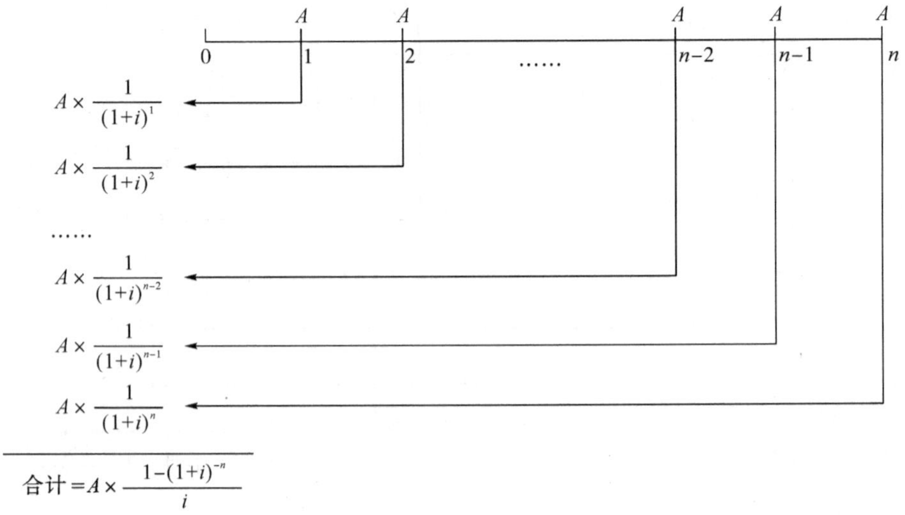

图 2-3　普通年金现值计算示意图

【例 2-8】 甲企业设立一项基金，计划从现在开始的 10 年内，每年年末从基金中提取 50 万元，若已知利率为 10%，请画出时间数轴并计算现在应存入基金的数额。

请画一画[例 2-8]的时间数轴。

解： $P = A\times(P/A, i, n) = 50\times(P/A, 10\%, 10) = 50\times 6.144\,6 = 307.23$（万元）

答：现在应存入 307.23 万元。

（二）预付年金的计算

预付年金是指发生在每期期初的年金，也称先付年金、即付年金。

（1）预付年金终值的计算公式。

$$F = A\times(1+i)^1 + A\times(1+i)^2 + \cdots + A\times(1+i)^{n-2} + A\times(1+i)^{n-1} + A\times(1+i)^n = A\times(F/A, i, n)$$

预付年金终值的计算过程如图 2-4 所示。通过比较普通年金终值计算示意图和预付年金终值计算示意图，可以看出 n 期预付年金终值比 n 期普通年金终值多计算一期利息。因此在 n 期普通年金终值的基础上乘以$(1+i)$就是 n 期预付年金终值。

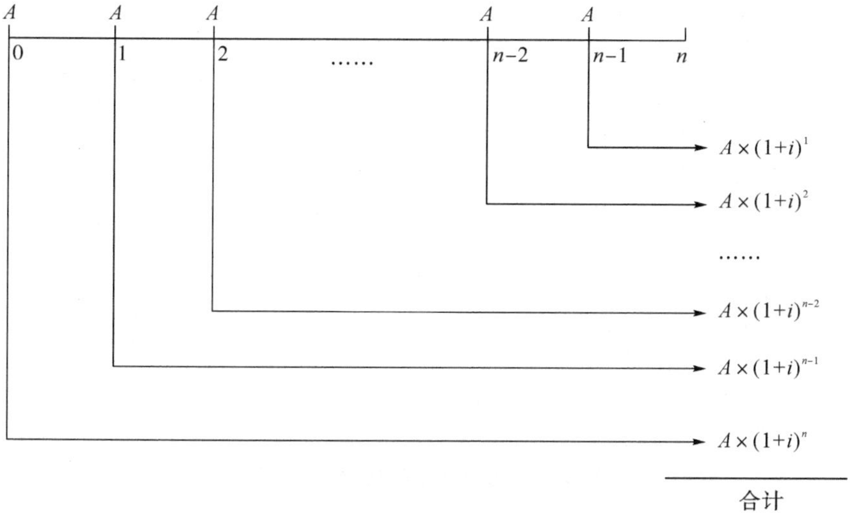

图 2-4 预付年金终值计算示意图

【例 2-9】 大洋公司有一大型工程项目，总投资 10 亿元，5 年建成，每年年初投资 2 亿元，年利率为 7%，请画出时间数轴并计算第 5 年年末实际累计总投资额。

请画一画[例 2-9]的时间数轴。

解： $F = A \times (F/A,\ i,\ n) \times (1+i) = 2 \times (F/A,\ 7\%,\ 5) \times (1+7\%)$

$= 2 \times 5.750\,7 \times 1.07 = 12.31$(亿元)

答：第 5 年年末实际累计总投资额 12.31 亿元。

(2) 预付年金现值的计算公式。

$$P = A \times \frac{1}{(1+i)^0} + A \times \frac{1}{(1+i)^1} + A \times \frac{1}{(1+i)^2} + \cdots + A \times \frac{1}{(1+i)^{n-2}}$$

$$+ A \times \frac{1}{(1+i)^{n-1}}$$

$$= A \times (P/A, i, n) \times (1+i)$$

预付年金现值的计算过程如图 2-5 所示。通过比较普通年金现值计算示意图和预付年金现值计算示意图，可以看出 n 期预付年金现值比 n 期普通年金现值少折现一期。因此在 n 期普通年金现值的基础上乘以 $(1+i)$ 就是 n 期预付年金现值。

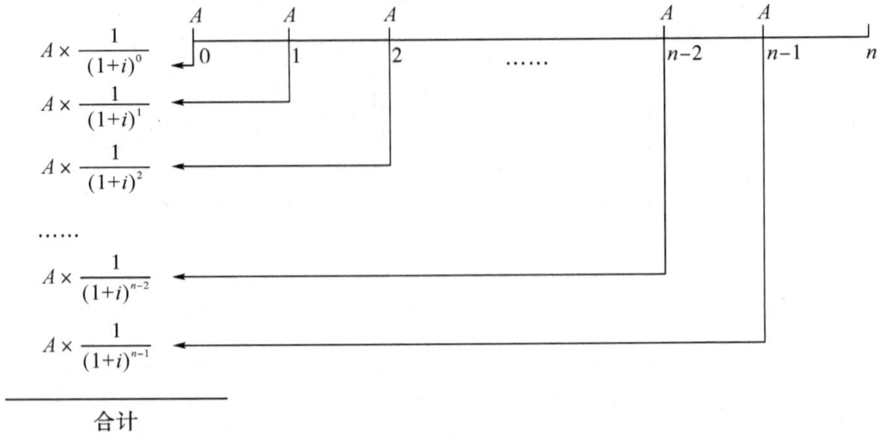

图 2-5　预付年金现值计算示意图

【例 2-10】　甲企业设立一项基金，计划从现在开始的 10 年内，每年年初从基金中提取 50 万元，若已知利率为 10%，请画出时间数轴并计算现在应存入基金的数额。

请画一画[例 2-10]的时间数轴。

解：

$$
\begin{aligned}
P &= A\times(P/A,\ i,\ n)\times(1+i)\\
&= 50\times(P/A, 10\%,\ 10)\times(1+10\%)\\
&= 50\times 6.144\,6\times 1.1\\
&= 337.95(\text{万元})
\end{aligned}
$$

答：现在应存入 337.95 万元。

(三) 递延年金的计算

递延年金是指最初若干期没有收付款，以后才等额收付直至期末的款项，又称“延期年金”，它是普通年金的特殊形式。

【例 2-11】　某企业从银行借入一笔款项，银行借款年利率为 5%。借款合同规定，企业从第 6 年开始连续 10 年每年年末归还借款本息 20 000 元。请计算到第 15 年年末，企业偿还借款的终值为多少。

解：根据题意，计算示意图如图 2-6 所示。

$$
\begin{aligned}
F &= A\times(F/A,\ i,\ n) = 20\,000\times(F/A,\ 5\%,\ 10)\\
&= 20\,000\times 12.577\,9 = 251\,558(\text{元})
\end{aligned}
$$

答：第 15 年年末企业偿还借款的终值为 251 558 元。

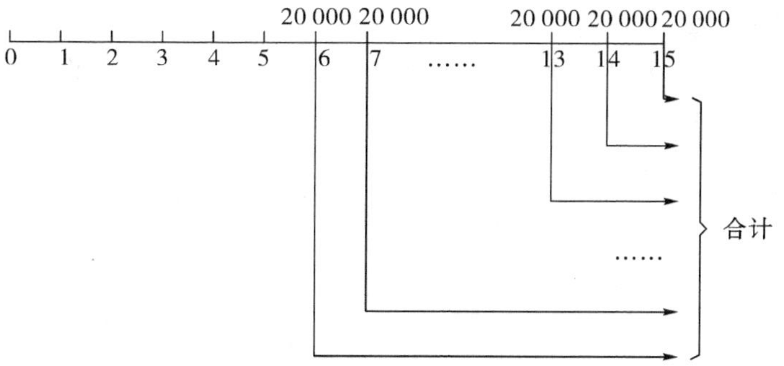

图 2-6　计算示意图

通过[例 2-11]的计算示意图可知，递延年金终值大小与递延期无关，所以递延年金终值计算公式与普通年金计算公式相同，即：

$$F=A\times(F/A,i,n)$$

【例 2-12】 某企业向银行借一笔款项，银行贷款年利率为 10%，借款期限为 10 年，还款方式为前 3 年不用还本付息，从第 4 年末起每年末偿还本息 10 000 元。问：这笔款项的现值时多少？

解：方法一：逐项计算现值后合计。计算示意图如图 2-7 所示。

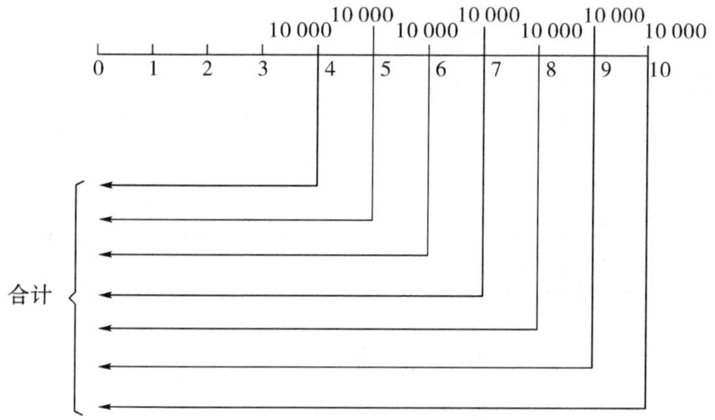

图 2-7　计算示意图(方法一)

$$P=\sum\frac{A}{(1+i)^n}$$

$$=\frac{10\ 000}{(1+10\%)^4}+\frac{10\ 000}{(1+10\%)^5}+\frac{10\ 000}{(1+10\%)^6}+\frac{10\ 000}{(1+10\%)^7}+\frac{10\ 000}{(1+10\%)^8}$$

$$+\frac{10\ 000}{(1+10\%)^9}+\frac{10\ 000}{(1+10\%)^{10}}$$

$$=\frac{10\ 000}{1.464\ 1}+\frac{10\ 000}{1.610\ 5}+\frac{10\ 000}{1.771\ 6}+\frac{10\ 000}{1.948\ 7}+\frac{10\ 000}{2.143\ 6}+\frac{10\ 000}{2.357\ 9}+\frac{10\ 000}{2.593\ 7}$$

$$=6\ 830++6\ 209+5\ 645+5\ 132+4\ 665+4\ 241+3\ 855$$

$$=36\ 577(\text{元})$$

答：这笔款项的现值为 36 577 元。

方法二：后 7 年连续支付的本息为年金，利用普通年金现值计算公式折现至第 3 年年末，再利用复利现值计算公式折现至起点。计算示意图如图 2-8 所示。

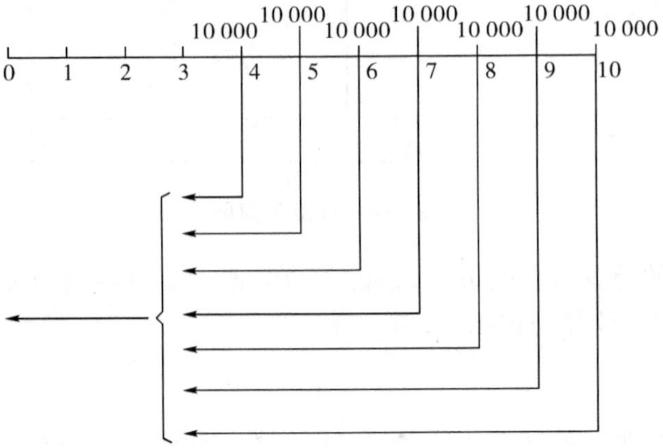

图 2-8　计算示意图(方法二)

$$
\begin{aligned}
P &= A \times (P/A, 10\%, 7) \times (P/F, 10\%, 3) \\
&= 10\,000 \times 4.868\,4 \times 0.751\,3 \\
&= 36\,576.29(\text{元})
\end{aligned}
$$

答：这笔款项的现值为 36 576.29 元。

方法三：将递延年金理解为 10 年期普通年金现值扣除 3 年期普通年金现值的差额。计算示意图如图 2-9 所示。

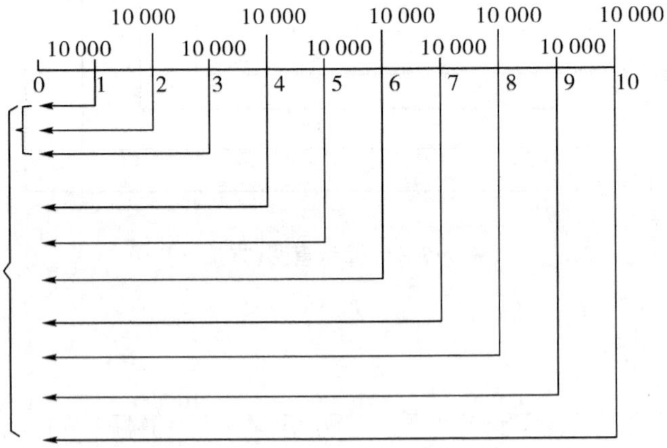

图 2-9　计算示意图(方法三)

$$
\begin{aligned}
P &= A \times [(P/A, 10\%, 10) - (P/A, 10\%, 3)] \\
&= 10\,000 \times (6.144\,6 - 2.486\,9) \\
&= 36\,577(\text{元})
\end{aligned}
$$

答：这笔款项的现值为 36 577 元。

提示：

递延年金现值的计算一定要借助时间数轴分析，[例 2-12]中的方法二和方法三在运用中的关键点是折现期数的分析。

在不同的计算方法下，结果可能略有差异，这是相关系数尾差造成的。

（四）永续年金的计算

永续年金是无限期的年金，故它无终值。

永续年金的现值可以看成一个 n 为无穷大的普通年金现值，由于 n 趋向无穷大，则永续年金现值的计算公式为：

$$P=\frac{A}{i}$$

【例 2-13】 某人计划设立一项永久性的奖励基金，每年年末奖励一次，奖金总额为 10 万元，利率为 5%，问：此人需要捐出多少资金？

解：

$$P=\frac{A}{i}=\frac{10}{5\%}=200(\text{万元})$$

答：此人现在需要捐出 200 万元。

五、综合案例

案例一： 2020 年，利华公司对 Q 项目投资 120 000 元，该项目于 2021 年年初完工使用，预计 2021—2024 年年末现金流入量分别为 50 000 元、40 000 元、40 000 元、30 000 元，银行年利率为 9%。

要求：

（1）计算投资额 2020 年年末的终值。

（2）计算各年现金流入量 2021 年年初的现值。

（1）投资额 2020 年年末的终值 $=120\ 000\times(1+9\%)=130\ 800$（元）。

（2）各年现金流入量 2021 年年初的现值

$$=\frac{50\ 000}{(1+9\%)^1}+\frac{40\ 000}{(1+9\%)^2}+\frac{4\ 0000}{(1+9\%)^3}+\frac{30\ 000}{(1+9\%)^4}$$

$$=50\ 000\times0.917\ 4+40\ 000\times0.841\ 7+40\ 000\times0.772\ 2+30\ 000\times0.708\ 4$$

$$=131\ 678(\text{元})$$

案例二： 利民公司于 2020 年年初、2021 年年初对 W 设备分别投资 20 000 元，该项目于 2022 年年初完工使用，预计 2022—2025 年年末现金流入量均为 13 000 元，年利率为 8%。

要求：

（1）按年金计算投资额 2021 年年末的终值。

（2）按年金计算各年现金流入量 2022 年年初的现值。

(3) 分别计算现金流出量、现金流入量2020年年初值,并作出投资决策。

(1) 投资额2021年年末的终值 $= 20\ 000 \times (F/A, 8\%, 2) \times (1+8\%)$
$= 20\ 000 \times 2.080\ 0 \times 1.08$
$= 44\ 928$(元)

(2) 各年现金流入量2022年年初的现值 $= 13\ 000 \times (P/A, 8\%, 4)$
$= 13\ 000 \times 3.312\ 1$
$= 43\ 057.3$(元)

(3) 现金流出量2020年年初值 $= 20\ 000 + \dfrac{20\ 000}{1+8\%}$
$= 20\ 000 + 18\ 518.52$
$= 38\ 518.52$(元)

现金流入量2020年年初值 $= 13\ 000 \times (P/A, 8\%, 4) \times (P/F, 8\%, 2)$
$= 13\ 000 \times 3.312\ 1 \times 0.857\ 3$
$= 36\ 913.02$(元)

经折现后,现金流出量大于现金流入量,因此,该投资方案不可行。

案例三: 张三向我借钱:从本月月末起,每月借给他1 000元,共借1年;从第13月起,每月月末他还我1 100元,共还1年。假设现在市场年利率为12%。

请分析:我是否应该借给他?

若年利率为12%,则月利率为1%。

若每月月末借出1 000元,则:

1年终值 $= 1\ 000 \times (F/A, 1\%, 12)$
$= 1\ 000 \times 12.682\ 5$
$= 12\ 682.5$(元)

每月月末还款1 100元,1年现值 $= 1\ 100 \times (P/A, 1\%, 12)$
$= 1\ 100 \times 11.255\ 1$
$= 12\ 380.61$(元)

折算至同一时点,借款额大于还款额,因此,"我"不应该出借。

案例四: 李四为购买住房,向银行申请总额30万元为住房抵押贷款,准备在15年内按月分期等额偿还。

请分析:若年利率为5.04%,李四按揭贷款的月还款额是多少?若还款期为25年呢?假设目前李四月收入为5 000元,日常消费平均为每月3 000元,请为李四作出决策。

若年利率为5.04%,则月利率 $= \dfrac{5.04\%}{12} = 0.42\%$。

若还款期为15年,共计180个月计算月还款额,则:

$300\ 000 = A \times (P/A, 0.42\%, 180)$

$A = 2\ 378.64$(元)

若还款期为25年，共计300个月计算月还款额，则：

$$300\ 000 = A \times (P/A,\ 0.42\%,\ 300)$$

$$A = 1\ 760.77(元)$$

李四去除日常消费后剩余2 000元，因此，贷款期为25年，月还款为1 760.77元的方案比较适合李四。

第三节 投资风险价值

一、风险及风险价值

（一）风险的含义

风险是指收益的不确定性。虽然风险的存在可能意味着收益的增加，但人们考虑更多的则是损失发生的可能性。企业风险是指对企业的战略与经营目标实现产生影响的不确定性。从财务管理的角度看，风险是企业在各项财务活动过程中，由于各种难以预料或无法控制的因素作用，使企业的实际收益与预计收益发生背离，从而蒙受经济损失的可能性。

（二）风险衡量

衡量风险的指标主要有收益率的方差、标准差和标准差率等。

计算上述指标，首先要判断某一事件发生的可能性，即概率。概率越大，则表示该事件发生的可能性越大。一个概率分布中的所有可能结果的加权平均数，即期望值。通过对比每种可能出现的结果与期望值的关系，计算方差、标准差和标准差率，可以判断风险的大小。

标准差以绝对数衡量决策方案的风险，在期望值相同的情况下，标准差越大，风险越大；反之，标准差越小，风险越小。标准差作为绝对数，只适用于期望值相同的决策方案的风险程度比较。标准差率是标准差同期望值之比，它以相对数反映决策方案的风险程度。在期望值不同的情况下，标准差率越大，风险越大；反之，标准差率越小，风险越小。

通过上述方法将决策方案的风险加以量化后，决策者便可据此作出决策。对于多方案择优，决策者的行动准则应是选择低风险、高收益的方案，即选择标准差率最低、期望收益最高的方案。然而高收益往往伴有高风险，低收益方案其风险程度往往也较低，究竟选择何种方案，不仅要权衡期望收益与风险，还要考虑决策者对风险的态度，综合作出决定。对风险比较反感的人可能会选择期望收益较低同时风险也较低的方案，对风险比较偏好的人则可能选择风险虽较高但同时收益也较高的方案。一般的投资者和企业管理者都对风险比较反感，在期望收益相同的情况下，通常选择风险小的方案。

二、风险偏好与风险控制

（一）风险偏好

根据风险效用函数不同，市场参加者可以分为风险回避者、风险追求者和风险中立者。

1. 风险回避者

当预期收益率相同时，风险回避者会偏好于低风险的资产；而对于同样风险的资产，他们则会倾向于高预期收益的资产。但当面临下列两种资产时，他们的选择就要取决于对待风险的态度：一项资产具有较高的预期收益率也具有较高的风险，而另一项资产虽然预期收益率低，但风险水平也低。

风险回避者在承担风险时，会因承担风险而要求额外收益。额外收益除了与风险程度正相关外，还取决于他们的风险偏好。对风险的回避意愿越强，要求的额外收益就越高。

通常，投资者和企业经营者都是风险回避型，故而财务管理的体系和方法都是针对风险回避者的。

2. 风险追求者

风险追求者与风险回避者正好是相反的。风险追求者主动追求风险，选择资产的原则是：当预期收益相同时，选择风险大的，因为这会给他们带来更大的效用。

3. 风险中立者

风险中立者既不回避风险，也不主动追求风险，选择资产的唯一标准是预期收益的大小，而不管风险状况如何，因为所有预期收益相同的资产将给他带来同样的效用。

（二）风险控制

风险控制是指采取一系列措施，将那些可能导致企业利润减少的可能性降至最低程度的行为。

1. 回避风险

当资产风险所造成的损失不能由该资产可能获得的收益予以抵销时，应当放弃该资产，以回避风险。通常采取的措施有拒绝与不守信用的厂商来往，舍弃可能明显导致亏损的投资项目等。

2. 减少风险

减少风险一在于要控制风险因素，即风险的发生；二在于要控制风险发生的频率和降低风险损失的程度。通常采取的措施有充分进行市场调研，及时获取市场信息；进行准确的项目预测并作出方案优选；多元化筹资、投资以分散企业风险等。

3. 转移风险

对可能带来灾害性损失的资产，企业应以一定的代价，采取针对性的方法来转移风险。通常采取的措施有向保险公司投保；以合资、联营的方式来实现风险共担；以技术转让、租赁经营、业务外包的方式实现风险转移等。

4. 接受风险

对可能发生的风险，企业应提前做好准备，以应对风险带来的损失。通常采取的措施有风险自担和风险自保两种。风险自担是指风险损失发生时，直接将损失摊入成本费用或冲减利润；风险自保是指企业预留一笔风险准备金或随着生产经营的进行，有计划地计提资产减值准备。

课后练习

一、单选题

1. 永续年金是(　　)的特殊形式。

A. 普通年金　　B. 先付年金
C. 即付年金　　D. 递延年金

2. 在利息率和现值相同的情况下，若计息期为一期，则复利终值和单利终值(　　)。
A. 前者大于后者　　B. 不相等
C. 后者大于前者　　D. 相等

3. 有甲、乙两台设备可供选用，甲设备的年使用费比乙设备低 2 000 元，但价格高于乙设备 8 000 元。若资本成本率为 10%，甲设备的使用期应长于(　　)年，选用甲设备才是有利的。
A. 4　　B. 5　　C. 4.6　　D. 5.4

4. 企业采用融资租赁方式租入一台设备，设备价值为 100 万元，租期为 5 年，假设折现率为 10%。则每年年初支付的等额租金是(　　)万元。
A. 20　　B. 26.98　　C. 23.98　　D. 16.38

5. 下列表述中，正确的是(　　)。
A. 递延年金终值与递延期无关，其计算方法与普通年金终值的计算方法相同
B. 递延年金终值与递延期无关，其计算方法与普通年金终值的计算方法不同
C. 递延年金终值与递延期有关，其计算方法与普通年金终值的计算方法相同
D. 递延年金终值与递延期有关，其计算方法与普通年金终值的计算方法不同

6. 6 年分期付款购物，每年年初付 200 元，假设银行利率为 10%，该项分期付款相当于一次现金支付的购价是(　　)元。
A. 958.20　　B. 758.20　　C. 1 200　　D. 354.32

7. 某人希望在 5 年后取得本利和 1 000 元，用于支付一笔款项。若按单利计算，并假设利率为 5%，那么，他现在应存入(　　)元。
A. 800　　B. 900　　C. 950　　D. 780

8. 某企业于 2020 年 1 月 1 日存入银行 100 万元，已知银行年利率为 6%。复利计息方式下，5 年后该企业能从银行取出利息(　　)万元。
A. 74.73　　B. 33.82　　C. 25.27　　D. 133.82

9. 下列指标中，可以用来表示资金时间价值的是(　　)。
A. 企业债券利率
B. 社会平均利润率
C. 通货膨胀率极低情况下的国债利率
D. 无风险报酬率

10. 已知 $(P/A, 8\%, 5)=3.992\,7$，$(P/A, 8\%, 6)=4.622\,9$，$(P/A, 8\%, 7)=5.206\,4$，则 6 年期、折现率为 8%的预付年金现值系数是(　　)。
A. 2.992 7　　B. 4.206 4　　C. 4.992 7　　D. 6.206 4

11. 某企业于年初存入银行 10 000 元，假定年利率为 12%，每年复利 2 次。已知 $(F/P, 6\%, 5)=1.338\,2$，$(F/P, 6\%, 10)=1.790\,8$，$(F/P, 12\%, 5)=1.762\,3$，$(F/P, 12\%, 10)=3.105\,8$，则第 5 年年末的本利和为(　　)元。
A. 13 382　　B. 17 623　　C. 17 908　　D. 31 058

12. 甲方案的标准差是 2.11，乙方案的标准差是 2.14，如甲、乙两方案的期望值相同，则甲方案的风险(　　)乙方案的风险。

A. 大于　　B. 小于　　C. 等于　　D. 无法确定

二、多选题

1. 下列关于普通年金现值的表述中，正确的有(　　)。

A. 普通年金现值是指为在每期期末取得相等金额的款项，现在所需要投入的金额

B. 普通年金现值是指未来一定时间的特定资金按复利计算的现值

C. 普通年金现值是一定时期内每期期末等额收付款项的复利现值之和

D. 普通年金现值是指为在一定时期内每期期初取得相等金额的款项，现在所需要投入的金额

2. 某公司向银行借入12 000元，借款期为3年，每年的还本付息额为4 600元，则借款利率为(　　)。

A. 小于6%　　B. 大于8%　　C. 大于7%　　D. 小于8%

3. 某公司拟购置一处房产，付款条件是：从第4年开始，每年年初支付10万元，连续付10次，共100万元，假设该公司的资金成本率为10%，则该项付款相当于该公司现在一次付款的金额为(　　)万元。

A. $10[(P/A, 10\%, 12)-(P/A, 10\%, 2)]$

B. $10(P/A, 10\%, 10)(P/F, 10\%, 2)$

C. $10[(P/A, 10\%, 13)-(P/A, 10\%, 3)]$

D. $10[(P/A, 10\%, 12)-(P/A, 10\%, 3)]$

4. 递延年金的特点有(　　)。

A. 最初若干期没有收付款项　　B. 后面若干期等额收付款项

C. 其终值计算与普通年金相同　　D. 其现值计算与普通年金相同

5. 下列选项中，(　　)可以视为年金的形式。

A. 折旧　　B. 租金　　C. 利滚利　　D. 保险费

6. 某公司向银行借入一笔款项，年利率为10%，分6次还清，从第5年至第10年每年年末偿还本息5 000元。下列计算该笔借款现值的算式中，正确的有(　　)。

A. $5\,000\times(P/A, 10\%, 6)\times(P/F, 10\%, 3)$

B. $5\,000\times(P/A,10\%,6)\times(P/\mathrm{F}, 10\%, 4)$

C. $5\,000\times[(P/A, 10\%, 9)-(P/A, 10\%, 3)]$

D. $5\,000\times[(P/A, 10\%, 10)-(P/A, 10\%, 4)]$

7. 假设以10%的利率借款20 000元，投资于某个寿命期为5年的项目，那么每年至少要收回(　　)元才是有利的。

A. 332　　B. 37 908　　C. 5 276　　D. 1 638

8. 下列指标中，能够反映资产风险的有(　　)。

A. 标准差率　　B. 标准差　　C. 期望值　　D. 方差

9. 人们对待风险的偏好包括(　　)。

A. 风险厌恶　　B. 风险偏好

C. 风险中立　　D. 风险控制

10. 风险控制行为通常包括(　　)。

A. 回避风险　　B. 减少风险

C. 转移风险　　D. 接受风险

三、判断题

1. 先付年金与后付年金的区别仅在于付款时间的不同。（　）

2. 递延年金现值的大小与递延期无关，故计算方法和普通年金现值是一样的。（　）

3. 在利率和计息期相同的条件下，复利终值系数和复利现值系数互为倒数，年金终值系数和年金现值系数互为倒数。（　）

4. 当利率大于零，在计息期一定的情况下，年金现值系数一定大于1。（　）

5. 在利率同为10%的情况下，第10年年末1元的复利现值系数大于第8年年末1元的复利现值系数。（　）

6. 公司年初借入资本100万元，第3年年末一次性偿还连本带息共130万元，则这笔借款的实际年利率小于10%。（　）

7. 标准差率可用于收益率期望值不同的情况下的风险比较，标准差率越大，表明风险越大。（　）

四、计算分析题

1. 根据下列条件分别进行计算分析：

(1) 某人存入银行10万元，若存款利率为4%，问：第5年年末可以取出多少本利和？

(2) 某人计划每年年末存入银行10万元，连续存5年，若存款利率为4%，问：第5年年末账面的本利和为多少？

(3) 某人希望未来第5年年末可以取出10万元的本利和，若存款利率为4%，问：现在应存入银行多少钱？

(4) 某人希望未来5年每年年末都可以取出10万元，若存款利率为4%，问：现在应存入银行多少钱？

2. 某人将100元存入银行，若年利率为4%，半年计息一次，按照复利计算，求5年后的本利和。

3. 某人拟购房，开发商提出两种方案，一种方案是现在一次性付80万元，另一种方案是5年后付100万元，若目前的银行存款利率是7%，请问应选择哪种方案？

4. 小金是一位热心于公益事业的人，自2012年12月底开始，他每年都要向一位失学儿童捐款。小金向这位失学儿童每年捐款1 000元，帮助这位失学儿童读完九年义务教育。假设每年定期存款年利率都是2%，问：小金9年的捐款在2020年底相当于多少钱？

5. 某投资项目于2020年年初动工，假设当年投产，从投产之日起每年年末可得收益40 000元。若年利率为6%，计算预期10年收益的现值。

6. 张先生采用分期付款方式购入商品房一套，每年年初付款15 000元，分10年付清。若银行存款年利率为6%，问：该项分期付款相当于一次现金支付的购买价是多少元？

7. 为给儿子上大学准备资金，王先生连续6年于每年年初存入银行30 000元。若银行存款年利率为5%，问：王先生在第6年年末能一次取出本利和多少钱？

8. 归国华侨吴先生想支持家乡建设，特地在祖籍所在县设立奖学金。奖学金每年发放一次，奖励每年高考的文理科状元各10 000元。奖学金的基金保存在中国银行该县支行。若银行一年的定期存款利率为2%，问：吴先生应投资多少钱作为奖励基金？

9. 某人拟在5年后还清10 000元债务，从现在起每年年末等额存入银行一笔款项。假设银行利率为5%，则其每年需存入多少元？

10. 某企业借得1 000万元的贷款，在10年内以年利率8%等额偿还，问：该企业每年应付的金额为多少?

11. 甲公司于2020年1月1日购置一条生产线,有四种付款方案可供选择。

方案一:2022年年初支付100万元。

方案二:2020年至2022年每年年初支付30万元。

方案三:2021年至2023年每年年初支付24万元。

方案四:2022年至2026年每年年初支付21万元。

假设公司选定的折现率为10%。

要求:

(1) 计算方案一的现值。

(2) 计算方案二的现值。

(3) 计算方案三的现值。

(4) 计算方案四的现值。

(5) 判断甲公司应选择哪种付款方案。

12. 某公司打算购买一台设备,付款方式有两种:一是一次性支付500万元;二是每年年初支付200万元,3年付讫。由于资金不充裕,公司计划向银行借款用于支付设备款。假设银行借款年利率为5%,按复利计息。请问:公司应采用哪种付款方式?

13. 某人投资100 000元,预计每年可获得25 000元的回报,若项目的寿命期为5年,问:投资回报率为多少?

模块三

筹资管理与决策

第一节　筹资管理概述

一、企业筹资的动机

企业筹资是指企业为了满足经营活动、投资活动、资本结构管理和其他需要，运用一定的筹资方式，通过一定的筹资渠道，筹措和获取所需资金的一种财务行为。

企业筹资动机主要有以下四类表现。

(一) 创立性筹资动机

创立性筹资动机是指企业设立时，为取得资本金并形成开展经营活动的基本条件而产生的筹资动机。根据我国相关法律的规定，任何一个企业或公司在设立时都要求有符合企业章程或公司章程规定的全体股东认缴的出资额。企业创建时，要按照企业经营规模核定长期资本需要量和流动资金需要量，购建厂房设备等，安排铺底流动资金，形成企业的经营能力。因此，企业需要筹措注册资本和资本公积等股权资金，股权资金不足部分则需要筹集银行借款等债务资金。

(二) 支付性筹资动机

支付性筹资动机是指为了满足经营业务活动的正常波动所形成的支付需要而产生的筹资动机。企业在开展经营活动过程中，经常会出现超出维持正常经营活动资金需求的季节性、临时性的交易支付需要，如原材料购买的大额支付、员工工资的集中发放、银行借款的提前偿还、股东股利的发放等。这些情况要求除了正常经营活动的资金投入以外，还需要通过经常的临时性筹资来满足经营活动的正常波动需求，维持企业的支付能力。

(三) 扩张性筹资动机

扩张性筹资动机是指企业因扩大经营规模或对外投资需要而产生的筹资动机。企业维持简单再生产所需要的资金是稳定的，通常不需要或很少追加筹资。一旦企业扩大再生产，经营规模扩张、开展对外投资，就需要大量追加筹资。具有良好发展前景、处于成长期的企业，往往会产生扩张性的筹资动机。扩张性的筹资活动，在筹资的时间和数量上都要服从于投资决策和投资计划的安排，避免资金的闲置和投资时机的贻误。扩张性筹资的直接结果，往往是企业资产总规模的增加和资本结构的明显变化。

(四) 调整性筹资动机

调整性筹资动机是指企业因调整资本结构而产生的筹资动机。资本结构调整的目的在于降低资本成本，控制财务风险，提升企业价值。企业产生调整性筹资动机的具体原因大致有二：一是优化资本结构，合理利用财务杠杆效应；二是偿还到期债务，债务结构内部调整。调整性筹资的目的是调整资本结构，而不是为企业经营活动追加资金，这类筹资通常不会增加企业的资本总额。

在实务中，企业筹资的目的可能不是单纯和唯一的，通过追加筹资，既满足了经营活动、投资活动的资金需要，又达到了调整资本结构的目的。这类情况可以归纳称之为混合性的筹资动机。

二、筹资管理的内容

筹资活动是企业资金流转运动的起点，筹资管理要求解决企业为什么要筹资、需要筹集多少资金、从什么渠道以什么方式筹集，以及如何协调财务风险和资本成本，合理安排资本结构等问题。

（一）科学预计资金需要量

资金是企业的血液，是企业设立、生存和发展的财务保障，是企业开展生产经营业务活动的基本前提。企业创立时，要按照规划的生产经营规模，核定长期资本需要量和流动资金需要量；企业正常营运时，要根据年度经营计划和资金周转水平，核定维持营业活动的日常资金需求量；企业扩张发展时，要根据扩张规模或对外投资对大额资金的需求，安排专项的资金。

（二）合理安排筹资渠道、选择筹资方式

有了资金需求后，企业要解决的问题是资金从哪里来并以什么方式取得，这就是筹资渠道的安排和筹资方式的选择问题。

筹资渠道是指企业筹集资金的来源方向与通道。企业的筹资渠道主要有：国家财政投资和财政补贴、银行与非银行金融机构信贷、资本市场筹集、其他法人单位与自然人投入、企业自身积累等。

筹资方式是企业筹集资金所采取的具体方式，包括从企业外部筹措资金和自身利润留存积累。外部筹资主要有两种方式：股权筹资和债务筹资。股权筹资，是企业通过吸收直接投资、发行股票等方式从股东投资者那里取得资金；债务筹资，是企业通过向银行借款、发行债券、利用商业信用、融资租赁等方式从债权人那里取得资金。企业筹资方式如图 3-1 所示。

图 3-1　企业筹资方式

安排筹资渠道和选择筹资方式是一项重要的财务工作，直接关系到企业所能筹措资金的数量、成本和风险，因此，需要深刻认识各种筹资渠道和筹资方式的特征、性质以及与企业融资要求的适应性。在权衡不同性质资金的数量、成本和风险的基础上，按照不同的筹资渠道合理选择筹资方式，有效筹集资金。

（三）降低资本成本、控制财务风险

资本成本是企业筹集和使用资金所付出的代价。

按不同方式取得的资金，其资本成本是不同的。一般来说，债务资金比股权资金的资本成本要低，而且其资本成本在签订债务合同时就已确定，与企业的经营业绩和盈亏状况无关。即使同是债务资金，由于借款、债券和租赁的性质不同，其资本成本也有差异。因此，企业在筹资管理中，要权衡债务清偿的财务风险，合理利用资本成本较低的资金种类，努力降低企业的资本成本率。

尽管债务资金的资本成本较低，但由于债务资金有固定合同还款期限，到期必须偿还，因此企业承担的财务风险比股权资金要大一些。由于无力清偿债权人的债务，可能会导致企业的破产。企业筹集资金在降低资本成本的同时，要充分考虑财务风险，防范企业破产的财务危机。

三、筹资管理的原则

企业筹资管理的基本要求，是要在严格遵守国家法律法规的基础上，分析影响筹资的各种因素，权衡资金的性质、数量、成本和风险，合理选择筹资方式，提高筹资效果。

(一) 筹措合法

企业的筹资行为和筹资活动必须遵循国家的相关法律法规，依法履行法律法规和投资合同约定的责任，合法合规筹资，依法披露信息，维护各方的合法权益。

(二) 规模适当

企业要合理预测确定资金的需要量，既要避免因筹资不足，影响生产经营的正常进行，又要防止筹资过多，造成资金闲置。

(三) 取得及时

企业要合理预测确定资金需要的时间，合理安排资金的筹集到位时间，使筹资与用资在时间上相衔接。既避免过早筹集资金形成的资金投放前的闲置，又防止取得资金的时间滞后，错过资金投放的最佳时间。

(四) 来源经济

企业应当在考虑筹资难易程度的基础上，针对不同来源资金的成本，认真选择筹资渠道，并选择经济、可行的筹资方式，力求降低筹资成本。

(五) 结构合理

企业筹资要综合考虑股份资金与债务资金的关系、长期资金与短期资金的关系、内部筹资与外部筹资的关系，合理安排资本结构，保持适当偿债能力，防范企业财务危机。

第二节 债务筹资

债务筹资形成企业的债务资金。银行借款、发行债券和融资租赁，是债务筹资的三种基本形式。商业信用也是一种债务资金，但它是企业间的商品或劳务交易形成的，故在营运资金管理模块中予以介绍。

一、银行借款

银行借款是指企业向银行或其他非银行金融机构借入的、需要还本付息的款项，包括长期借款和短期借款，主要用于企业购建固定资产和满足流动资金周转的需要。

（一）银行借款的种类

1. 按提供贷款的机构，分为政策性银行贷款、商业银行贷款和其他金融机构贷款

政策性银行贷款是指执行国家政策性贷款业务的银行向企业发放的贷款，通常为长期贷款。如国家开发银行贷款，主要满足企业承建国家重点建设项目的资金需要；中国进出口银行贷款，主要为大型设备的进出口提供买方信贷或卖方信贷；中国农业发展银行贷款，主要用于确保国家对粮、棉、油等政策性收购资金的供应。

商业性银行贷款是指由各商业银行，如中国工商银行、中国建设银行、中国农业银行、中国银行等，向企业提供的贷款，用以满足企业生产经营的资金需要，包括短期贷款和长期贷款。

其他金融机构贷款包括从信托投资公司取得实物或货币形式的信托投资贷款，从财务公司取得的各种中长期贷款，从保险公司取得的贷款等。其他金融机构贷款一般较商业银行贷款的期限要长，要求的利率较高，对借款企业的信用要求和担保的选择比较严格。

2. 按机构对贷款有无担保要求，分为信用贷款和担保贷款

信用贷款是指以借款人的信誉或保证人的信用为依据而获得的贷款。企业取得这种贷款，无须以财产做抵押。对于这种贷款，由于风险较高，银行通常要收取较高的利息，往往还附加一定的限制条件。

担保贷款是指由借款人或第三方依法提供担保而获得的贷款，包括保证贷款、抵押贷款和质押贷款三种基本类型。

知识链接

抵押是指债务人或第三方并不转移对财产的占有，只将该财产作为对债权人的担保。

质押是指债务人或第三方将其动产或财产权利移交给债权人占有，将该动产或财产权利作为债权的担保。

3. 按企业取得贷款的用途，分为基本建设贷款、专项贷款和流动资金贷款

基本建设贷款是指企业因从事新建、改建、扩建等基本建设项目需要资金而向银行申请借入的款项。

专项贷款是指企业因为专门用途而向银行申请借入的款项，包括技术改造贷款、大修理贷款、研发和新产品研制贷款、小型技术措施贷款、出口专项贷款、引进技术转让费周转金贷款、进口设备外汇贷款、进口设备人民币贷款及国内配套设备贷款等。

流动资金贷款是指企业为满足流动资金的需求而向银行申请借入的款项，包括流动资金借款、生产周转借款、临时借款、结算借款和卖方信贷等。

（二）银行借款的筹资特点

1. 筹资速度快

与发行公司债券、融资租赁等债务筹资其他方式相比，银行借款的程序相对简单，所花时间较短，公司可以迅速获得所需资金。

2. 资本成本较低

利用银行借款筹资，一般都比发行债券和融资租赁的利息负担要低。而且，无须支付证券发行费用、租赁手续费用等筹资费用。

3. 筹资弹性较大

在借款之前，公司根据当时的资本需求与银行等贷款机构直接商定贷款的时间、数量和条件。在借款期间，若公司的财务状况发生某些变化，也可与债权人再协商，变更借款数量、时间和条件，或提前偿还本息。因此，借款筹资对公司具有较大的灵活性，尤其是短期借款。

4. 限制条款多

与发行公司债券相比较，银行借款合同对借款用途有明确规定，通过借款的保护性条款，对公司资本支出额度、再筹资、股利支付等行为有严格的约束，以后公司的生产经营活动和财务政策必将受到一定程度的影响。

5. 筹资数额有限

银行借款的数额往往受到贷款机构资本实力的制约，难以像发行公司债券、股票那样一次筹集到大笔资金，无法满足公司大规模筹资的需要。

二、发行公司债券

公司债券又称企业债券，是企业依照法定程序发行的、约定在一定期限内还本付息的有价证券。债券是持券人拥有公司债权的书面证书，它代表债券持券人与发债公司之间的债权债务关系。

(一) 发行债券的条件

在我国，根据《公司法》的规定，股份有限公司和有限责任公司具有发行债券的资格。公开发行公司债券筹集的资金，必须用于核准的用途，不得用于弥补亏损和非生产性支出。公司债券要上市交易，应符合一定的条件。

(二) 公司债券的种类

1. 按是否记名，分为记名债券和无记名债券

记名债券，应当在公司债券存根簿上载明债券持有人的姓名或者名称及住所、债券持有人取得债券的日期及债券的编号等信息。记名债券由债券持有人以背书方式或者法律、行政法规规定的其他方式转让；转让后，由公司将受让人的姓名或者名称及住所记载于公司债券存根簿。

无记名债券，应当在公司债券存根簿上载明债券总额、利率、偿还期限和方式、发行日期及债券的编号。无记名公司债券的转让，由债券持有人将该债券交付给受让人后即发生转让的效力。

2. 按是否能够转换成公司股权，分为可转换债券与不可转换债券

可转换债券是指债券持有者可以在规定的时间内按规定的价格转换为发债公司股票的一种债券。这种债券在发行时，对债券转换为股票的价格和比率等都作了详细规定。《公司法》规定，可转换债券的发行主体是股份有限公司中的上市公司。

不可转换债券是指不能转换为发债公司股票的债券，大多数公司债券属于这种类型。

3. 按有无特定财产担保，分为担保债券和信用债券

担保债券是指以抵押方式担保发行人按期还本付息的债券，主要是指抵押债券。抵押债券按其抵押品的不同，又分为不动产抵押债券、动产抵押债券和证券信托抵押债券。

信用债券是无担保债券，是仅凭公司自身的信用发行的、没有抵押品作抵押担保的债券。在公司清算时，信用债券的持有人因无特定的资产做担保品，只能作为一般债权人参与剩余财产的分配。

（三）公司债券发行的程序

公司债券发行的程序如图3-2所示。

图3-2　公司债券发行的程序

（四）债券的偿还

债券偿还时间按其实际发生与规定的到期日之间的关系，分为提前偿还与到期偿还两类，其中后者又包括分批偿还和一次偿还两种。

1. 提前偿还

提前偿还又称提前赎回或收回，是指在债券尚未到期之前就予以偿还。只有在公司发行债券的契约中明确规定了有关允许提前偿还的条款，公司才可以进行此项操作。提前偿还所支付的价格通常要高于债券的面值，并随到期日的临近而逐渐下降。具有提前偿还条款的债券可使公司筹资有较大的弹性。当公司资金有结余时，可提前赎回债券；当预测利率下降时，也可提前赎回债券，而后以较低的利率来发行新债券。

2. 到期分批偿还

如果一个公司在发行同一种债券的当时就为不同编号或不同发行对象的债券规定了不同的到期日，这种债券就是分批偿还债券。因为各批债券的到期日不同，它们各自的发行价格和票面利率也可能不相同，从而导致发行费较高。但由于这种债券便于投资人挑选最合适的到期日，因而便于发行。

3. 到期一次偿还

在多数情况下，发行债券的公司在债券到期日一次性归还债券本金，并结算债券利息。

（五）发行公司债券的筹资特点

1. 一次筹资数额大

利用发行公司债券筹资，能够筹集大额的资金，满足公司大规模筹资的需要。这是与银行借款、融资租赁等债务筹资方式相比，企业选择发行公司债券筹资的主要原因。大额筹资能够适应大型公司经营规模的需要。

2. 募集资金的使用限制条件少

相比银行借款筹资，发行债券募集的资金在使用上具有相对的灵活性和自主性。特别是发行债券所筹集的大额资金，能够用于流动性较差的公司长期资产上。从资金使用的性质来看，银行借款一般期限短、额度小，主要用于增加适量存货或增加小型设备等；而债券期限较长、额度较大，主要用于公司扩展、增加大型固定资产和基本建设投资的需求等。

3. 资本成本负担较高

相比银行借款筹资，发行债券的利息负担和筹资费用都比较高，而且债券不能像银行借款一样进行债务展期，加上大额的本金和较高的利息，在固定的到期日，将会对公司现金流量产生巨大的财务压力。不过，尽管公司债券的利息比银行借款高，但公司债券的期限长、利率相对固定。在预计市场利率持续上升的金融市场环境下，发行公司债券筹资，能够锁定资本成本。

4. 提高公司的社会声誉

公司债券的发行主体，有严格的资格限制，往往是股份有限公司和有实力的有限责任公司。通过发行公司债券，公司一方面筹集了大量资金，另一方面也扩大了公司的社会影响。

知识拓展

可转换债券

可转换债券是一种混合型证券，是公司普通债券与证券期权的组合体。可转换债券的持有人在一定期限内，可以按照事先规定的价格或者转换比例，自由地选择是否转换为公司普通股。

可转换债券具有证券期权和资本转换的性质。作为一种筹资方式，它将传统的债务筹资功能和股票筹资功能结合起来，筹资性质和时间上具有灵活性。其利率低于同一条件下普通债券的利率，降低了公司的筹资成本。此外，在可转换债券转换为普通股时，公司无需另外支付筹资费用，又节约了股票的筹资成本。可转换债券筹资效率高，但也存在不转换的财务压力。

三、融资租赁

租赁是指通过签订资产出让合同的方式，使用资产的一方(承租方)通过支付租金，向出让资产的一方(出租方)取得资产使用权的一种交易行为。在这项交易中，承租方通过得到所需资产的使用权，完成了筹集资金的行为。

(一) 租赁的基本特征

1. 所有权与使用权相分离

租赁资产的所有权与使用权分离是租赁的主要特点之一。银行信用虽然也是所有权与使用权相分离，但其载体是货币资金，而租赁则是资金与实物相结合基础上的分离。

2. 融资与融物相结合

租赁是以商品形态与货币形态相结合提供的信用活动，出租人在向企业出租资产的同时，解决了企业的资金需求，具有信用和贸易双重性质。它不同于一般的借钱还钱、借物还物的信用形式，而是借物还钱，并以分期支付租金的方式来体现。租赁的这一特点使银行信贷和财产信贷融合在一起，成为企业融资的一种特定形式。

3. 租金的分期支付

在租金的偿还方式上，租金与银行信用到期还本不一样，采取了分期支付方式。出租方的资金一次投入，分期收回。对于承租方而言，通过租赁可以提前获得资产的使用价值，分期支付租金便于分期规划未来的现金流出量。

(二) 租赁的分类

租赁分为经营租赁和融资租赁。

经营租赁是由租赁公司向承租单位在短期内提供设备，并提供维修、保养、人员培训等的一种服务性业务，又称服务性租赁。经营租赁的特点主要包括：①出租的设备一般由租赁公司根据市场需要选定，然后再寻找承租企业。②租赁期较短，短于资产的有效使用期，在合理的限制条件内承租企业可以中途解约。③租赁设备的维修、保养由租赁公司负责。④租赁期满或合同中止以后，出租资产由租赁公司收回。经营租赁比较适用于租用技术容易过时的生产设备。

融资租赁是由租赁公司按承租单位要求出资购买设备，在较长的合同期内提供给承租单位使用的融资信用业务，它是以融通资金为主要目的的租赁。融资租赁的主要特点包括：①出租的设备根据承租企业提出的要求购买，或者由承租企业直接从制造商或销售商那里选定。②租赁期较长，接近于资产的有效使用期，在租赁期间双方无权取消合同。③由承租企业负责设备的维修、保养。④租赁期满，按事先约定的方法处理设备，比如退还租赁公司、继续租赁或者企业留购，但通常采用企业留购办法，即以很少的“名义价格”(相当于设备残值)买下设备。

(三) 融资租赁的基本程序与形式

1. 融资租赁的基本程序

融资租赁的基本程序如图 3-3 所示。

图 3-3　融资租赁的基本程序

2. 融资租赁的基本形式

(1) 直接租赁。直接租赁是融资租赁的主要形式，承租方提出租赁申请时，出租方按照承租方的要求选购设备，然后再出租给承租方。

(2) 售后回租。售后回租是指承租方由于急需资金等各种原因，将自己的资产售给出租方，然后以租赁的形式从出租方原封不动地租回资产的使用权。

(3) 杠杆租赁。杠杆租赁是指涉及承租方、出租方和资金出借方三方的融资租赁业务。一般来说，当所涉及的资产价值昂贵时，出租方自己只投入部分资金，通常为资产价值的 20%～40%，其余资金则通过将该资产抵押担保的方式，向第三方(通常为银行)申请贷款解决。然后，出租方将购进的设备出租给承租方，用收取的租金偿还贷款，该资产的所有权属于出租方。出租方既是债权人也是债务人，既要收取租金又要支付债务。

(四) 融资租赁的租金计算

1. 租金的构成

融资租赁每期租金的多少，取决于以下几项因素：①设备原价及预计残值，包括设备买价、运输费、安装调试费、保险费等，以及设备租赁期满后出售可得的收入。②利息，即租赁公司为承租企业购置设备垫付资金所应支付的利息。③租赁手续费，即租赁公司承办租赁设备所发生的业务费用和必要的利润。

2. 租金的支付方式

租金的支付，有以下几种分类方式：①按支付间隔期长短，分为年付、半年付、季付和月付等方式。②按在期初和期末支付，分为先付和后付。③按每次支付额，分为等额支付和不等额支付。实务中，承租企业与租赁公司商定的租金支付方式，大多为后付等额年金。

3. 租金的计算

我国融资租赁实务中，租金的计算大多采用等额年金法。在等额年金法下，通常要根据利率和租赁手续费率确定一个租费率，作为折现率。

【例 3-1】 某企业于 2021 年 1 月 1 日从租赁公司租入一套设备，价值为 60 万元，租期为 6 年，租赁期满时预计残值为 5 万元，归租赁公司。假定年利率为 8%，租赁手续费率为每年 2%。租金每年年末支付一次，则：

$$每年租金=\frac{600\ 000-50\ 000\times(P/F,\ 10\%,\ 6)}{(P/A,\ 10\%,\ 6)}=131\ 283(元)$$

为了便于有计划地安排租金的支付，承租企业可编制租金摊销计划表。根据本例的有关资料编制的租金摊销计划表如表 3-1 所示。

表 3-1　租金摊销计划表

单位：元

年份	期初本金 (1)	支付租金 (2)	应计租费 (3)=(1)×10%	本金偿还额 (4)=(2)−(3)	本金余额 (5)=(1)−(4)
2021	600 000	131 283	60 000	71 283	528 717
2022	528 717	131 283	52 872	78 411	450 306
2023	450 306	131 283	45 031	86 252	364 054
2024	364 054	131 283	36 405	94 878	269 176
2025	269 176	131 283	26 918	104 365	164 811
2026	164 811	131 283	16 481	114 802	50 009
合计		787 698	237 707	549 991	50 009*

注：* 50 009 为到期残值，尾数 9 为中间计算过程四舍五入的误差导致。

(五) 融资租赁的筹资特点

1. 无需大量资金就能迅速获得资产

在资金缺乏的情况下，融资租赁能迅速获得所需资产。融资租赁集“融资”“融物” 于一身，融资租赁使企业在资金短缺的情况下引进设备成为可能。特别是对于中小企业、新创企业而言，融资租赁是一条重要的融资途径。大型企业的大型设备、工具等固定资产，也经常通过融资租赁方式来解决巨额资金的需要，如商业航空公司的飞机，大多是通过融资租赁取得的。

2. 财务风险小，财务优势明显

融资租赁与购买的一次性支出相比，能够避免一次性支付的负担，而且租金支出是未来的、分期的，企业无需一次筹集大量资金偿还。还款时，租金可以通过项目本身产生的收益来支付，是一种基于未来的“借鸡生蛋、卖蛋还钱”的筹资方式。

3. 筹资的限制条件较少

企业运用股票、债券、长期借款等筹资方式，受到相当多的资格条件的限制，如足够的抵押品、银行贷款的信用标准、发行债券的政府管制等。相比之下，融资租赁筹资的限制条件很少。

4. 能延长资金融通的期限

通常为购置设备而贷款的借款期限比该资产的物理寿命要短得多，而融资租赁的融资期限却可接近其全部使用寿命期限。并且，其金额随设备价款金额而定，无融资额度的限制。

5. 资本成本负担较高

融资租赁的租金通常比银行借款或发行债券所负担的利息高得多，租金总额通常要比设备价值高出30%。尽管与借款方式相比，融资租赁能够避免到期一次性集中偿还的财务压力，但高额的固定租金也给各期的经营带来了负担。

四、债务筹资的优缺点

（一）债务筹资的优点

1. 筹资速度较快

与股权筹资相比，债务筹资不需要经过复杂的审批手续和证券发行程序，如银行借款、融资租赁等，可以迅速地获得资金。

2. 筹资弹性较大

发行股票等股权筹资，一方面需要经过严格的政府审批；另一方面从企业的角度出发，由于股权不能退还，股权资本在未来永久性地给企业带来了资本成本的负担。利用债务筹资，可以根据企业的经营情况和财务状况，灵活地商定债务条件，控制筹资数量，安排取得资金的时间。

3. 资本成本负担较轻

一般来说，债务筹资的资本成本要低于股权筹资。其原因主要有以下三个方面：一是取得资金的手续费用等筹资费用较低；二是利息、租金等用资费用比股权资本要低；三是利息等资本成本可以在税前支付。

4. 可以利用财务杠杆

债务筹资不改变公司的控制权，因而股东不会出于控制权稀释的原因而反对公司举债。债权人从企业那里只能获得固定的利息或租金，不能参加公司剩余收益的分配。当企业的资本报酬率（息税前利润率）高于债务利率时，会增加普通股股东的每股收益，提高净资产报酬率，提升企业价值。

5. 稳定公司的控制权

债权人无权参加企业的经营管理，利用债务筹资不会改变和分散股东对公司的控制权。在信息沟通与披露等公司治理方面，债务筹资的代理成本也较低。

（二）债务筹资的缺点

1. 不能形成企业稳定的资本基础

债务资本有固定的到期日，到期需要偿还，只能作为企业的补充性资本来源。再加上取得债务往往需要进行信用评级，没有信用基础的企业和新创企业，往往难以取得足额的债务资本。现有债务资本在企业的资本结构中达到一定比例后，会由于财务风险而难以再次取得新的债务资金。

2. 财务风险较大

债务资本有固定的到期日、固定的债息负担，抵押、质押等担保方式取得的债务，资本使用上可能会有特别的限制。这些都要求企业必须保证有一定的偿债能力，要保持资产流动性及其资产报酬水平，以作为债务清偿的保障，同时也对企业的财务状况提出了更高的要求，否则会给企业带来财务危机，甚至导致破产。

3. 筹资数额有限

债务筹资的数额往往受到贷款机构资本实力的制约。除发行债券方式外，债务筹资难以像发行股票那样一次筹集到大笔资金来满足公司大规模筹资的需要。

第三节　股权筹资

股权筹资形成企业的股权资金，又称权益资本，是企业最基本的筹资方式。股权筹资包含吸收直接投资、发行股票和利用留存收益三种主要形式。

一、吸收直接投资

吸收直接投资是指企业按照“共同投资、共同经营、共担风险、共享收益”的原则，直接吸收国家、法人、个人和外商投入资金的一种筹资方式。

吸收直接投资是非股份制企业筹集权益资本的基本方式，企业资本不分为等额股份，无需公开发行股票。在吸收直接投资的实际出资额中，注册资本部分形成实收资本，超过注册资本部分属于资本溢价，形成资本公积。

吸收直接投资的程序如图 3-4 所示。

图 3-4　吸收直接投资的程序

(一) 吸收直接投资的种类

1. 吸收国家投资

国家投资是指有权代表国家投资的政府部门或机构，以国有资产投入公司。这种情况下形成的资本叫国有资本。

2. 吸收法人投资

法人投资是指法人单位以其依法可支配的资产投入公司。这种情况下形成的资本叫法人资本。

3. 合资经营

合资经营是指两个或者两个以上的不同国家的投资者共同投资、创办企业，并且共同经营、共担风险、共负盈亏、共享利益的一种直接投资方式。

4. 吸收社会公众投资

社会公众投资是指社会个人或本公司职工以个人合法财产投入公司。这种情况下形成的资本称为个人资本。

(二)吸收直接投资的出资方式

1. 以货币资产出资

以货币资产出资是吸收直接投资中最重要的出资方式。企业有了货币资产,便可以获取其他物质资源,支付各种费用,满足企业创建开支和随后的日常周转需要。

2. 以实物资产出资

以实物资产出资是指投资者以房屋、建筑物、设备等固定资产和材料、燃料、商品产品等流动资产所进行的投资。实物出资中实物的作价,应当评估作价,/核实财产,不得高估或者低估作价。法律行政法规对评估作价有规定的,从其规定。

3. 以土地使用权出资

土地使用权是指土地经营者对依法取得的土地在一定期限内有进行建筑、生产经营或其他活动的权利。土地使用权具有相对的独立性,在土地使用权存续期间,包括土地所有者在内的其他任何人和单位,不能任意收回土地和非法干预使用权人的经营活动。

4. 以工业产权出资

工业产权通常是指专有技术、商标权、专利权、非专利技术等无形资产。吸收工业产权等无形资产出资的风险较大。这是因为以工业产权投资,实际上是把技术转化为资本,使技术的价值固定化了,而技术具有强烈的时效性,会因其不断老化落后而导致实际价值不断减少甚至完全丧失。

5. 以特定债权出资

特定债权是指企业依法发行的可转换债券以及按照国家有关规定可以转作股权的债权。

(三)吸收直接投资的筹资特点

1. 能够尽快形成生产能力

吸收直接投资不仅可以取得一部分货币资金,而且可以直接获得所需的先进设备和技术,尽快形成生产经营能力。

2. 容易进行信息沟通

采取吸收直接投资方式筹资,投资者比较单一,股权没有社会化、分散化,投资者甚至直接担任公司管理层职务,公司与投资者易于沟通。

3. 资本成本较高

相较于股票筹资方式,吸收直接投资的资本成本较高。当企业经营较好、盈利较多时,投资者往往要求将大部分盈余作为红利分配,因为向投资者支付的报酬是按其出资数额和企业实现利润的比率来计算的。不过,吸收直接投资的手续相对比较简便,筹资费用较低。

4. 公司控制权集中,不利于公司治理

采用吸收直接投资方式筹资,投资者一般都要求获得与投资数额相适应的经营管理权。如果某个投资者的投资额比例较大,则该投资者对企业的经营管理就会有相当大的控制权,容易损害其他投资者的利益。

5. 不易进行产权交易

采取吸收直接投资方式筹资,吸收的投入资本由于没有证券为媒介,不利于产权交易,难以进行产权转让。

二、发行股票

股票是股份有限公司为筹措股权资本而发行的有价证券，是公司签发的证明股东持有公司股份的凭证。股票作为一种所有权凭证，代表着对发行公司净资产的所有权。股票只能由股份有限公司发行。

（一）股票的特征与分类

1. 股票的特点

（1）永久性。公司发行股票所筹集的资金属于公司的长期自有资金，没有期限，无须归还。换言之，股东在购买股票之后，一般情况下不能要求发行企业退还股金。

（2）流通性。股票作为一种有价证券，在资本市场上可以自由流通，也可以继承、赠送或作为抵押品。特别是上市公司发行的股票具有很强的变现能力，流动性很强。

（3）风险性。由于股票的永久性，股东成为企业风险的主要承担者。这里的风险主要表现为股票价格的波动性、红利的不确定性、破产清算时股东处于剩余财产分配的最后顺序等。

（4）参与性。股东作为股份公司的所有者，拥有参与企业管理的权利，包括重大决策权、经营者选择权、财务监控权、公司经营的建议和质询权等。

2. 股东的权利

股东最基本的权利是按投入公司的股份额，依法享有公司收益获取权、公司重大决策参与权和选择公司管理者的权利，并以其所持股份为限对公司承担责任。

（1）公司管理权。股东对公司的管理权主要体现在重大决策参与权、经营者选择权、财务监控权、公司经营的建议和质询权、股东大会召集权等方面。

（2）收益分享权。股东有权通过股利方式获取公司的税后利润，利润分配方案由董事会提出并经过股东大会批准。

（3）股份转让权。股东有权将其所持有的股票出售或转让。

（4）优先认股权。原有股东拥有优先认购本公司增发股票的权利。

（5）剩余财产要求权。当公司解散、清算时，股东有对清偿债务、清偿优先股股东以后的剩余财产索取的权利。

3. 股票的种类

（1）按股东权利和义务，分为普通股股票和优先股股票。

普通股股票简称普通股，是公司发行的代表着股东享有平等的权利、义务，不加特别限制的、股利不固定的股票。普通股是最基本的股票，通常情况下股份有限公司只发行普通股。

优先股股票简称优先股，是公司发行的相对于普通股具有一定优先权的股票。其优先权利主要表现在股利分配优先权和分取剩余财产优先权上。优先股股东在股东大会上无表决权，在参与公司经营管理上受到一定限制。优先股股东仅对涉及优先股权利的问题有表决权。

（2）按票面是否记名，分为记名股票和无记名股票。

记名股票是指在股票票面上记载有股东姓名或将名称记入公司股东名册的股票。无记名股票不登记股东名称，只登记股票数量、编号及发行日期。

我国《公司法》规定，公司向发起人、国家授权投资机构、法人发行的股票，应当为记名股票；而向社会公众发行的股票，可以为记名股票，也可以为无记名股票。

(3) 按发行对象和上市地点，分为A股、B股、H股、N股和S股等。

A股即人民币普通股票，由我国境内公司发行，境内上市交易，它以人民币标明面值，以人民币认购和交易。B股即人民币特种股票，由我国境内公司发行，境内上市交易，它以人民币标明面值，以外币认购和交易。H股是注册地在内地、在香港上市的股票，而在纽约和新加坡上市的股票，就分别称为N股和S股。

(二) 股份有限公司的设立、股票的发行与上市

1. 股份有限公司的设立

设立股份有限公司，应当有2人以上200人以下为发起人，其中须有半数以上的发起人在中国境内有住所。股份有限公司的设立，可以采取发起设立或者募集设立的方式。发起设立是指由发起人认购公司应发行的全部股份而设立公司；募集设立，是指由发起人认购公司应发行股份的一部分，其余股份向社会公开募集或者向特定对象募集而设立公司。

2. 股份有限公司首次发行股票的一般程序

股份有限公司首次发行股票的一般程序如图3-5所示。

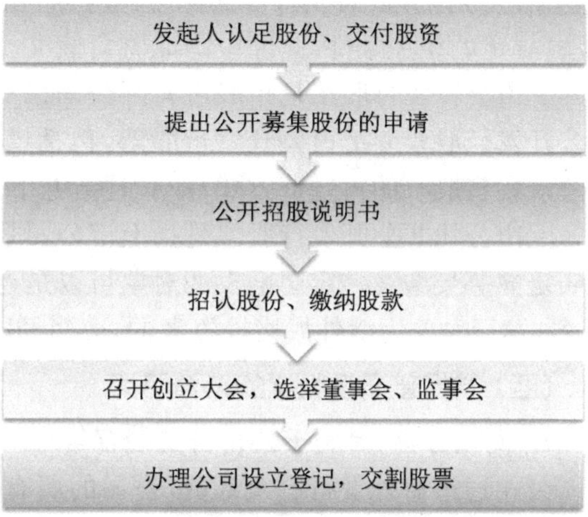

图3-5 股份有限公司首次发行股票的一般程序

3. 股票的发行方式

(1) 公开间接发行。公开间接发行股票是指股份公司通过中介机构(如证券公司、信托投资公司等)向社会公众公开发行股票。这种发行方式的发行范围广，发行对象多，易于足额筹集资本。公开发行股票，有利于提高公司的知名度，扩大其影响力，但公开发行方式审批手续复杂严格，发行成本高。

(2) 非公开直接发行。非公开直接发行股票是指股份公司只向少数特定对象直接发行股票，不需要中介机构承销。这种发行方式弹性较大，企业能控制股票的发行过程，节省发行费用，但发行范围小，不易及时足额筹集资本，发行后股票的变现性差。

4. 股票的上市交易

公司股票上市的有利影响主要有：便于筹措新资金；促进股权流通和转让；便于确定公司价值。

但股票上市对公司也有不利影响的一面，主要体现在：上市成本较高，手续复杂严格；公司将负担较高的信息披露成本；信息公开的要求可能会暴露公司的商业机密；股价有时会歪曲公司的实际情况，影响公司声誉；可能会分散公司的控制权，造成管理上的困难。

5. 股票上市的暂停、终止与特别处理

当上市公司出现经营情况恶化、存在重大违法违规行为或其他原因导致不符合上市条件时，就可能被暂停或终止上市。

上市公司出现财务状况或其他状况异常的，其股票交易将被交易所“特别处理”(special treatment, ST)。在特别处理期间，其股票报价日涨跌幅限制为5%，股票名称会在原股票名前加“ST”，且上市公司的中期报告必须经过审计。

(三) 上市公司的股票发行

上市的股份有限公司在证券市场上发行股票包括公开发行和非公开发行两种类型。公开发行股票又分为首次上市公开发行股票和上市公开发行股票。

首次上市公开发行股票 (initial public offering, IPO)是指股份有限公司对社会公开发行股票并上市流通和交易。实施IPO的公司，自股份有限公司成立后，持续经营时间应当在3年以上(经国务院特别批准的除外)，应当符合中国证监会《首次公开发行股票并上市管理办法》规定的相关条件，并经中国证监会核准。

上市公开发行股票是指股份有限公司已经上市后，通过证券交易所在证券市场上对社会公开发行股票。上市公开发行股票，包括增发和配股两种方式。增发是指上市公司向社会公众发售股票的再融资方式；配股是指上市公司向原有股东配售股票的再融资方式。

上市公司非公开发行股票是指上市公司采用非公开方式，向特定对象发行股票的行为，也叫定向募集增发。定向增发的对象可以是老股东，也可以是新投资者，但发行对象不超过10名；发行对象为境外战略投资者的，应当经国务院相关部门事先批准。

(四) 发行普通股股票的筹资特点

1. 两权分离，有利于公司自主经营管理

公司通过对外发行股票筹资，公司的所有权与经营权相分离，分散了公司控制权，有利于公司自主管理、自主经营。普通股筹资的股东众多，公司日常经营管理事务主要由公司的董事会和经理层负责。但公司的控制权分散，公司也容易被经理人控制。

2. 资本成本较高

由于股票投资的风险较大，收益具有不确定性，投资者就会要求较高的风险补偿。因此，股票筹资的资本成本较高。

3. 能增强公司的社会声誉，促进股权流通和转让

普通股筹资的股东众多，为公司带来了广泛的社会影响。特别是上市公司，其股票的流通性强，有利于市场确认公司的价值。普通股筹资以股票作为媒介，便于股权的流通和转让，便于吸收新的投资者。但是，流通性强的股票交易，也容易在资本市场上被恶意收购。

3. 不易及时形成生产能力

普通股筹资吸收的一般都是货币资金，上市公司还需要通过购置和建造形成生产经营能力。相比吸收直接投资方式，普通股筹资不易及时形成生产能力。

知识拓展

优 先 股

相对于普通股而言，优先股的股利收益是事先约定的，也是相对固定的。

优先股在年度利润分配和剩余财产清偿分配方面，具有比普通股股东优先的权利。与公司债权人不同，优先股股东不可以要求经营成果不佳而无法分配股利的公司支付固定股息；优先股股东也不可以要求无法支付股息的公司进入破产程序，不能向人民法院提出企业重整、和解或者破产清算申请。

优先股股东一般没有选举权和被选举权，对股份公司的重大经营事项无表决权，仅在股东大会表决与优先股股东自身利益直接相关的特定事项时，具有有限表决权。

优先股既像公司债券，又像公司股票。因此，优先股筹资属于混合筹资，其筹资特点兼有债务筹资和股权筹资性质。

三、留存收益

（一）留存收益的性质

从性质上看，企业通过合法有效的经营所实现的税后净利润，都属于企业的所有者，包括分配给所有者的利润和尚未分配留存于企业的利润。

（二）留存收益的筹资途径

1. 提取盈余公积金

盈余公积金是指有指定用途的留存净利润，其提取基数是抵减年初累计亏损后的本年度净利润。盈余公积金主要用于企业未来的经营发展，经投资者审议后也可以用于转增股本（实收资本）和弥补以前年度经营亏损。盈余公积金不得用于以后年度的对外利润分配。

2. 未分配利润

未分配利润是指未限定用途的留存净利润。未分配利润有两层含义：第一，这部分净利润本年没有分配给公司的股东投资者；第二，这部分净利润未指定用途，可以用于企业未来经营发展、转增股本（实收资本）、弥补以前年度经营亏损和以后年度利润分配。

（三）利用留存收益的筹资特点

1. 不用发生筹资费用

与普通股筹资相比较，留存收益筹资不需要发生筹资费用，资本成本较低。

2. 维持公司的控制权分布

利用留存收益筹资，不用对外发行新股或吸收新投资者，因此，由此增加的权益资本不会改变公司的股权结构，不会稀释原有股东的控制权。

3. 筹资数额有限

当期留存收益的最大数额是当期的净利润，不如外部筹资一次性可以筹集大量资金。如果企业发生亏损，则当年没有利润留存。此外，股东和投资者从自身期望出发，往往希望企业每年发放一定股利，保持一定的利润分配比例。

四、股权筹资的优缺点

（一）股权筹资的优点

1. 股权筹资是企业稳定的资本基础

股权资本没有固定的到期日，无须偿还，是企业的永久性资本，除非企业清算时才有可能予以偿还。这对于保障企业对资本的最低需求、促进企业长期持续稳定经营具有重要意义。

2. 股权筹资是企业良好的信誉基础

股权资本作为企业最基本的资本，代表了公司的资本实力，是企业与其他单位组织开展经营业务、进行业务活动的信誉基础。同时，股权资本也是其他方式筹资的基础，尤其可为债务筹资，包括银行借款、发行公司债券等提供信用保障。

3. 股权筹资的财务风险较小

股权资本不用在企业正常营运期内偿还，没有还本付息的财务压力。相对于债务资金而言，股权资本筹资限制少，资本使用上也无特别限制。此外，企业可以根据其经营状况和业绩的好坏，决定向投资者支付报酬的多少。

（二）股权筹资的缺点

1. 资本成本负担较重

一般而言，股权筹资的资本成本要高于债务筹资。这主要是由于投资者投资于股权，特别是投资于股票的风险较高，投资者会相应要求得到较高的报酬率。从企业成本开支的角度来看，股利、红利从税后利润中支付，而使用债务资金的资本成本允许税前扣除。此外，普通股的发行、上市等方面的费用也十分庞大。

2. 控制权变更可能影响企业长期稳定发展

由于利用股权筹资引进了新的投资者或出售了新的股票，所以公司控制权结构会发生改变，而控制权变更过于频繁，势必会影响公司管理层的人事变动和决策效率，影响公司的正常经营。

3. 信息沟通与披露成本较大

投资者或股东作为企业的所有者，有了解企业经营业务、财务状况、经营成果等的权利。企业需要通过各种渠道和方式加强与投资者的关系管理，保障投资者的权益。特别是上市公司，其股东众多而分散，只能通过公司的公开信息披露了解公司状况，这就需要公司花更多的精力。有些公司还需要设置专门的部门，进行公司的信息披露和投资者关系管理。

第四节　筹资预测

资金的需要量是筹资的数量依据，应当对其进行科学合理的预测。筹资数量预测的基本目的是保证筹集的资金既能满足生产经营的需要，又不会产生多余资金而闲置。

一、因素分析法

因素分析法又称分析调整法，是以有关项目基期年度的平均资金需要量为基础，根据预测年度的生产经营任务和资金周转加速的要求，进行分析调整，来预测资金需要量的一种方法。这种方法计算简便，容易掌握，但预测结果不太精确。它通常用于品种繁多、规格复杂、资金用量较小的项目。因素分析法的计算公式为：

$$\text{资金需要量}=\left(\text{基期资金平均占用额}-\text{不合理资金占用额}\right)\times\left(1+\text{预测期销售增长率}\right)\times\left(1-\text{预测期资金周转速度增长率}\right)$$

【例 3-2】 A 企业上年度资金平均占用额为 2 200 万元，经分析，其中不合理部分为 200 万元，预计本年度销售增长 5%，资金周转加速 2%。则：

预测本年度资金需要量=(2 200－200)×(1+5%)×(1－2%)=2 058(万元)

二、销售百分比法

(一)基本原理

销售百分比法是假设某些资产和负债与销售额存在稳定的百分比关系,然后根据这个假设预计外部资金需要量的方法。当企业在销售规模扩大时,就要相应增加流动资产,如果销售规模扩大很多,企业还需增加长期资产。为取得扩大销售所需增加的资产,企业需要筹措资金。这些资金,一部分来自随销售收入同比例增加的流动负债,还有一部分来自预测期的收益留存,另一部分通过外部筹资取得。

(二)基本步骤

1. 确定随销售额变动而变动的资产和负债项目

随着销售额的变化,经营性资产项目将占用更多的资金。同时,随着经营性资产的增加,相应的经营性短期债务也会增加,如存货增加会导致应付账款增加等。经营性资产与经营性负债的差额通常与销售额保持稳定的比例关系。这里,经营性资产项目包括库存现金、应收账款、存货等项目;而经营性负债项目包括应付票据、应付账款等项目,不包括短期借款、短期融资券、长期负债等筹资性负债。

2. 确定有关项目与销售额的稳定比例关系

如果企业资金周转的营运效率保持不变,经营性资产项目与经营性负债项目将会随销售额的变动而呈正比例变动,保持稳定的百分比关系。企业应当根据历史资料和同业情况,剔除不合理的资金占用,寻找与销售额的稳定百分比关系。

3. 确定需要增加的筹资数量

将预计由于销售增长而需要的资金需求增长额,扣除利润留存后,就可得出所需要的外部筹资额,即:

$$\text{外部融资需求量} = \frac{A}{S_1} \times \Delta S - \frac{B}{S_1} \times \Delta S - P \times E \times S_2$$

式中,A 表示随销售而变化的敏感资产;B 表示随销售而变化的敏感负债;S_1 表示基期销售额;S_2 表示预测期销售额;ΔS 表示销售变动额;P 表示销售净利率;E 表示利润留存率;A/S_1 表示敏感资产与销售额的关系百分比;B/S_2 表示敏感负债与销售额的关系百分比。

需要说明的是,如果非敏感性资产增加,则外部筹资需要量也应相应增加。

【例 3-3】 振华公司 2020 年 12 月 31 日的简要资产负债及相关信息如表 3-2 所示。假定振华公司 2020 年销售额为 10 000 万元,销售净利率为 10%,利润留存率为 40%。2021 年销售额预计增长 20%,公司有足够的生产能力,无需追加固定资产投资。

表 3-2 振华公司资产与负债及相关信息表(2020 年 12 月 31 日)

金额单位:万元

资产	金额	与销售关系	负债与权益	金额	与销售关系
现金	500	5%	短期借款	2 500	N
应收账款	1 500	15%	应付账款	1 000	10%

（续表）

资产	金额	与销售关系	负债与权益	金额	与销售关系
存货	3 000	30%	预提费用	500	5%
固定资产	3 000	N	公司债券	1 000	N
			实收资本	2 000	N
			留存收益	1 000	N
合计	8 000	50%	合计	8 000	15%

首先，确定有关项目及其与销售额的关系百分比。在表3-2中，N表示不变动，即该项目不随销售的变化而变化。

其次，确定需要增加的资金量。从表3-2可以看出，销售收入每增加100元，必须增加50元的资金占用，但同时自动增加15元的资金来源，两者差额的35%产生了资金需求。因此，每增加100元的销售收入，公司必须取得35元的资金来源，销售额从10 000万元增加到12 000万元，增加了2 000万元，按照35%的比率可预测将增加700万元的资金需求。

最后，确定外部融资需求的数量。2021年的净利润为1 200万元（12 000×10%），利润留存率为40%，则将有480万元利润被留存下来，还有220万元的资金必须从外部筹集。根据振华公司的资料，可求得对外融资的需求量为：

$$外部融资需求量=2\,000\times50\%-2\,000\times15\%-12\,000\times10\%\times40\%=220（万元）$$

销售百分比法的优点，是能为筹资管理提供短期预计的财务报表，以适应外部筹资的需要，且易于使用。但在有关因素发生变动的情况下，必须相应地调整原有的销售百分比。

第五节　资本成本

一、资本成本的含义与作用

资本成本是衡量资本结构优化程度的标准，也是对投资获得经济效益的最低要求，通常用资本成本率表示。企业所筹得的资本付诸使用以后，只有项目的投资报酬率高于资本成本率，才能表明所筹集的资本取得了较好的经济效益。

（一）资本成本的含义

资本成本是指企业为筹集和使用资本而付出的代价，包括筹资费用和占用费用。资本成本是资本所有权与资本使用权分离的结果。对出资者而言，由于让渡了资本使用权，必须要求取得一定的补偿，资本成本表现为让渡资本使用权所带来的投资报酬。对筹资者而言，由于取得了资本使用权，必须支付一定代价，资本成本表现为取得资本使用权所付出的代价。资本成本可以用绝对数表示，也可以用相对数表示。用绝对数表示的资本成本，主要由以下两个部分构成。

1. 筹资费

筹资费是指企业在资本筹措过程中为获取资本而付出的代价，如向银行支付的借款手续费，因发行股票、公司债券而支付的发行费等。筹资费通常在资本筹集时一次性发生，在资本使用过程中不再发生。因此，筹资费被视为筹资数额的一项扣除。

2. 占用费

占用费是指企业在资本使用过程中因占用资本而付出的代价，如向银行等债权人支付的利息，向股东支付的股利等。占用费用是因为占用了他人资金而必须支付的，是资本成本的主要内容。

（二）资本成本的作用

1. 资本成本是比较筹资方式、选择筹资方案的依据

各种资本的资本成本率，是比较、评价各种筹资方式的依据。在评价各种筹资方式时，一般会考虑的因素包括对企业控制权的影响、对投资者吸引力的大小、融资的难易和风险、资本成本的高低等，而资本成本是其中的重要因素。在其他条件相同时，企业筹资应选择资本成本率最低的方式。

2. 平均资本成本是衡量资本结构是否合理的重要依据

企业财务管理目标是企业价值最大化，企业价值是企业资产带来的未来现金流量的贴现值。计算企业价值时，经常采用企业的平均资本成本作为贴现率，当平均资本成本最小时，企业价值最大，此时的资本结构是企业理想的资本结构。

3. 资本成本是评价投资项目可行性的主要标准

任何投资项目，如果它预期的投资报酬率超过该项目使用资金的资本成本率，则该项目在经济上就是可行的。因此，资本成本率是企业用以确定项目要求达到的投资报酬率的最低标准。

4. 资本成本是评价企业整体业绩的重要依据

一定时期企业资本成本率的高低，不仅反映企业筹资管理的水平，还可作为评价企业整体经营业绩的标准。企业的生产经营活动，实际上就是所筹集资本经过投放后形成资产的营运，企业的总资产税后报酬率应高于其平均资本成本率，这样才能带来剩余收益。

二、影响资本成本的因素

（一）总体经济环境

一个国家或地区的总体经济环境状况，表现在国民经济发展水平、预期的通货膨胀等方面，这些都会对企业筹资的资本成本产生影响。如果国民经济保持健康、稳定、持续增长，整个社会经济的资金供给和需求相对均衡且通货膨胀水平低，资金所有者投资的风险小，预期报酬率低，筹资的资本成本率相应就比较低。相反，如果经济过热，通货膨胀持续居高不下，投资者投资的风险大，预期报酬率高，筹资的资本成本率就高。

（二）资本市场条件

资本市场条件包括资本市场的效率和风险。如果资本市场缺乏效率，证券的市场流动性低，投资者投资风险大，要求的预期报酬率高，那么通过资本市场融通的资本，其成本水平就比较高。

(三) 企业经营状况和融资状况

企业的经营风险和财务风险共同构成企业总体风险。如果企业经营风险高,财务风险大,则企业总体风险水平高,投资者要求的预期报酬率高,企业筹资的资本成本相应就大。

(四) 企业对筹资规模和时限的需求

在一定时期内,国民经济体系中资金供给总量是一定的,资本是一种稀缺资源。因此企业一次性需要筹集的资金规模大、占用资金时限长,资本成本就高。当然,融资规模、时限与资本成本的正向相关性并非线性关系,一般来说,融资规模在一定限度内,并不会引起资本成本的明显变化,当融资规模突破一定限度时,才会引起资本成本的明显变化。

三、个别资本成本的计算

个别资本成本是指单一融资方式本身的资本成本,包括银行借款资本成本、公司债券资本成本、融资租赁资本成本、优先股资本成本、普通股资本成本和留存收益成本等。其中,前三类是债务资本成本,后三类是权益资本成本。个别资本成本的高低,用相对数(即资本成本率)表达。

1. 一般模式

为了便于分析比较,资本成本率通常采用不考虑货币时间价值的一般通用模型计算。计算时,将初期的筹资费用作为筹资额的一项扣除,扣除筹资费用后的筹资额称为筹资净额。一般模式下,资本成本率的计算公式为:

$$\text{资本成本率}=\frac{\text{年资金占用费}}{\text{筹资总额}-\text{筹资费用}}=\frac{\text{年资金占用费}}{\text{筹资总额}\times(1-\text{筹资费用率})}$$

2. 贴现模式

对于金额大、时间超过1年的长期资本,更为准确一些的资本成本率计算方式是采用贴现模式,即将债务未来还本付息或股权未来股利分红的贴现值与目前筹资净额相等时的贴现率作为资本成本率,用公式表示为:

由:　　筹资净额现值=未来资本清偿额现值=0

得:　　资本成本率=所采用的贴现率

(一) 银行借款的资本成本率

银行借款资本成本包括借款利息和借款手续费用,手续费用是筹资费用的具体表现。利息费用在税前支付,可以起抵税作用,一般计算税后资本成本率,以便与权益资本成本率具有可比性。银行借款的资本成本率按一般模式计算为:

$$\text{银行借款的资本成本率}=\frac{\text{年利率}\times(1-\text{所得税税率})}{1-\text{手续费用率}}$$

【例3-4】 某企业取得5年期长期借款200万元,年利率10%,每年付息一次,到期一次还本,借款费用率0.2%,企业所得税税率20%。则:

$$\text{银行借款的资本成本率}=\frac{10\%\times(1-20\%)}{1-0.2\%}=8.02\%$$

如果考虑时间价值，还可以采用贴现模式计算资本成本率，则：

$200\times(1-0.2\%)=200\times10\%\times(1-20\%)\times(P/A, i, 5)+200\times(P/F, i, 5)$

用插值法，可求得 $i=8.05\%$，即资本成本率为 8.05%。

（二）公司债券的资本成本率

公司债券资本成本包括债券利息和借款发行费用。债券可以溢价发行，也可以折价发行，其资本成本率按一般模式计算为：

$$公司债券的资本成本率=\frac{年利息\times(1-所得税税率)}{债券筹资总额\times(1-手续费用率)}$$

【例 3-5】 某企业以 1 100 元的价格，溢价发行面值为 1 000 元、期限为 5 年、票面率为 7%的公司债券一批。每年付息一次，到期一次还本，发行费用率为 3%，所得税税率为 20%。则：

$$公司债券的资本成本率=\frac{1\,000\times7\%\times(1-20\%)}{1\,100\times(1-3\%)}=5.25\%$$

如果考虑时间价值，则该债券的资本成本率计算为：

$1\,100\times(1-3\%)=1\,000\times7\%\times(1-20\%)\times(P/A, i, 5)+1\,000\times(P/F, i, 5)$

用插值法，可求得 $i=4.09\%$，即资本成本率为 4.09%。

（三）优先股的资本成本率

优先股的资本成本主要是向优先股东支付的各期股利。对于固定股息率优先股而言，如果各期股利是相等的，则优先股的资本成本率按一般模式计算为：

$$优先股的资本成本率=\frac{优先股年固定股息}{优先股发行价格\times(1-筹资费用率)}$$

【例 3-6】 某上市公司发行面值 100 元的优先股，规定的年股息率为 9%。该优先股溢价发行，发行价格为 120 元，发行时筹资费用率为发行价的 3%，则：

$$优先股的资本成本率=\frac{100\times9\%}{120\times(1-3\%)}=7.73\%$$

本例中，该优先股票面股息率为 9%，但实际资本成本率只有 7.73%，主要原因是因为该优先股溢价 1.2 倍发行。

如果是浮动股息率优先股，则优先股的浮动股息率将根据约定的方法计算，并在公司章程中事先明确。由于浮动优先股各期股利是波动的，因此其资本成本率只能按照贴现模式计算，并假定各期股利的变化呈一定的规律性。此类浮动股息率优先股的资本成本率计算，与普通股资本成本的股利增长模型法计算方式相同。

（四）普通股的资本成本率

普通股资本成本主要是向股东支付的各期股利。由于各期股利并不一定固定，随企业各期收益波动，因此普通股的资本成本率只能按贴现模式计算，并假定各期股利的变化呈一定规律性。假定某股票本期支付的股利为 D_0，未来各期股利按 g 速度增长，目前股票市场价格为 P_0，则：

$$\text{普通股的资本成本率} = \frac{D_0(1+g)}{P_0(1-f)} + g = \frac{D_1}{P_0(1-f)} + g$$

知识拓展

股利增长模型资本成本率计算公式推导

假定资本市场有效，股票市场价格与价值相等。普通股的资本成本按贴现模式计算，并假定各期股利的变化呈规律性增长，则现值 P 与股利 D 的关系为：

$$P = \sum_{t=1}^{\infty} \frac{D_0(1+g)^t}{(1+i)^t}$$

式中，t 表示支付股利的期数，i 表示贴现率。

因为 g 是一个固定的常数，当贴现率 $t>g$ 时，关系式可以简化为：

$$P = \frac{D_1}{i-g}$$

即：

$$i = \frac{D_1}{P} + g$$

该贴现率即股利增长模型下普通股的资本成本率，其中现值 P 为筹资净额。

【例 3-7】 某公司普通股市价为 30 元，筹资费用率为 2%，本年发放现金股利每股 0.6 元，预期股利年增长率为 10%。则：

$$\text{普通股的资本成本率} = \frac{0.6\times(1+10\%)}{30\times(1-2\%)} + 10\% = 12.24\%$$

（五）留存收益的资本成本率

留存收益是由企业税后净利润形成的，是一种所有者权益，其实质是所有者向企业的追加投资。企业利用留存收益筹资无须发生筹资费用。如果企业将留存收益用于再投资，所获得的收益率低于股东自己进行一项风险相似的投资项目的收益率，企业就应该将其分配给股东。留存收益的资本成本率，表现为股东追加投资要求的报酬率，其计算与普通股的资本成本率相同，但不考虑筹资费用。

【例 3-8】 某股份有限公司普通股每股股价为 8 元，预计明年每股发放股利 1 元，预计股利年增长率为 5%，则：

$$\text{留存收益的资本成本率} = \frac{1}{8} + 5\% = 17.5\%$$

四、平均资本成本的计算

平均资本成本是指多元化融资方式下的综合资本成本，反映企业资本成本整体水平的高低。在衡量和评价单一融资方案时，需要计算个别资本成本；在衡量和评价企业筹资总体的经济性时，需要计算企业的平均资本成本。平均资本成本用于衡量企业资本成本水平，确立企业理想的资本结构。

企业平均资本成本是以各项个别资本在企业总资本中的比重为权数，对各项个别资本成本率进行加权平均而得到的总资本成本率。计算公式为：

$$K_w = \sum_{j=1}^{n} K_j W_j$$

式中，K_w表示平均资本成本；K_j表示第j种个别资本成本率；W_j表示第j种个别资本成本在全部资本中的比重。

平均资本成本率的计算，存在着权数价值的选择问题，即各项个别资本按什么权数来确定资本比重。通常，可供选择的价值形式有账面价值、市场价值、目标价值等。

【例 3-9】 华宇公司本年年末长期资本账面总额为 1 000 万元，其中，银行长期贷款为 400 万元，占 40%；长期债券为 150 万元，占 15%；股东权益为 450 万元(共 200 万股，每股面值 1 元，市价 8 元)，占 45%。个别资本成本分别为 5%、6%、9% 。则该公司的平均资本成本为：

按账面价值计算：

$$K_w = 5\% \times 40\% + 6\% \times 15\% + 9\% \times 45\% = 6.95\%$$

按市场价值计算：

$$借款比重 = \frac{400}{400 + 150 + 1\,600} = 18.6\%$$

$$债券比重 = \frac{150}{400 + 150 + 1\,600} = 7.0\%$$

$$股东权益比重 = \frac{1600}{400 + 150 + 1\,600} = 74.4\%$$

$$K_w = 5\% \times 18.6\% + 6\% \times 7.0\% + 9\% \times 74.4\% = 8.05\%$$

五、边际资本成本的计算

边际资本成本是企业追加筹资的成本。企业的个别资本成本和平均资本成本，是企业过去筹集的单项资本的成本或目前使用全部资本的成本。然而，企业在追加筹资时，不能仅仅考虑目前所使用资本的成本，还要考虑新筹集资金的成本，即边际资本成本。边际资本成本是企业进行追加筹资的决策依据。筹资方案组合时，边际资本成本的权数采用目标价值权数，即以各项个别资本预计的未来价值为基础来确定资本权数，确定各类资本占总资本的比重。

【例 3-10】 某公司设定的目标资本结构为：银行借款 20%、公司债券 15%、股东权益 65%。现拟追加筹资 300 万元，按此资本结构来筹资。个别资本成本率预计分别为：银行借款 7%，公司债券 12%，股东权益 15%。追加筹资 300 万元的边际资本成本计算如表 3-3 所示。

表 3-3 边际资本成本计算表

资本种类	目标资本结构 ①	追加筹资额(万元) ②=300×①	个别资本成本 ③	边际资本成本 ④=①×③
银行借款	20%	60	7%	1.4%
公司债券	15%	45	12%	1.8%

（续表）

资本种类	目标资本结构 ①	追加筹资额（万元） ②＝300×①	个别资本成本 ③	边际资本成本 ④＝①×③
股东权益	65%	195	15%	9.75%
合计	100%	300	—	12.95%

第六节　杠杆效应

财务管理中存在着类似于物理学中的杠杆效应，表现为：由于特定固定支出或费用的存在，当某一财务变量以较小幅度变动时，另一相关变量会以较大幅度变动。财务管理中的杠杆效应，包括经营杠杆、财务杠杆和总杠杆三种效应形式。杠杆效应既可以产生杠杆利益，也可能带来杠杆风险。

一、经营杠杆效应

（一）经营杠杆

经营杠杆是指由于固定性经营成本的存在，而使得企业的资产报酬（息税前利润）变动率大于业务量变动率的现象。经营杠杆反映了资产报酬的波动性，用来评价企业的经营风险。用息税前利润（EBIT）表示资产总报酬，则：

息税前利润＝销售额－变动性经营成本－固定性经营成本
＝（销售单价－单位变动成本）×产销业务量－固定性经营成本
＝边际贡献－固定性经营成本

上式中，影响息税前利润的因素包括产品售价、产品需求、产品成本等因素。当产品成本中存在固定成本时，如果其他条件不变，产销业务量的增加虽然不会改变固定成本总额，但会降低单位产品分摊的固定成本，从而提高单位产品利润，使息税前利润的增长率大于产销业务量的增长率，进而产生经营杠杆效应。当不存在固定性经营成本时，所有成本都是变动性经营成本，边际贡献等于息税前利润，此时，息税前利润变动率与产销业务量的变动率完全一致。

（二）经营杠杆系数

只要企业存在固定性经营成本，就存在经营杠杆效应。但以不同产销业务量为基础，其经营杠杆效应的大小程度是不一致的。测算经营杠杆效应程度，常用指标为经营杠杆系数（DOL）。经营杠杆系数是息税前利润变动率与产销业务量变动率的比值，计算公式为：

$$DOL = \frac{\frac{\Delta EBIT}{EBIT_0}}{\frac{\Delta Q}{Q_0}} = \frac{\text{息税前利润变动率}}{\text{产销业务量变动率}}$$

式中，DOL 表示经营杠杆系数；$\Delta EBIT$ 表示息税前利润变动额；$EBIT_0$ 表示基期息税前利润；ΔQ 表示产销业务量变动额；Q_0 表示基期产销业务量。

上式经整理，经营杠杆系数的计算可以简化为：

$$DOL=\frac{EBIT_0+F_0}{EBIT_0}=\frac{\text{基期息税前利润}+\text{基期固定成本}}{\text{基期息税前利润}}=\frac{\text{基期边际贡献}}{\text{基期息税前利润}}$$

【例 3-11】 华泰公司产销某种服装。年产销额为 5 000 万元时，变动成本为 3 500 万元，固定成本为 500 万元，息税前利润为 1 000 万元；年产销额为 7 000 万元时，变动成本为 4 900 万元，固定成本仍为 500 万元，息税前利润为 1 600 万元。可以看出，该公司产销量增长了 40%，息税前利润增长了 60%，产生了 1.5 倍的经营杠杆效应，计算如下：

$$DOL=\frac{\frac{\Delta EBIT}{EBIT_0}}{\frac{\Delta Q}{Q_0}}=\frac{\frac{600}{1\ 000}}{\frac{2\ 000}{5\ 000}}=\frac{60\%}{40\%}=1.5(\text{倍})$$

或

$$DOL=\frac{EBIT_0+F_0}{EBIT_0}=\frac{1\ 000+500}{1\ 000}=1.5(\text{倍})$$

(三) 经营杠杆与经营风险

经营风险是指企业由于生产经营上的原因而导致的资产报酬波动的风险。引起企业经营风险的主要原因是市场需求和生产成本等因素的不确定性，经营杠杆本身并不是资产报酬不确定的根源，只是资产报酬波动的表现。但是，经营杠杆放大了市场和生产等因素变化对利润波动的影响。经营杠杆系数越高，表明息税前利润受产销量变动的影响程度越大，经营风险也就越大。根据经营杠杆系数的简化公式，即：

$$DOL=\frac{EBIT_0+F_0}{EBIT_0}=\frac{\text{基期息税前利润}+\text{基期固定成本}}{\text{基期息税前利润}}$$

上式表明，在息税前利润为正的前提下，经营杠杆系数最低为 1，不会为负数；只要有基期固定成本存在，经营杠杆系数就总是大于 1。

从上式可知，影响经营杠杆的因素包括企业成本结构中的固定成本比重和息税前利润水平。其中，息税前利润水平又受产品销售数量、销售价格、成本水平(单位变动成本和固定成本总额)高低的影响。固定成本比重越高、成本水平越高、产品销售数量和销售价格水平越低，经营杠杆效应越大；反之则相反。

【例 3-12】 某企业生产 A 产品，固定成本为 100 万元，变动成本率为 60%，当销售额分别为 1 000 万元、500 万元、250 万元时，经营杠杆系数分别为：

$$DOL_{1\ 000}=\frac{1\ 000-1\ 000\times 60\%}{1\ 000-1\ 000\times 60\%-100}=1.33$$

$$DOL_{500}=\frac{500-500\times 60\%}{500-500\times 60\%-100}=2$$

$$DOL_{250}=\frac{250-250\times 60\%}{250-250\times 60\%-100}=\infty$$

上例计算结果表明，在其他因素不变的情况下，销售额越小，经营杠杆系数越大，经营风险也就越大，反之亦然。如销售额为 1 000 万元，DOL 为 1.33；如果销售额为 500 万元，

DOL 为 2，显然后者的不稳定性大于前者，经营风险也大于前者。在销售额处于盈亏临界点 250 万元时，经营杠杆系数趋于无穷大，此时，企业销售额稍有减少便会导致更大的亏损。

二、财务杠杆效应

（一）财务杠杆

财务杠杆是指由于固定性资本成本的存在，而使得企业的普通股收益（或每股收益）变动率大于息税前利润变动率的现象。财务杠杆反映了权益资本报酬的波动性，用来评价企业的财务风险。用普通股收益或每股收益表示普通股权益资本报酬，则：

$$EPS=\frac{(EBIT-I)\times(1-T)-D}{N}$$

式中：EPS 表示普通股每股收益；I 表示债务资金利息；D 表示优先股股利；T 表示所得税税率；N 表示普通股股数。

上式中，影响普通股收益的因素包括资产报酬、资本成本、所得税税率等因素。当存在利息费用等固定性资本成本时，如果其他条件不变，息税前利润的增加虽然不改变固定利息费用总额，但会降低每元息税前利润分摊的利息费用，从而提高每股收益，使得普通股收益的增长率大于息税前利润的增长率，进而产生财务杠杆效应。当不存在固定利息、股息等资本成本时，息税前利润就是利润总额，此时利润总额变动率与息税前利润变动率完全一致。如果两期所得税税率和普通股股数保持不变，每股盈余的变动率与利润总额变动率也完全一致，进而与息税前利润变动率一致。

（二）财务杠杆系数

只要企业融资方式中存在固定性资本成本，就存在财务杠杆效应。测算财务杠杆效应程度，常用指标为财务杠杆系数（DFL）。财务杠杆系数是普通股收益变动率与息税前利润变动率的比值，计算公式为：

$$DFL=\frac{\text{普通股盈余变动率}}{\text{息税前利润变动率}}$$

在不存在优先股股息的情况下，上式经整理，财务杠杆系数的计算公式也可以简化为：

$$DFL=\frac{EBIT_0}{EBIT_0-I_0}=\frac{\text{基期息税前利润}}{\text{基期利润总额}}$$

如果企业既存在固定利息的债务，也存在固定股息的优先股，则财务杠杆系数的计算公式可进一步调整为：

$$DFL=\frac{EBIT_0}{EBIT_0-I_0-\frac{D}{1-T}}$$

式中：D 表示优先股股利；T 表示所得税税率。

【例 3-13】 有 A、B、C 三个公司，资本总额均为 1 000 万元，所得税税率均为 30%，每股面值均为 1 元。A 公司资本全部由普通股组成；B 公司资本组成为债务资金 300 万元（利率 10%），普通股 700 万元；C 公司资本组成为债务资金 500 万元（利率 10.8%），普通股 500 万元。2021 年，三个公司 $EBIT$ 均为 200 万元。2022 年，三个公司 $EBIT$ 均为 300 万元，

$EBIT$ 增长了 50%。则：

$$2021\text{ 年 A 公司每股利润} = \frac{200 \times (1-30\%)}{1\,000} = 0.14(\text{元/股})$$

$$2022\text{ 年 A 公司每股利润} = \frac{300 \times (1-30\%)}{1\,000} = 0.21(\text{元/股})$$

$$\text{每股利润变动率} = \frac{0.21-0.14}{0.14} = 50\%$$

$$\text{息税前利润变动率} = \frac{300-200}{200} = 50\%$$

$$\text{A 公司财务杠杆系数} = \frac{50\%}{50\%} = 1$$

$$2021\text{ 年 B 公司每股利润} = \frac{(200-300 \times 10\%) \times (1-30\%)}{700} = 0.17(\text{元/股})$$

$$2022\text{ 年 B 公司每股利润} = \frac{(300-300 \times 10\%) \times (1-30\%)}{700} = 0.27(\text{元/股})$$

$$\text{每股利润变动率} = \frac{0.27-0.17}{0.17} = 58.82\%$$

$$\text{息税前利润变动率} = \frac{300-200}{200} = 50\%$$

$$\text{A 公司财务杠杆系数} = \frac{58.82\%}{50\%} = 1.176$$

$$2021\text{ 年 C 公司每股利润} = \frac{(200-500 \times 10.8\%) \times (1-30\%)}{500} = 0.20(\text{元/股})$$

$$2022\text{ 年 C 公司每股利润} = \frac{(300-500 \times 10.8\%) \times (1-30\%)}{500} = 0.34(\text{元/股})$$

$$\text{每股利润变动率} = \frac{0.34-0.20}{0.20} = 70\%$$

$$\text{息税前利润变动率} = \frac{300-200}{200} = 50\%$$

$$\text{A 公司财务杠杆系数} = \frac{70\%}{50\%} = 1.4$$

可见，资本成本固定型的资本所占比重越高，财务杠杆系数就越大。A 公司不存在有固定性资本成本的资本，没有财务杠杆效应；B 公司存在债务资本，其普通股收益增长幅度是息税前利润增长幅度的 1.176 倍；C 公司不仅存在债务资本，而且债务资本的比重比 B 公司高，其普通股收益增长幅度是息税前利润增长幅度的 1.4 倍。

（三）财务杠杆与财务风险

财务风险是指企业由于筹资原因产生的资本成本负担而导致的普通股收益波动的风险。引起企业财务风险的主要原因是资产报酬的不利变化和资本成本的固定负担。由于财务杠杆的作用，当企业的息税前利润下降时，企业仍然需要支付固定的资本成本，导致普通股剩余收益以更快的速度下降。

财务杠杆放大了资产报酬变化对普通股收益的影响，财务杠杆系数越高，表明普通股收益的波动程度越大，财务风险也就越大。在不存在优先股股息的情况下，根据财务杠杆系数的计算公式为：

$$DFL = \frac{EBIT_0}{EBIT_0 - I_0} = \frac{基期息税前利润}{基期息税前利润 - 基期利息}$$

上式表明，在企业有正的税后利润的前提下，财务杠杆系数最低为1，不会为负数；只要有固定性资本成本存在，财务杠杆系数就总是大于1。

从上式可知，影响财务杠杆的因素包括企业资本结构中债务资金比重，普通股盈余水平，所得税税率水平。其中，普通股收益水平又受息税前利润、固定性资本成本高低的影响。债务成本比重越高、固定的资本成本支付额越高、息税前利润水平越低，财务杠杆效应越大，反之则相反。

【例3-14】 在[例3-13]中，A、B、C三个公司于2022年的财务杠杆系数分别为：1、1.176、1.4。这意味着，如果*EBIT*下降，A公司的*EPS*与之同步下降，而B公司和C公司的*EPS*会以更大的幅度下降。财务杠杆作用分析如表3-4所示。

表3-4 财务杠杆作用分析表

公司	*DFL*	*EPS*降低	*EBIT*降低
A	1.000	100%	100%
B	1.176	100%	85.03%
C	1.400	100%	71.43%

上述结果表明，在2021年的基础上，2022年的*EBIT*只要降低71.43%，C公司普通股收益就会出现亏损；*EBIT*降低85.03%，B公司普通股收益会出现亏损；*EBIT*降低100%，A公司普通股收益会出现亏损。显然，C公司不能支付利息、不能满足普通股股利要求的财务风险远高于其他公司。

三、总杠杆效应

（一）总杠杆

经营杠杆和财务杠杆可以独自发挥作用，也可以综合发挥作用。总杠杆是用来反映两者之间共同作用结果的，即权益资本报酬与产销业务量之间的变动关系。固定性经营成本的存在产生了经营杠杆效应，导致产销业务量变动对息税前利润变动有放大作用；同样，固定性资本成本的存在产生了财务杠杆效应，导致息税前利润变动对普通股每股收益变动有放大作用。两种杠杆共同作用，将导致产销业务量稍有变动，就会引起普通股每股收益更大的变动。

总杠杆是指固定性经营成本和固定性资本成本的存在导致普通股每股收益变动率大于产销业务量的变动率的现象。

（二）总杠杆系数

只要企业同时存在固定性经营成本和固定性资本成本，就存在总杠杆效应。产销量变动通过息税前利润的变动，传导至普通股收益，使得每股收益发生更大的变动。总杠杆系数(*DTL*)是经营杠杆系数和财务杠杆系数的乘积，是普通股收益变动率与产销量变动率的倍数，用来表示总杠杆效应程度。其计算公式为：

$$DTL = \frac{\text{普通股收益变动率}}{\text{产销量变动率}}$$

在不存在优先股股利的情况下，上式经整理，总杠杆系数的计算也可以简化为：

$$DTL = DOL \times DEL = \frac{EBIT_0 + F_0}{EBIT_0 + I_0} + \frac{\text{基期边际贡献}}{\text{基期利润总额}}$$

【例 3-15】 某企业有关资料如表 3-5 所示，可以分别计算其经营杠杆系数、财务杠杆系数和总杠杆系数。

表 3-5 杠杆效应计算表

金额单位：元

项目	2021 年	2022 年	变动率
销售总额	1 000 000.00	1 200 000.00	+20%
边际贡献总额	400 000.00	480 000.00	+20%
固定成本	200 000.00	200 000.00	—
息税前利润(EBIT)	200 000.00	280 000.00	+40%
利息	50 000.00	50 000.00	—
利润总额	150 000.00	230 000.00	+53.33%
净利润(假定税率为 20%)	120 000.00	184 000.00	+53.33%
每股收益(假定发行 200 万股)	0.60	0.92	+53.33%

表中各系数的计算过程如下：

$$\text{经营杠杆系数}(DOL) = \frac{\text{息税前利润变动率}}{\text{产销量变动率}} = \frac{40\%}{20\%} = 2.000$$

$$\text{财务杠杆系数}(DFL) = \frac{\text{收益变动率}}{\text{息税前利润变动率}} = \frac{53.33\%}{40\%} = 1.333$$

$$\text{总杠杆系数}(DTL) = DOL \times DFL = 2 \times 1.333 = 2.666$$

(三) 总杠杆与公司风险

公司风险包括企业的经营风险和财务风险，反映了企业的整体风险。总杠杆系数反映了经营杠杆和财务杠杆之间的关系，用来评价企业的整体风险水平。在总杠杆系数一定的情况下，经营杠杆系数与财务杠杆系数此消彼长。总杠杆效应的意义在于：第一，能够说明产销业务量变动对普通股收益的影响，据以预测未来的每股收益水平；第二，揭示了财务管理的风险管理策略，即要保持一定的风险状况水平，需要维持一定的总杠杆系数，经营杠杆和财务杠杆可以有不同的组合。

一般来说，固定资产比重较大的资本密集型企业，经营杠杆系数高，经营风险大，企业筹资主要依靠权益资本，保持较小的财务杠杆系数和财务风险；变动成本比重较大的劳动密集型企业，经营杠杆系数低，经营风险小，企业筹资可以主要依靠债务资金，保持较大的财务杠杆系数和财务风险。

一般来说，在企业初创阶段，产品市场占有率低，产销业务量小，经营杠杆系数大，此时，企业筹资主要依靠权益资本，在较低程度上使用财务杠杆；在企业扩张成熟期，产品市场占有率高，产销业务量大，经营杠杆系数小，此时，企业可扩大债务资本比重，在较高程度上使用财务杠杆。

第七节　资本结构

资本结构及其管理是企业筹资管理的核心问题。如果企业现有资本结构不合理，应通过筹资活动优化调整资本结构，使其趋于科学合理。

一、资本结构的含义

在筹资管理中，资本结构有广义和狭义之分。广义资本结构是指全部债务与股东权益的构成比例；狭义的资本结构则是指长期负债与股东权益的构成比例。本书中所指的资本结构，是指狭义的资本结构。

资本结构是企业在多种筹资方式下筹集资金形成的，各种筹资方式不同的组合决定着企业资本结构及其变化。企业筹资方式虽然很多，但总的来看分为债务资本和权益资本两大类。权益资本是企业必备的基础资本，因此资本结构问题实际上是债务资本的比例问题，即债务资本在企业全部资本中所占的比重。

不同的资本结构会给企业带来不同的后果。企业利用债务资本进行举债经营，可能发挥财务杠杆效应，也可能带来财务风险。因此企业必须权衡财务风险和资本成本的关系，确定最佳的资本结构。评价企业资本结构最佳状态的标准应该是既能够提高股权收益或降低资本成本，又能够控制财务风险，最终提升企业价值。

所谓最佳资本结构，是指在一定条件下使企业平均资本成本率最低、企业价值最大的资本结构。资本结构优化的目标，是降低平均资本成本率或提高普通股每股收益。从理论上讲，最佳资本结构是存在的，但由于企业内部条件和外部环境的经常性变化，动态地保持最佳资本结构十分困难，因此在实践中，目标资本结构通常是企业结合自身实际进行适度负债经营所确立的资本结构，是根据满意化原则确定的资本结构。

二、影响资本结构的因素

资本结构是一个产权结构问题，是社会资本在企业经济组织形式中的资源配置结果。资本结构的变化，将直接影响社会资本所有者的利益。

（一）企业经营状况的稳定性和成长率

企业产销业务量的稳定程度对资本结构有重要影响：如果产销业务稳定，企业可较多地负担固定财务费用；如果产销业务量和盈余有周期性，则负担固定财务费用将承担较大的财务风险。经营发展能力表现为未来产销业务量的增长率，如果产销业务量能够以较高的水平增长，企业可以采用高负债的资本结构，以提升权益资本的报酬。

（二）企业的财务状况和信用等级

如果企业财务状况良好，信用等级高，则债权人愿意向企业提供信用，企业容易获得债务资金。相反，如果企业财务状况欠佳，信用等级不高，债权人投资风险大，则会降低企业获得信用的能力，加大债务资金筹资的资本成本。

（三）企业的资产结构

资产结构是企业筹集资本后进行资源配置和使用后的资金占用结构，包括长短期资产构成和比例，以及长短期资产内部的构成和比例。资产结构对企业资本结构的影响主要包括：拥有大量固定资产的企业主要通过发行股票融通资金；拥有较多流动资产的企业则更多地依赖流动负债融通资金。

（四）企业投资人和管理当局的态度

从企业所有者的角度看，如果企业股权分散，企业可能更多地采用权益资本筹资以分散企业风险。如果企业为少数股东控制，股东通常重视企业控股权问题，为防止控股权稀释，企业一般尽量避免普通股筹资，而是采用优先股或债务资金筹资。从企业管理当局的角度看，高负债资本结构的财务风险高，一旦经营失败或出现财务危机，管理当局将面临市场接管的威胁或者被董事会解聘。因此，稳健的管理当局偏好于选择低负债比例的资本结构。

（五）行业特征和企业发展周期

不同行业的资本结构差异很大。产品市场稳定的成熟产业经营风险低，因此可提高债务资金比重，发挥财务杠杆作用。高新技术企业产品、技术、市场尚不成熟，经营风险高，因此可降低债务资金比重，控制财务杠杆风险。同一企业在不同发展阶段上，资本结构安排不同。企业在初创阶段，经营风险高，在资本结构安排上应控制负债比例；企业在发展成熟阶段，产品产销业务量稳定和持续增长，经营风险低，可适度增加债务资金比重，发挥财务杠杆效应；企业在收缩阶段，产品市场占有率下降，经营风险逐步加大，应逐步降低债务资金比重，保证经营现金流量能够偿付到期债务，保持企业持续经营能力，减少破产风险。

（六）经济环境的税务政策和货币政策

资本结构决策必然要研究经济环境因素，特别是宏观经济状况。政府调控经济的手段包括财政税收政策和货币金融政策。货币金融政策影响资本供给，从而影响利率水平的变动；当国家执行了紧缩的货币政策时，市场利率较高，企业债务资金成本增大。

三、资本结构优化

资本结构优化要求企业权衡负债的低资本成本和高财务风险的关系，确定合理的资本结构。资本结构优化的目标，是降低平均资本成本率或提高企业价值。

（一）每股收益分析法

企业可以通过每股收益的变化来判断资本结构是否合理，即能够提高普通股每股收益的资本结构，就是合理的资本结构。在资本结构管理中，利用债务资本筹资的目的之一，就在于债务资本能够带来财务杠杆效应，利用负债筹资的财务杠杆作用来增加股东财富。

每股收益受到经营利润水平、债务资本成本水平等因素的影响，分析每股收益与资本结构的关系，可以找到每股收益无差别点。所谓每股收益无差别点，是指不同筹资方式下每股收益都相等时的息税前利润或业务量水平。根据每股收益无差别点，可以分析判断在什么样的息税前利润水平或产销业务量水平前提下，适合采用何种筹资组合方式，进而确定企业的资本结构安排。

在每股收益无差别点上，无论是采用债务筹资或股权筹资方案，每股收益都是相等的。当预期息税前利润或业务量水平大于每股收益无差别点时，应当选择债务筹资方案；反之，选择股权筹资方案。在每股收益无差别点时，不同筹资方案的每股收益是相等的，用公式表示为：

$$\frac{(\overline{EBIT}-I_1)(1-T)-D_1}{N_1}=\frac{(\overline{EBIT}-I_2)(1-T)-D_2}{N_2}$$

式中：$\overline{EBIT}$ 表示息税前利润平衡点，即每股收益无差别点；I_1、I_2 表示两种筹资方式下的债务利息；D_1、D_2 表示两种筹资方式下的优先股股利；N_1、N_2 表示两种筹资方式下普通股股数；T 表示所得税税率。

【例 3-16】 明华公司目前资本结构为：总资本为 1 000 万元，其中，债务资金为 400 万元（年利息为 40 万元），普通股资本为 600 万元（600 万股，面值为 1 元，市价为 5 元）。由于企业有一个较好的新投资项目，所以需要追加筹资 300 万元，现有以下两种筹资方案：

甲方案：增发普通股 100 万股，每股发行价为 3 元。

乙方案：向银行取得长期借款 300 万元，利息率为 16%。

根据财务人员测算，追加筹资后销售额可望达到 1 200 万元，变动成本率为 60%，固定成 本为 200 万元，所得税税率为 20%，不考虑筹资费用因素。根据上述数据，代入无差别点公式：

$$\frac{(\overline{EBIT}-40)\times(1-20\%)}{600+100}=\frac{(\overline{EBIT}-40-300\times16\%)\times(1-20\%)}{600}$$

得：$\overline{EBIT}=376$。

$\overline{EBIT}$ 为 376 万元是两个筹资方案的每股收益无差别点。在此点上，两个方案的每股收益相等，均为 0.384 元。企业预期追加筹资后销售额为 1 200 万元，预期获利 280 万元，低于无差别点 376 万元，应当采用财务风险较小的甲方案，即增发普通股方案。在 1 200 万元销售额水平上，甲方案的每股收益（EPS）为 0.274 元，乙方案的每股收益（EPS）为 0.256 元。分析结果如图 3-6 所示。

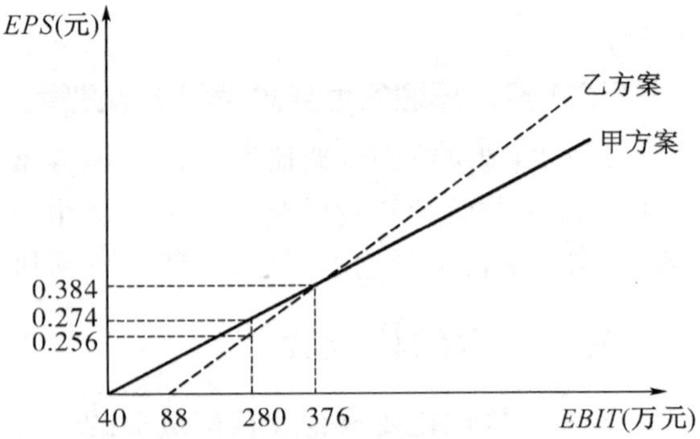

图 3-6　每股收益无差别点分析

（二）平均资本成本比较法

平均资本成本比较法是通过计算和比较各种可能的筹资组合方案的平均资本成本，选择平均资本成本率最低的方案，即能够降低平均资本成本的资本结构，就是合理的资本结构。这种方法侧重于从资本投入的角度对筹资方案和资本结构进行优化分析。

【例 3-17】 明达公司需筹集 100 万元长期资本，筹集方式有贷款、发行债券、发行普通股三种，其个别资本成本率已分别测定，有关资料如表 3-6 所示。

表 3-6　明达公司资本成本与资本结构数据表

单位：%

筹资方式	资本结构			个别资本成本率
	A 方案	B 方案	C 方案	
贷款	40	30	20	6
债券	10	15	20	8
普通股	50	55	60	9
合计	100	100	100	

首先，分别计算三个方案的综合资金成本。

$$A\text{ 方案资本成本率} = 40\% \times 6\% + 10\% \times 8\% + 50\% \times 9\% = 7.7\%$$

$$B\text{ 方案资本成本率} = 30\% \times 6\% + 15\% \times 8\% + 55\% \times 9\% = 7.95\%$$

$$C\text{ 方案资本成本率} = 20\% \times 6\% + 20\% \times 8\% + 60\% \times 9\% = 8.2\%$$

其次，根据企业筹资评价的其他标准，考虑企业的其他因素，对各个方案进行修正之后，再选择其中成本最低的方案。本例中，我们假设其他因素对方案选择影响较小，则 A 方案的综合资本成本最低。这样，该公司筹资的资本结构为贷款 40 万元，发行债券 10 万元，发行普通股 50 万元。

课后练习

一、单选题

1. 企业因发放现金股利的需要而进行筹资的动机属于（　　）。
   A. 扩张性筹资动机　　B. 支付性筹资动机
   C. 创立性筹资动机　　D. 调整性筹资动机
2. 企业为了优化资本结构而筹集资金，这种筹资的动机是（　　）。
   A. 支付性筹资动机　　B. 创立性筹资动机
   C. 调整性筹资动机　　D. 扩张性筹资动机
3. 下列筹资方式中，既可以筹集长期资金，也可以融通短期资金的是（　　）。
   A. 向金融机构借款　　B. 发行股票
   C. 利用商业信用　　D. 吸收直接投资
4. 与发行公司债券相比，银行借款筹资的优点是（　　）。
   A. 资本成本较低　　B. 资金使用的限制条件少
   C. 能提高公司的社会声誉　　D. 单次筹资数额较大

5. 下列各项中,不计入融资租赁租金的是(　　)。

A. 租赁手续费　　B. 承租公司的财产保险费

C. 租赁公司垫付资金的利息　　D. 设备的买价

6. 下列各项中,不属于融资租赁租金构成内容的是(　　)。

A. 设备原价　　B. 租赁手续费

C. 租赁设备的维护费用　　D. 垫付设备价款的利息

7. 企业向租赁公司租入一台设备,价值 500 万元,合同约定租赁期满时残值 5 万元归出租方所有,租期为 5 年,年利率 10%,租赁手续费率每年 2%。若采用先付租金的方式,则平均每年年初支付的租金为(　　)万元。

A. 123.84　　B. 123.14　　C. 137.92　　D. 137.35

8. 企业向租赁公司租入一台设备,价值 500 万元,合同约定租赁期满时残值 5 万元归承租方所有,租期为 5 年,年利率 10%,租赁手续费率每年 2%。若采用先付租金的方式,则平均每年年初支付的租金为(　　)万元。

A. 123.84　　B. 138.7　　C. 137.92　　D. 155.35

9. 某航空公司为开通一条国际航线,需增加两架空客飞机,为尽快形成航运能力。下列筹资方式中,该公司通常会优先考虑(　　)。

A. 普通股筹资　　B. 债券筹资

C. 优先股筹资　　D. 融资租赁筹资

10. 下列各种筹资方式中,筹资限制条件相对最少的是(　　)。

A. 融资租赁　　B. 发行股票

C. 发行债券　　D. 发行短期融资券

11. 与银行借款相比,下列各项中不属于融资租赁筹资特点的是(　　)。

A. 资本成本低　　B. 融资风险小　　C. 融资期限长　　D. 融资限制少

12. 下列筹资方式中,能给企业带来财务杠杆效应的是(　　)。

A. 发行普通股　　B. 认股权证　　C. 融资租赁　　D. 留存收益

13. 下列各项中,不属于债务筹资优点的是(　　)。

A. 可形成企业稳定的资本基础　　B. 筹资弹性较大

C. 筹资速度较快　　D. 筹资成本负担较轻

14. 下列各项中,不属于普通股股东权利的是(　　)。

A. 剩余财产要求权　　B. 固定收益权

C. 转让股份权　　D. 参与决策权

15. 下列各项优先权中,属于普通股股东所享有的一项权利是(　　)。

A. 优先剩余财产分配权　　B. 优先股利分配权

C. 优先股份转让权　　D. 优先认股权

16. 关于普通股筹资方式,下列说法错误的是(　　)。

A. 普通股筹资属于直接筹资

B. 普通股筹资能降低公司的资本成本

C. 普通股筹资不需要还本付息

D. 普通股筹资是公司良好的信誉基础

17. 下列关于留存收益筹资的表述中,错误的是(　　)。

A. 留存收益筹资可以维持公司的控制权结构

B. 留存收益筹资不会发生筹资费用,因此没有资本成本

C. 留存收益来源于提取的盈余公积金和留存于企业的利润

D. 留存收益筹资有企业的主动选择,也有法律的强制要求

18. 下列各项中,与留存收益筹资相比,属于吸收直接投资特点是(　　)。

A. 资本成本较低　　B. 筹资速度较快

C. 筹资规模有限　　D. 形成生产能力较快

19. 与发行股票筹资相比,吸收直接投资的优点是(　　)。

A. 易于进行产权交易　　B. 资本成本较低

C. 有利于提高公司声誉　　D. 筹资费用较低

20. 与发行公司债券相比,吸收直接投资的优点是(　　)。

A. 资本成本较低　　B. 产权流动性较强

C. 能够提升企业市场形象　　D. 易于尽快形成生产能力

21. 下列各种筹资方式中,最有利于降低公司财务风险的是(　　)。

A. 发行普通股　　B. 发行优先股

C. 发行公司债券　　D. 发行可转换债券

22. 某公司2020年度资金平均占用额为4 500万元,经分析,其中不合理部分占15%。预计该公司2021年销售增长率为20%,假定资金周转速度不变,采用因素分析法预测的2021年度资金需求量为(　　)万元。

A. 4 590　　B. 4 500　　C. 5 400　　D. 3 825

23. 甲企业本年度资金平均占用额为3 500万元,经分析,其中不合理部分为500万元。预计下年度销售增长5%,资金周转加速2%,则该企业下年度资金需要量预计为(　　)万元。

A. 3 000　　B. 3 087　　C. 3 150　　D. 3 213

24. 甲企业上年度资金平均占用额为5 500万元,经分析,其中不合理部分为500万元。预计本年度销售下降5%,资金周转速度会下降2%,则本年度资金需要量为(　　)万元。

A. 5 145　　B. 5 355　　C. 4 655　　D. 4 845

25. 某公司2021年预计营业收入为50 000万元,预计营业净利率为10%,股利支付率为60%。据此可以测算出该公司2021年内部资金来源的金额为(　　)万元。

A. 2 000　　B. 3 000

C. 5 000　　D. 8 000

26. 资本成本一般由筹资费和占用费两部分构成。下列各项中,属于占用费的是(　　)。

A. 向银行支付的借款手续费　　B. 向股东支付的股利

C. 发行股票支付的宣传费　　D. 发行债券支付的发行费

27. 下列各种筹资方式中,企业无需支付资金占用费的是(　　)。

A. 发行债券　　B. 发行优先股

C. 发行短期票据　　D. 发行认股权证

28. 计算下列筹资方式的资本成本时，需要考虑企业所得税因素影响的是（　　）。

A. 留存收益资本成本　　B. 债务资本成本

C. 普通股资本成本　　D. 优先股资本成本

29. 某企业发行了期限为 5 年的长期债券 10 000 万元，年利率为 8%，每年年末付息一次，到期一次还本。假定债券发行费率为 1.5%，企业所得税税率为 25%，则该债券的资本成本率为（　　）。

A. 6%　　B. 6.09%　　C. 8%　　D. 8.12%

30. 某公司普通股目前的股价为 25 元/股，筹资费率为 6%，刚刚支付的每股股利为 2 元，股利固定增长率为 2%，则该企业利用留存收益的资本成本为（　　）。

A. 10.16%　　B. 10%　　C. 8%　　D. 8.16%

31. 在不考虑筹款限制的前提下，下列筹资方式中个别资本成本最高的通常是（　　）。

A. 发行普通股　　B. 留存收益筹资

C. 发行优先股　　D. 发行公司债券

32. 某公司基期息税前利润为 1 000 万元，基期利息费用为 400 万元，假设与财务杠杆相关的其他因素保持不变，则该公司计划期的财务杠杆系数为（　　）。

A. 2.5　　B. 1.67　　C. 1.25　　D. 1.88

33. 某企业某年的财务杠杆系数为 2.5，息税前利润（*EBIT*）的计划增长率为 10%，假定其他因素不变，则该年普通股每股收益（*EPS*）的增长率为（　　）。

A. 4%　　B. 5%　　C. 20%　　D. 25%

34. 出于优化资本结构和控制风险的考虑，下列企业中最不适宜采用高负债资本结构的是（　　）。

A. 电力企业　　B. 高新技术企业

C. 汽车制造企业　　D. 餐饮服务企业

35. 某企业 2020 年的经营性资产为 500 万元，经营性负债为 200 万元，销售收入为 1 000 万元，假定经营性资产、经营性负债占销售收入的百分比不变，销售净利率为 10%，股利支付率为 40%。若预计该企业 2021 年销售收入增加 50%，则需要从外部筹集的资金是（　　）万元。

A. 90　　B. 60　　C. 110　　D. 80

二、多选题

1. 下列各项中，属于债务筹资方式的有（　　）。

A. 商业信用　　B. 融资租赁　　C. 优先股　　D. 普通股

2. 下列各项中，属于企业筹资管理应当遵循的原则有（　　）。

A. 依法筹资原则　　B. 负债最低原则

C. 规模适度原则　　D. 结构合理原则

3. 与发行公司债券相比，银行借款筹资的优点有（　　）。

A. 资本成本较低　　B. 资金使用的限制条件少

C. 能提高公司的社会声誉　　D. 筹资弹性较大

4. 如果企业在发行债券的契约中规定了允许提前偿还的条款，则下列表述中正确的有（　　）。

A. 当预测年利息率上升时，一般应提前赎回债券
B. 提前偿还所支付的价格通常要高于债券的面值
C. 提前偿还所支付的价格通常随到期日的临近而逐渐上升
D. 具有提前偿还条款的债券可使公司筹资有较大的弹性

5. 分批偿还债券相比一次偿还债券来说(　　)。
A. 发行费较高　　B. 发行费较低
C. 便于发行　　D. 是最为常见的债券偿还方式

6. 下列关于杠杆租赁的表述中，正确的有(　　)。
A. 出租方既是债权人又是债务人
B. 涉及出租方、承租方和资金出借方三方当事人
C. 租赁的设备通常是出租方已有的设备
D. 出租方只投入设备购买款的部分资金

7. 在确定融资租赁的租金时，一般需要考虑的因素有(　　)。
A. 租赁公司办理租赁业务所发生的费用
B. 租赁期满后租赁资产的预计残值
C. 租赁公司购买租赁资产所垫付资金的利息
D. 租赁资产价值

8. 与银行借款相比，下列各项中，属于发行债券筹资特点的有(　　)。
A. 资本成本较高　　B. 一次筹资数额较大
C. 扩大公司的社会影响　　D. 募集资金使用限制较多

9. 与发行股票筹资相比，融资租赁的特点有(　　)。
A. 筹资限制条件较少　　B. 形成生产能力较快
C. 资本成本负担较低　　D. 财务风险较小

10. 股票上市对公司可能产生的不利影响有(　　)。
A. 商业机密容易泄露　　B. 公司价值不易确定
C. 资本结构容易恶化　　D. 信息披露成本较高

11. 与增发新股筹资相比，留存收益筹资的优点有(　　)。
A. 筹资成本低　　B. 有助于增强公司的社会声誉
C. 有助于维持公司的控制权分布　　D. 筹资规模大

12. 与银行借款筹资相比，公开发行股票筹资的优点有(　　)。
A. 提升企业知名度　　B. 不受金融监管政策约束
C. 资本成本较低　　D. 筹资对象广泛

13. 下列各项因素中，影响经营杠杆系数计算结果的有(　　)。
A. 销售单价　　B. 销售数量　　C. 资本成本　　D. 所得税税率

14. 下列各项中，影响财务杠杆系数的有(　　)。
A. 息税前利润　　B. 普通股股利
C. 优先股股息　　D. 借款利息

15. 下列各项中，影响财务杠杆系数的因素有(　　)。
A. 产品边际贡献总额　　B. 变动成本

C. 固定成本　　　　D. 财务费用

16. 在边际贡献大于固定成本的情况下，下列措施中有利于降低企业整体风险的有(　　)。

A. 增加产品销量　　　　B. 提高产品单价

C. 提高资产负债率　　　　D. 节约固定成本支出

17. 下列各项因素中，影响企业资本结构决策的有(　　)。

A. 企业的经营状况　　　　B. 企业的信用等级

C. 国家的货币供应量　　　　D. 管理者的风险偏好

18. 下列成本费用中，属于资本成本中的用资费用的有(　　)。

A. 向银行支付的借款手续费　　　　B. 因发行股票而支付的发行费

C. 向银行等债权人支付的利息　　　　D. 向股东支付的股利

三、判断题

1. 发行公司债券会给社会公众造成公司资金周转不灵的印象，从而对公司造成不好的影响，会降低公司的声誉。(　　)

2. 相对于普通股而言，优先股的股利收益是事先约定的，也是相对固定的。因此，优先股股东可以要求经营成果不佳无法分配股利的公司支付固定股息。(　　)

3. 对于可以提前偿还的债券来说，当预测利率下降时可以提前赎回债券，减小公司资本成本。(　　)

4. 优先股筹资属于混合筹资，其筹资特点兼有债务筹资和股权筹资性质。(　　)

5. 企业在新建或扩大经营时，要先确定资金的需要量。资金的需要量根据企业的生产经营规模和供销条件等来核定，筹资数量尽可能大于资金需要量，以满足企业的资金需求。(　　)

6. 企业通过合法有效地经营所实现的税后净利润，都属于企业的投资者。(　　)

7. 在杠杆租赁的情况下，出租方既是债权人也是债务人，如果出租方到期不能按期偿还借款，资产的所有权则转移给资金的出借者。(　　)

8. 企业吸收直接投资有时能够直接获得所需的设备和技术，及时形成生产能力。(　　)

9. 因为公司债务必须付息，而普通股不一定支付股利，所以普通股资本成本小于债务资本成本。(　　)

10. 如果企业的全部资本来源于普通股权益资本，则其总杠杆系数与经营杠杆系数相等。(　　)

11. 使企业税后利润最大的资本结构是最佳资本结构。(　　)

12. 如果经营性固定成本为0，则经营杠杆系数为1，企业没有经营风险。(　　)

13. 留存收益成本的计算与普通股基本相同，但不用考虑筹资费用。(　　)

14. 最佳资本结构是使企业筹资能力最强、财务风险最小的资本结构。(　　)

15. 甲公司正在进行筹资方案的选择，如果预期息税前利润或业务量水平大于每股收益无差别点，则甲公司应当选择财务杠杆效应较小的筹资方案。(　　)

四、计算分析题

1. 甲公司目前的资本结构中，长期资本总额为2 000万元。其中，银行借款为200万元，年利率为5%，借款手续费率为0.2%；公司债券为300万元，债券面值为1 000元，发行价格为1 200元，票面利率为8%，发行费率为1%，债券期限为5年，每年付息一次，到期一次归还本金；优先股为400万元，优先股面值为100元，规定的年股息率为10%，优先股发行价格为120元/股，优先股筹资费率为2%；普通股为900万元；留存收益为200万元。普通股股利年固定增长率为5%，预计明年每股股利为2元。目前普通股股价为20元/股，筹资费率为2.5%。公司适用的企业所得税税率为25%。

要求：

(1) 计算银行借款的资本成本。

(2) 计算公司债券的资本成本。

(3) 计算优先股的资本成本。

(4) 计算普通股和留存收益的资本成本。

(5) 计算留存收益的资本成本。

(6) 计算加权平均资本成本。

2. 为了更好地掌握杠杆系数的知识及其应用，小贾决定使用杠杆系数对两个不同行业的公司进行风险测评。

资料一：A高科技公司，主要产品是高端耳机。2020年产品销售量为2万件，单价为1 000元，变动成本率20%，固定成本350万元。

资料二：B传统服装公司，主要产品是学校校服。2020年产品销售量为30万套，单价为150元，单位变动成本为80元，固定成本为800万元。

小贾通过对经营杠杆系数的计算，判断出A高科技公司的经营风险小于B传统服装公司。

要求：

(1) 分别计算两个公司2020年的单位边际贡献和息税前利润。

(2) 以2020年为基期，分别计算两个公司的经营杠杆系数，判断小贾的结论是否正确，并给出相应的理由。

3. 乙公司是一家服装企业，只生产销售某品牌西服。2020年度，公司固定成本总额为20 000万元，单位变动成本为0.4万元，产品单位售价为0.8万元，销售量为100 000套。乙公司2020年度发生的利息费用为4 000万元。

要求：

(1) 计算乙公司2020年度的息税前利润。

(2) 以2020年为基期，计算下列指标：①经营杠杆系数；②财务杠杆系数；③总杠杆系数。

4. 某企业目前的资产总额为5 000万元，资产负债率为50%，负债的利息率为10%，全年固定成本和费用总额(含利息)为550万元，净利润为750万元，适用的企业所得税税率为25%。

要求：

(1) 计算经营杠杆系数、财务杠杆系数和总杠杆系数。

(2) 预计明年销量增加10%，则息税前利润增长率为多少？

5. 华阳公司目前发行在外的普通股为200万股(每股面值为1元)，已发行的债券为

800万元,票面年利率为10%。该公司拟为新项目筹资1 000万元,新项目投产后,公司每年息税前利润将增加到400万元。现有以下两种方案可供选择:

方案一:按12%的年利率发行债券。

方案二:按每股10元发行普通股。假设公司适用的所得税税率为25%。

要求:

(1) 计算新项目投产后两个方案的每股利润。

(2) 计算两个方案每股利润无差别点的息税前利润,并分析选择筹资方案。

(注:计算结果保留小数点后两位)

6. A公司目前的资本结构为:总资本为1 500万元,其中,债务资本为500万元(年利息为50万元);权益资本为1 000万元(600万股)。由于企业有一个较好的新投资项目,需要追加筹资500万元,现有以下三种筹资方案:

甲方案:按面值发行债券500万元,利息率为12%。

乙方案:增发普通股50万股,每股发行价为5元,向银行借款250万元,利息率为10%。

丙方案:按面值增发优先股500万元,股利率为15%。

根据财务人员测算,追加筹资后销售额可望达到4 000万元,变动成本率为70%,固定成本为300万元,所得税税率为25%,假定不考虑筹资费用因素。

要求:

(1) 计算甲方案与乙方案每股收益无差别点。

(2) 计算乙方案与丙方案每股收益无差别点。

(3) 根据财务人员有关追加筹资后的预测,帮助企业进行决策。

模块四

投资管理与决策

第一节　项目投资

小故事

“盆满钵满”的乐视

2015年12月1日，《芈月传》开播仅一日，网上讨论量已达到8.8亿。其关注度来自广告价值：尽管《芈月传》的广告费很高，但仍有超过100家品牌进行了广告投放。这为持股的乐视带来超过4亿元的现金回报。

《芈月传》所聚集的超高人气，为乐视电视、乐视手机贡献了不少的销量。“双十二”当天，《芈月传》的生态产品(含定制版电视、手机及衍生品)总销售额为5.1亿元，占乐视整体销量的1/3。乐视也敏感地把握时代的脉搏，向产业链上游伸展，掌控关键源(如视频内容)，同时也向下游延伸(包括电视、手机、电商等)，与消费直接联系，试图碰撞出“价值”的火花！

那么，乐视是如何做到投资的巨大成功呢？让我们通过本节的学习找到答案吧！

一、项目投资概述

投资，广义地讲，是指特定经济主体(包括政府、企业和个人)以本金回收并获利为基本目的，将货币、实物资产等作为资本投放于某一个具体对象，以在未来较长期间内获取预期经济利益的经济行为。企业投资，简言之，是企业为获取未来长期收益而向一定对象投放资金的经济行为。例如，购建厂房设备、兴建电站、购买股票债券等经济行为，均属于投资行为。投资活动是企业整个生产经营活动的中心环节，它对筹资活动提出要求，同时投资的成功与否必将影响企业资金的收益与分配。

所谓项目投资，是指以特定建设项目为投资对象的一种长期投资行为，主要是指对生产性固定资产的投资。项目投资贯穿于企业整个存续期内，有些项目投资只涉及企业中某一局部的具体经营业务，而有些则涉及企业的整体方向和规模的投资，它是企业生存和发展的基础。从性质上看，它是指企业作为投资主体，围绕着其生产经营中所需固定资产等数量的增加与质量的改善而进行的投资，其目的是保证企业生产经营过程的连续和生产经营规模的扩大。

(一) 企业项目投资的特点

企业的投资活动与经营活动是不相同的，投资活动对企业经济利益有长期影响。与其他形式的投资相比，项目投资主要具有以下特点：

(1) 企业的投资项目涉及资金数额较大。这些项目的管理，不仅是一个投资问题，还涉及资金筹集问题。特别是设备和生产能力的购建、对其他关联企业的并购等，需要大量资金。对于一个产品制造或商品流通的实体性企业来说，这种筹资和投资不会经常发生。

(2) 企业的投资项目影响的时间较长。这些投资项目实施后，将形成企业的生产条件和生产能力。这些生产条件和生产能力的使用期限长，将在企业多个经营周期内直接发挥作用，也将间接影响日常经营活动中流动资产的配置与分布。

企业的投资活动涉及企业的未来经营发展方向和规模等重大问题，因此并不经常发生。投资经济活动具有一次性和独特性的特点，投资管理属于非程序化管理。每一次投资的背景、特点、要求等可能都不一样，无明显的规律可遵循，管理时更需要周密思考，慎重考虑。

(3) 投资价值的波动性大。投资项目的价值，是由投资标的物资产的内在获利能力决定的。这些标的物资产的形态是不断转换的，未来收益的获得具有较强的不确定性，其价值也具有较强的波动性。同时，各种外部因素，如市场利率、物价的变化等，也时刻影响着投资标的物资产价值。因此，企业确定投资管理决策时，要充分考虑投资项目的时间价值和风险价值。

企业投资项目的变现能力不强，因为其投放的标的物大多是机器设备等变现能力较差的长期资产，持有这些资产的目的不是为了变现，也并不准备在一年或超过一年的一个营业周期内变现。因此，投资项目的价值也是不易确定的。

(二) 企业投资的分类

将企业投资进行科学分类，有利于分清投资的性质，按不同的特点和要求进行投资决策，加强投资管理。企业投资的分类如图 4-1 所示。

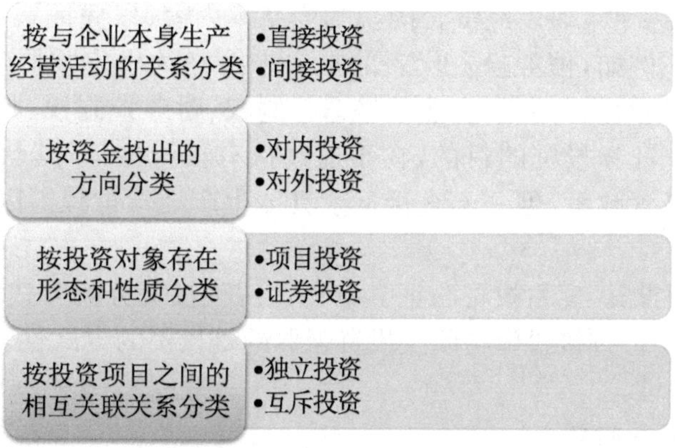

图 4-1 企业投资的分类

1. 直接投资与间接投资

按照投资活动与企业本身生产经营活动的关系，企业投资可以划分为直接投资和间接投资。

直接投资是指将资金直接投放于形成生产经营能力的实体性资产，直接谋取经营利润的企业投资，如购置固定资产、流动资产等。

间接投资又称证券投资，是指将资金投放于股票、债券等权益性资产上的企业投资。之所以称其为间接投资，是因为股票、债券的发行方是在筹集到资金后，再把这些资金投放于形成生产经营能力的实体性资产，以获取经营利润。间接投资方不直接介入具体生产经营过程，而是通过股票、债券上所约定的收益分配权利，获取股利或利息收入，分享直接投资的经营利润，如购买股票、债券等。

2. 对内投资与对外投资

按照投资活动资金投出的方向，企业投资可以划分为对内投资和对外投资。

对内投资是指在本企业范围内部的资金投放，用于购买和配置各种生产经营所需的经营性资产。

对外投资是指向本企业范围以外的其他单位的资金投放。对外投资多以现金、有形资产、无形资产等资产形式，通过联合投资、合作经营、换取股权、购买证券资产等投资方式，向企业外部其他单位投放资金。

对内投资都是直接投资；对外投资主要是间接投资，也可能是直接投资。

3. 项目投资与证券投资

按照投资对象的存在形态和性质，企业投资可以划分为项目投资和证券投资。

企业可以通过投资，购买具有实质内涵的经营资产，包括有形资产和无形资产，形成具体的生产经营能力，开展实质性的生产经营活动，谋取经营利润。这类投资称为项目投资。项目投资的目的在于改善生产条件、扩大生产能力，以获取更多的经营利润。项目投资属于直接投资。

企业可以通过投资，购买证券资产，通过证券资产上所赋予的权利，间接控制被投资企业的生产经营活动，获取投资收益。这类投资称为证券投资，即购买属于综合生产要素的权益性权利资产的企业投资。

证券是一种金融资产，即以经济合同契约为基本内容、以凭证票据等书面文件为存在形式的权利性资产。例如，债券投资代表的是未来按契约规定收取债息和收回本金的权利，股票投资代表的是对发行股票企业的经营控制权、财务控制权、收益分配权、剩余财产追索权等股东权利。证券投资的目的，在于通过持有权益性证券，获取投资收益，或控制其他企业的财务或经营政策，但并不直接从事具体生产经营过程。因此，证券投资属于间接投资。

直接投资与间接投资、项目投资与证券投资这两种投资分类方式的内涵和范围是一致的，只是分类角度不同。直接投资与间接投资强调的是投资的方式性，项目投资与证券投资强调的是投资的对象性。

4. 独立投资与互斥投资

按照投资项目之间的相互关联关系，企业投资可以划分为独立投资和互斥投资。

独立投资是相容性投资，各个投资项目之间互不关联、互不影响，可以同时并存。例如，建造一个饮料厂和建造一个纺织厂，它们之间并不冲突，可以同时进行。对于一个独立投资项目而言，其他投资项目是否被采纳，对本项目的决策并无显著影响。因此，独立投资项目决策考虑的是方案本身是否满足某种决策标准。例如，可以规定凡提交决策的投资方案，其预期投资报酬率要求达到20%才能被采纳。这里的预期投资报酬率达到20%，就是一种预期的决策标准。

互斥投资是非相容性投资，各个投资项目之间相互关联、相互替代，不能同时并存。例如，对企业现有设备进行更新，购买新设备就必须处置旧设备，它们之间是互斥的。对于一个互斥投资项目而言，其他投资项目是否被采纳，直接影响本项目的决策，即如果其他项目被采纳，则本项目就不能被采纳。因此，互斥投资项目决策考虑的是各方案之间的排斥性。也许每个方案都是可行方案，但互斥决策需要从中选择最优方案。

（三）投资决策及其影响因素

投资决策是指特定投资主体根据其经营战略和方针，由相关管理人员做出的有关投资目标、拟投资方向或投资领域的确定和投资实施方案的选择的过程。

一般而言，项目投资决策主要考虑以下因素。

1. 需求因素

需求情况可以通过考察投资项目建成投产后预计产品的各年营业收入的水平来反映。如果项目的产品不适销对路，或质量不符合要求，或产能不足，都会直接影响其未来的市场销路和价格的水平。

2. 时期和时间价值因素

（1）时期因素是由项目计算期的构成情况决定的。项目计算期是指投资项目从投资建设开始到最终清理结束整个过程的全部时间，包括建设期和运营期。其中，建设期是指项目资金正式投入开始到项目建成投产为止所需要的时间，建设期第一年的年初为建设起点，最后一年的年末为投产日。项目计算期最后一年的年末为终结点，假定项目最终报废或清理均发生在终结点（更新改造除外）。从投产日到终结点之间的时间间隔为运营期，运营期包括试产期和达产期两个阶段。运营期一般应根据项目主要设备的经济用途寿命期确定。

项目计算期、建设期和运营期之间的关系为：

$$项目计算期(n)=建设期(s)+运营期(p)$$

（2）考虑时间价值因素是指根据项目计算期不同时点上价值数据的特征，按照一定的折现率对其进行折算，从而计算出相关的动态项目评价指标。因此，科学地选择适当的折现率，对于正确开展决策至关重要。

3. 成本因素

成本因素包括投入和产出两个阶段的广义成本费用。

（1）投入阶段的成本是由建设期和运营期初期所发生的初始投资所决定的。从项目投资的角度看，初始投资等于企业为使该项目完全达到设计生产能力、开展正常经营而投入的全部现实资金，包括建设投资和流动资金投资两项内容。建设投资是指在建设期内按一定生产经营规模和建设内容进行的投资。流动资金投资是指项目投产后分次或一次投放于营运资金项目的投资增加额，又称垫支流动资金或营运资金投资。

（2）产出阶段的成本是由运营期发生的经营成本、营业税金及附加和企业所得税三个因素所决定的。经营成本又称付现成本，是指在运营期内为满足正常生产经营而动用货币资金支付的成本费用。从投资者的角度看，税金及附加和企业所得税都属于成本费用的范畴，因此，在投资决策中需要考虑这些因素。

（四）项目投资的程序

项目投资的程序如图4-2所示。

1. 确定投资目标

确定投资目标是投资决策的前提。投资目标是根据企业的长远发展战略、中长期投资计划和投资环境的变化，在把握好投资机会的情况下提出的。在此阶段决定投资方向、投资规模、投资结构以及未来投资成本效益的评估标准，可以为投资决策奠定良好的基础。

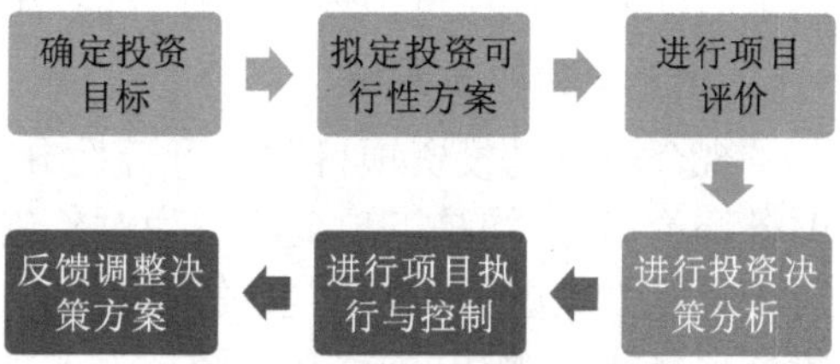

图4-2 项目投资的程序

2. 拟定投资可行性方案

项目投资前必须进行可行性分析，从技术、经济、财务等方面进行全面的、系统的综合研究。同时从法律、环境保护、公众案例以及对国民经济的影响等方面作出科学的认证与评价，为投资项目的决策提供可靠的依据和建议。根据确定的目标和分析结果，拟订多个具有可行性的备选方案。

3. 进行项目评价

进行项目评价首先需要确定项目寿命的估计、项目预期产生的现金流入和现金流出等变量，以及用来计算项目现金流量序列的现值所需要的恰当的折现率，然后运用各种投资评价指标，把各项投资按可行程度进行排序，写出详细的评价报告。

4. 进行投资决策分析

投资项目评价后，应按分权管理的决策权限由企业高层管理人员或相关部门经理作出最后决策。投资额小的战术性项目投资或维持性项目投资，一般由部门经理决定，特别重大的项目投资需要报董事会或股东大会批准。不管由谁最后决策，其结论一般都可以分成以下三种：①接受此投资项目，可以进行投资；②拒绝此项目，不能进行投资；③返还给项目提出部门，重新认证后，再行处理。

5. 进行项目执行与控制

在进行项目执行与控制的过程中，应建立一套预算执行情况的跟踪系统，及时、准确地反映预算执行中的各种信息，将实际指标与预算指标进行对比，以便找出差异，分析原因，并将分析结论及时反馈给有关部门或单位，以便调整偏离项目预算的差异，实现既定的目标。

6. 反馈调整决策方案

在投资项目的执行过程中，根据环境和需要的变化，要对原先的决策方案根据变化了的情况和生产实践的反馈信息，做出相应的改变或调整，从而使决策更科学、更合理。

二、投资项目财务评价指标

投资决策是对各个可行方案进行分析和评价，并从中选择最优方案的过程。投资项目决策的分析评价，需要采用一些专门的评价指标和方法。常用的投资项目财务评价指标有净现值、年金净流量、现值指数、内含报酬率和回收期等，如图 4-3 所示。围绕这些指标进行投资项目财务评价，就产生了净现值法、内含报酬率法、投资回收期法等评价方法。同时，按照是否考虑了货币时间价值来分类，这些评价指标可以分为静态评价指标和动态评价指标。考虑了货币时间价值因素的称为动态评价指标，没有考虑货币时间价值因素的称为静态评价指标。

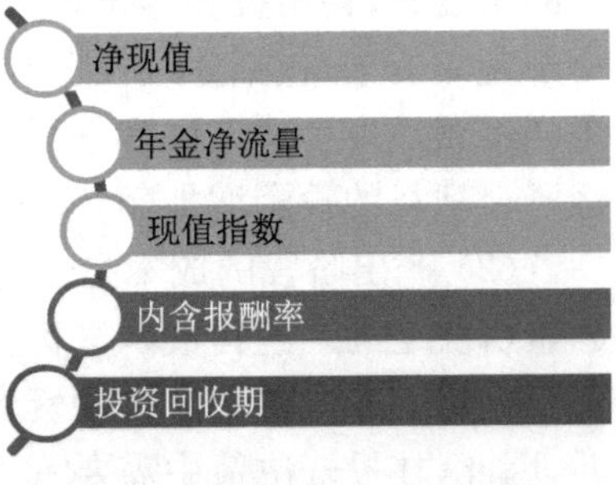

图 4-3　投资项目财务评价指标

(一) 项目现金流量

现金流量是投资项目财务可行性分析的主要分析对象，净现值、内含报酬率、回收期等财务评价指标，均是以现金流量为对象进行可行性评价的。利润只是期间财务报告的结果，对于投资方案财务可行性来说，项目的现金流量状况比会计期间盈亏状况更为重要。一个投资项目能否顺利进行，有无经济上的效益，不一定取决于有无会计期间利润，而取决于能否带来正现金流量，即整个项目能否获得超过项目投资的现金回收。

由一项长期投资方案所引起的在未来一定期间所发生的现金收支,叫作现金流量(cash flow)。其中,现金收入称为现金流入量,现金支出称为现金流出量,现金流入量与现金流出量相抵后的余额,称为现金净流量(net cash flow, NCF)。

在一般情况下,投资决策中的现金流量通常指现金净流量。这里的“现金”是广义的现金,不仅包括各种货币资金,还包括项目需要投入的企业所拥有的一切资源的变现价值。例如,一个投资项目需要使用原有的厂房、设备和材料等,此时,进行投资决策的现金流量应该是它们的变现价值,而不是它们的账面价值。

投资项目从整个经济寿命周期来看,大致可以分为三个阶段:投资阶段、营业阶段、终结阶段。现金流量的各个项目也可归属于各个阶段之中。

1. 投资阶段

投资阶段的现金流量主要是现金流出量,即在该投资项目上的原始投资,包括在长期资产上的投资和垫支的营运资金。如果该项目的筹建费较高,也可作为初始阶段的现金流出量计入递延资产。在一般情况下,初始阶段中固定资产的原始投资通常在年内一次性投入(如购买设备等),如果原始投资不是一次性投入(如工程建造等),则应把投资归属不同投入年份之中。

1) 长期资产投资

长期资产投资包括固定资产、无形资产、递延资产等长期资产在购入、建造、运输、安装、试运行等方面所需的现金支出,如购置成本、运输费、安装费等。投资实施后导致固定资产性能改进而发生的改良支出,属于固定资产的后期投资。

2) 营运资金垫支

营运资金垫支是指投资项目形成了生产能力,需要在流动资产上追加的投资。由于扩大了企业生产能力,原材料、在产品、产成品等流动资产规模也将随之扩大,需要追加投入日常营运资金。同时,企业营业规模扩充后,应付账款等结算性流动负债也随之增加,自动补充了一部分日常营运资金的需要。因此,为该投资垫支的营运资金是追加的流动资产扩大量与结算性流动负债扩大量的净差额。为简化计算,垫支的营运资金在营业期的流入流出过程可忽略不计,只考虑投资期投入与终结期收回对现金流量的影响。

2. 营业阶段

营业阶段是投资项目的主要阶段,该阶段既有现金流入量,也有现金流出量。现金流入量主要是营运各年的营业收入,现金流出量主要是营运各年的付现营运成本。

对于营业期内某一年发生的大修理支出,如果会计处理在本年内一次性作为收益性支出,则直接作为该年付现成本;如果跨年摊销处理,则本年作为投资性的现金流出量,摊销年份以非付现成本形式处理。营业期内某一年发生的改良支出是一种投资,应作为该年的现金流出量,在以后年份通过折旧收回。

在正常营业阶段,由于营运各年的营业收入和付现营运成本数额比较稳定,如不考虑所得税因素,营业阶段各年现金流量一般为:

$$营业现金净流量(NCF) = 营业收入 - 付现成本 = 营业利润 + 非付现成本$$

上式中,非付现成本主要有固定资产年折旧费用、长期资产摊销费用、资产减值损失等。其中,长期资产摊销费用主要有跨年的大修理摊销费用、改良工程折旧摊销费用、筹建费摊销费用等。

所得税是投资项目的现金支出，即现金流出量。考虑所得税对投资项目现金流量的影响和投资项目正常营运阶段所获得的营业现金流量，可按下列公式进行测算：

营业现金净流量(NCF)＝营业收入－付现成本－所得税

或　＝税后营业利润＋非付现成本

或　＝收入×(1－所得税税率)－付现成本×(1－所得税税率)＋非付现成本×所得税税率

3. 终结阶段

终结阶段的现金流量主要是现金流入量，包括固定资产变价净收入、固定资产变现净损益对现金净流量的影响和垫支营运资金的收回等。

1) 固定资产变价净收入

投资项目在终结阶段，原有固定资产将退出生产经营，企业对固定资产进行清理处置。固定资产变价净收入，是指固定资产出售或报废时的出售价款或残值收入扣除清理费用后的净额。

2) 固定资产变现净损益对现金净流量的影响

固定资产变现净损益对现金净流量的影响用公式表示为：

固定资产变现净损益对现金净流量的影响＝(账面价值－变价净收入)×所得税税率

如果"账面价值－变价净收入＞0"，则意味着发生了变现净损失，可以抵税，减少现金流出，增加现金净流量；如果"账面价值－变价净收入＜0"，则意味着实现了变现净收益，应该纳税，增加现金流出，减少现金净流量。

变现时固定资产账面价值指的是固定资产账面原值与变现时按照税法规定计提的累计折旧的差额。如果变现时，按照税法的规定，折旧已经全部计提，则变现时固定资产账面价值等于税法规定的净残值；如果变现时，按照税法的规定，折旧没有全部计提，则变现时固定资产账面价值等于税法规定的净残值与剩余的未计提折旧之和。

3) 垫支营运资金的收回

伴随着固定资产的出售或报废，投资项目的经济寿命结束，企业将与该项目相关的存货出售，应收账款收回，应付账款也随之偿付。营运资金恢复到原有水平，项目开始垫支的营运资金在项目结束时得到回收。

在实务中，对某一投资项目在不同时点上现金流量数额的测算，通常通过编制投资项目现金流量表进行。通过该表，企业能测算出投资项目相关现金流量的时间和数额，以便进一步进行投资项目可行性分析。

为了正确评价投资项目的优劣，必须正确计算现金流量。下面通过举例来说明现金净流量的估算方法。

【例 4-1】 某投资项目需要 2 年建成，每年年初投入建设资金 150 万元，共投入 300 万元。建成投产之时，需投入营运资金 120 万元，以满足日常经营活动需要。项目投产后，估计每年可获税后营业利润 80 万元。固定资产使用年限为 7 年，使用后第 5 年预计进行一次改良，估计改良支出 80 万元，分两年平均摊销。资产使用期满后，估计有残值净收入 20 万元，采用使用年限法折旧。项目期满时，垫支营运资金全额收回。

根据以上资料，编制投资项目现金流量表，如表 4-1 所示。

表 4-1　投资项目现金流量表　　单位：万元

项　目	第 0 年	第 1 年	第 2 年	第 3 年	第 4 年	第 5 年	第 6 年	第 7 年	第 8 年	第 9 年	总计
固定资产价值	(150)	(150)									(300)
固定资产折旧				40	40	40	40	40	40	40	280
改良支出								(80)			(80)
改良支出摊销									40	40	80
税后营业利润				80	80	80	80	80	80	80	560
残值净收入										20	20
营运资金			(120)							120	0
合　计	(150)	(150)	(120)	120	120	120	120	40	160	300	560

在投资项目管理的实践中，由于所得税的影响，营业阶段现金流量的测算比较复杂，需要在所得税基础上考虑税后收入、税后付现成本，以及非付现成本抵税对营业现金流量的影响。

【例 4-2】　方圆公司为扩大经营规模，欲购入一条生产流水线。现有甲、乙两个方案可供决策选择。甲方案需投资 240 万元，使用期限为 5 年，采用直线折旧法，期末残值变现收入为 40 万元，5 年中每年的销售收入为 160 万元，付现成本第一年为 60 万元，以后随着设备的陈旧，每年增加维修费 8 万元，另外需垫支流动资金 60 万元。乙方案需投资 200 万元，使用期限为 5 年，采用直线折旧法，期末无残值，预计 5 年中每年销售收入为 120 万元，每年的付现成本为 48 万元，企业所得税税率为 25%。

首先，计算两个方案的年折旧额。

$$甲方案的年折旧额 = \frac{240-40}{5} = 40(万元)$$

$$乙方案的年折旧额 = \frac{200}{5} = 40(万元)$$

然后，分别计算两个方案不同时期的现金净流量。

根据上述资料，两个方案的现金流量计算如表 4-2 和表 4-3 所示。表 4-2 列示的是甲方案营业期间现金流量的具体测算过程。乙方案营业期间的现金流量比较规则，其现金流量的测算可以用公式直接计算。

表 4-2　营业期现金流量计算表　　单位：万元

项　目	第 1 年	第 2 年	第 3 年	第 4 年	第 5 年
甲方案：					
销售收入(1)	160	160	160	160	160
付现成本(2)	60	68	76	84	92
年折旧(3)	40	40	40	40	40

（续表）

项　　目	第 1 年	第 2 年	第 3 年	第 4 年	第 5 年
税前净利润(4)=(1)-(2)-(3)	60	52	44	36	28
所得税(5)=(4)×25%	15	13	11	9	7
税后净利润(6)=(4)-(5)	45	39	33	27	21
营业现金流量(7)=(3)+(6)	85	79	73	67	61

表 4-3　　投资项目现金流量计算　　　　单位：万元

项　　目	第 0 年	第 1 年	第 2 年	第 3 年	第 4 年	第 5 年
甲方案：						
固定资产投资	(240)					
营运资金垫支	(60)					
营业现金流量		85	79	73	67	61
固定资产残值						40
营运资金回收						60
现金流量合计	(300)	85	79	73	67	161
乙方案：						
固定资产投资	(200)					
营运资金垫支						
营业现金流量		64	64	64	64	64
固定资产残值						
营运资金回收						
现金流量合计	(200)	64	64	64	64	64

采用列式计算的过程如下。

甲方案：

$NCF_0=-(240+60)=-300$(万元)

$NCF_1=(160-60-40)\times(1-25\%)+40=85$(万元)

$NCF_2=(160-68-40)\times(1-25\%)+40=79$(万元)

$NCF_3=(160-76-40)\times(1-25\%)+40=73$(万元)

$NCF_4=(160-84-40)\times(1-25\%)+40=67$(万元)

$NCF_5=(160-92-40)\times(1-25\%)+40+40+60=161$(万元)

乙方案：

$NCF_0=-200$(万元)

$NCF_{1-5}=(120-48-40)\times(1-25\%)+40=64$(万元)

(二) 净现值法

1. 净现值的概念及计算公式

净现值(net present value，NPV)是指其未来现金净流量现值与原始投资额现值之间的差额。也可将其表述为：净现值是指投资方案实施后，未来能获得的各种报酬按资金成本或必要报酬率折算的总现值与历次投资额按资金成本或必要报酬率折算的总现值的差额。用公式表达为：

$$净现值 = 未来现金净流量现值 - 原始投资额现值$$

计算净现值时，要按预定的贴现率对投资项目的未来现金流量和原始投资额进行贴现。预定贴现率是投资者所期望的最低投资报酬率。如果净现值为正，则方案可行，说明方案的实际报酬率高于所要求的报酬率；如果净现值为负，则方案不可行，说明方案的实际投资报酬率低于所要求的报酬率。

当净现值为零时，说明方案的投资报酬刚好达到所要求的投资报酬，方案也可行。所以，净现值的经济含义是投资方案报酬超过基本报酬后的剩余收益。当其他条件相同时，净现值越大，方案越好。采用净现值法来评价投资方案，一般有以下步骤：

第一步：计算每年的现金净流量。计算过程见前文。

第二步：设定投资方案采用的贴现率。

确定贴现率的参考标准可以是：

(1) 以市场利率为标准。资本市场的市场利率是整个社会投资报酬率的最低水平，可以视为一般最低报酬率要求。

(2) 以投资者希望获得的预期最低投资报酬率为标准。这就考虑了投资项目的风险补偿因素以及通货膨胀因素。

(3) 以企业平均资本成本率为标准。企业投资所需要的资金，都或多或少地具有资本成本，企业筹资承担的资本成本率水平，给投资项目提出了最低报酬率要求。

第三步：将投资额折算成现值。如果投资是最初一次投入的，其初始投资就是现值；如果是分次投入的，就需要将各次投资额，采用复利现值系数折算成现值，求得原始投资额现值。

第四步：计算净现值。如果净现值为正数，即折现后的现金流入大于或等于流出，则说明该项目的投资报酬率大于或等于预定的折现率，亦即该投资方案的实际报酬率大于或等于资金成本或必要报酬率，方案可行；反之，如果净现值为负数，则该方案的实际报酬率达不到投资者所要求的报酬率，方案不可行。

【例 4-3】 承[例 4-2]的资料，假设折现率为 10%，分别计算甲、乙两个方案的净现值。

解： 甲方案的现金净流量不相等，使用复利现值系数计算。

$$\begin{aligned}NPV_{甲} &= NCF_1 \times (P/F, 10\%, 1) + NCF_2 \times (P/F, 10\%, 2)\\ &\quad + NCF_3 \times (P/F, 10\%, 3) + NCF_4 \times (P/F, 10\%, 4)\\ &\quad + NCF_5 \times (P/F, 10\%, 5) - C\\ &= 85 \times 0.9091 + 79 \times 0.8264 + 73 \times 0.7513 + 67 \times 0.6830\\ &\quad + 161 \times 0.6209 - 300\\ &= 77.2735 + 65.2856 + 54.8449 + 45.761 + 99.9649 - 300\\ &= 343.1299 - 300\\ &= 43.1299(万元)\end{aligned}$$

由于甲方案的净现值大于零，所以甲方案可行。

乙方案的现金净流量相等，使用年金现值系数计算：

$$
\begin{aligned}
NPV_{乙} &= NCF \times (P/A, 10\%, 5) - C \\
&= 64 \times 3.790\,8 - 200 \\
&= 242.611\,2 - 200 \\
&= 42.611\,2(\text{万元})
\end{aligned}
$$

由于乙方案的净现值大于零，所以乙方案也可行。

2. 对净现值法的评价

净现值法简便易行，其主要优点在于：综合考虑了资金的时间价值，适用性强，能满足项目年限相同的互斥方案决策；能灵活地考虑投资风险，所设定的贴现率中包括了投资风险报酬率。

其缺点主要体现在以下三个方面：①折现率不好确定。如果两个方案采用不同的贴现率贴现，则采用净现值法不能够得出正确结论。同一方案中，如果要考虑投资风险，则要求的风险报酬率不易确定。②不适用于独立投资方案的比较决策。如果方案的原始投资额现值不相等，则有时无法作出正确决策。③不能直接用于寿命期不同的互斥投资方案进行的决策。此外，净现值指标不能直接提示投资项目的实际收益率水平，只能说明评估方案的实际收益率与折现率之间的大小关系，不能说明该方案的实际收益率是多少。

（三）年金净流量法

1. 年金净流量的概念及计算公式

投资项目的未来现金净流量与原始投资额的差额，构成该项目的现金净流量总额。项目期间内全部现金净流量总额的总现值或总终值折算为等额年金的平均现金净流量，称为年金净流量（ANCF）。年金净流量的计算公式为：

$$
\text{年金净流量} = \frac{\text{现金净流量总现值}}{\text{年金现值系数}} = \frac{\text{现金净流量总终值}}{\text{年金终值系数}}
$$

上式中，现金净流量总现值即为 NPV。与净现值指标一样，如果年金净流量指标大于零，则说明每年平均的现金流入能抵补现金流出，投资项目的净现值（或净终值）大于零，方案的报酬率大于所要求的报酬率，方案可行。在两个以上寿命期不同的投资方案比较时，年金净流量越大，方案越好。

【例 4-4】 甲、乙两个投资方案，甲方案需一次性投资 15 000 元，可用 8 年，残值 3 000 元，每年取得税后营业利润 4 000 元；乙方案需一次投资 15 000 元，可用 5 年，无残值，第 1 年获利 3 500 元，以后每年递增 10%。如果资本成本率为 10%，企业应采用哪种方案？

解： 两项目使用年限不同，净现值不具有可比性，应考虑其年金净流量。

甲方案营业期每年 $NCF = 4\,000 + \frac{15\,000 - 3\,000}{8} = 5\,500$（元）

乙方案营业期各年 NCF：

$NCF_1 = 3\,500 + \frac{15\,000}{5} = 3\,500 + 3\,000 = 6\,500$（元）

$NCF_2 = 3\,500 \times (1 + 10\%) + \frac{15\,000}{5} = 3\,850 + 3\,000 = 6\,850$（元）

$NCF_3=3\,500\times(1+10\%)^2+\frac{15\,000}{5}=4\,235+3\,000=7\,235$(元)

$NCF_4=3\,500\times(1+10\%)^3+\frac{15\,000}{5}=4\,658.5+3\,000=7\,658.5$(元)

$NCF_5=3\,500\times(1+10\%)^4+\frac{15\,000}{5}=5\,124.35+3\,000=8\,124.35$(元)

$$\begin{aligned}NPV_{甲}&=5\,500\times(P/A,\ 10\%,\ 8)+3\,000\times(P/F,\ 10\%,\ 8)-15\,000\\&=5\,500\times5.334\,9+3\,000\times0.466\,5-15\,000\\&=30\,741.45-15\,000\\&=15\,741.45(元)\end{aligned}$$

$$\begin{aligned}NPV_{乙}&=6\,500\times(P/F,\ 10\%,\ 1)+6\,850\times(P/F,\ 10,\ 2)+7\,235\times(P/F,\ 10\%,\ 3)\\&\quad+7\,658.5\times(P/F,10\%,\ 4)+8\,124.35\times(P/F,\ 10\%,\ 5)-15\,000\\&=6\,500\times0.909\,1+6\,850\times0.826\,4+7\,235\times0.751\,3+7\,658.5\times0.683\,0\\&\quad+8\,124.35\times0.620\,9-15\,000\\&=27\,280.81-15\,000\\&=12\,280.81(元)\end{aligned}$$

$$甲方案年金净流量=\frac{15\,741.45}{(P/A,\ 10\%,\ 8)}=\frac{15\,741.45}{5.334\,9}=2\,950.66(元)$$

$$乙方案年金净流量=\frac{12\,280.81}{(P/A,\ 10\%,\ 5)}=\frac{12\,280.81}{3.790\,8}=3\,239.64(元)$$

答:尽管甲方案的净现值大于乙方案,但它是 8 年内取得的,而乙方案的年金净流量高于甲方案,如果按 8 年计算可取得 17 283.16 元(3 239.64×5.334 9)的净现值,高于甲方案。因此,乙方案优于甲方案。本例中,用终值进行计算也可得出同样的结果。

2. 对年金净流量法的评价

年金净流量法是净现值法的辅助方法,在各方案寿命期相同时,实质上就是净现值法。因此,它适用于期限不同的投资方案决策。但同时,它也具有与净现值法同样的缺点,即不便于对原始投资额不相等的独立投资方案进行决策。

(四) 现值指数法

1. 现值指数的概念及计算公式

现值指数(present value index, PVI)又称获利指数、利润指数,是投资项目的未来现金净流量现值与原始投资额现值之比。其计算公式为:

$$现值指数=\frac{未来现金净流量现值}{原始投资额现值}$$

现值指数说明了每 1 元现值投资额可获得多少元现值报酬,或者说,现值指数实际是每 1 元原始投资可望获得的现值净收益。现值指数是一个相对数,反映投资的效率;净现值是一个绝对数,反映投资的效益。因此,现值指数更适合于投资规模不同的方案之间的比较选择。

从现值指数的计算公式可见,现值指数的计算结果有三种:大于 1,等于 1,小于 1。如果现值指数大于或等于 1,则方案可行,说明方案实施后的投资报酬率高于或等于必要报酬率;如果现值指数小于 1,则方案不可行,说明方案实施后的投资报酬率低于必要报酬率。现值指数越大，方案越好。

【例 4-5】 承[例 4-2]的资料，如果两个方案为独立投资方案，其相关资料如下：

表 4-4 净现值计算表 单位：万元

项　　目	甲方案	乙方案
原始投资额现值	300.000 0	200.000 0
未来现金净流量现值	343.129 9	242.611 2
净现值	43.129 9	42.611 2

从净现值的绝对数来看，甲方案优于乙方案。但从投资额的角度来看，甲方案的原始投资额现值比乙方案高，仅仅用净现值无法判断方案的优劣，难以正确作出评价。采用现值指数法的计算过程如下：

$$\text{甲方案的净现值} = \frac{\text{未来现金净流量现值}}{\text{原始投资额现值}} = \frac{343.129\,9}{300} = 1.14$$

$$\text{乙方案的净现值} = \frac{\text{未来现金净流量现值}}{\text{原始投资额现值}} = \frac{NCF \times (P/A,\ 10\%,\ 5)}{C} = \frac{242.611\,2}{200} = 1.21$$

根据计算结果，乙方案的现值指数大于甲方案，所以选择乙方案。

2. 对现值指数法的评价

现值指数法也是净现值法的辅助方法，在各方案原始投资额现值相同时，判断结果与净现值法相同。现值指数是未来现金净流量现值与所需投资额现值之比，是一个相对数指标，反映了投资效率。当原始投资额现值不同的互斥方案比较和评价时，现值指数法能克服净现值指标的此缺点，从而使对方案的分析评价更加合理、客观。

（五）内含报酬率法

1. 内含报酬率的概念及计算公式

内含报酬率(internal rate of return，IRR)是指对投资方案未来的每年现金净流量进行贴现，使所得的现值恰好与原始投资额现值相等，从而使净现值等于零时的贴现率。其基本公式为：

$$\text{未来现金净流量现值} - \text{原始投资总现值} = 0$$

内含报酬率法的基本原理是：在计算方案的净现值时，以必要投资报酬率作为贴现率计算，净现值的结果往往是大于零或小于零，这就说明方案实际可能达到的投资报酬率大于或小于必要投资报酬率；而当净现值为零时，说明两种报酬率相等。根据这个原理，内含报酬率法就是要计算出使净现值等于零时的贴现率，这个贴现率就是投资方案的实际可能达到的投资报酬率。

1）当未来每年的现金净流量相等时

每年现金净流量相等是一种年金形式，通过查年金现值系数表，可计算出未来现金净流量现值，并令其净现值为零，计算公式为：

$$\text{未来每年现金净流量} \times \text{年金现值系数} - \text{原始投资总现值} = 0$$

具体步骤如图 4-4 所示。

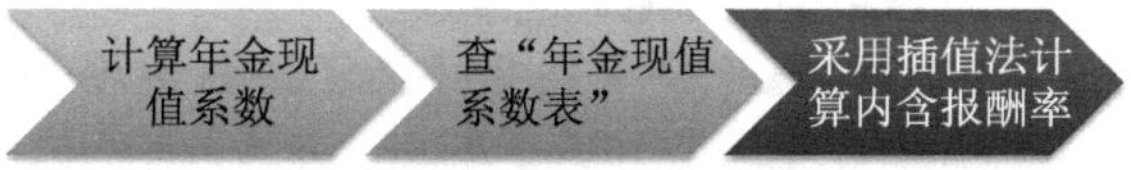

图 4-4　各年现金净流量相等时计算流程图

第一步：计算年金现值系数。其计算公式为：

$$年金现值系数 = \frac{原始投资额总现值}{未来每年现金净流量} = \alpha$$

第二步：查“年金现值系数表”。根据期数查找，如能找到恰好等于 α 的系数值，这一系数值所对应的 i 值即为所求的内含报酬率。如果未能找到 α 这一数值，那么在相同期数内，找出与上述年金现值系数 α 相邻的较大和较小的两个折现率。

第三步：根据上述两个邻近的折现率计算求得的年金现值系数，采用插值法计算出该投资项目的内含报酬率。可以自己列式计算，也可以使用以下公式计算：

$$IRR = i_1 + (i_2 - i_1)\frac{\beta_1 - \alpha}{\beta_1 - \beta_2}$$

式中：i_1——低折现率；

i_2——高折现率；

β_1——低折现率对应的年金现值系数；

β_2——高折现率对应的年金现值系数；

α——内含报酬率对应的年金现值系数。($\beta_1 < \alpha < \beta_2$)

2) 当未来每年的现金净流量不等时

如果投资方案的未来每年现金净流量不相等，各年现金净流量的分布就不是年金形式，则不能采用直接查年金现值系数表的方法来计算内含报酬率，而应采用逐次测试法。

具体步骤如图 4-5 所示：

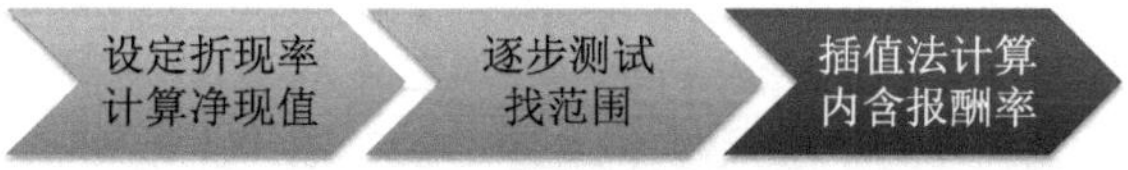

图 4-5　各年现金净流量相等时计算流程图

第一步：先自行设定一个折现率 i_1，并按此折现率计算投资项目的净现值。

第二步：若计算出来的净现值为正数，则表明估计的折现率小于项目的实际内含报酬率，应提高折现率，再计算净现值；如果计算出来的净现值为负数，则表明估计的折现率大于项目的实际内含报酬率，应降低折现率，再计算净现值。经过反复测试计算，找到净现值由正到负最接近于零的两个折现率。

第三步：根据内含报酬率的含义找出的两个相邻的折现率，采用插值法计算出该投资项目的内含报酬率。可以自己列式计算，也可以使用以下公式计算：

$$IRR = i_1 + (i_2 - i_1)\frac{NPV_1}{NPV_1 - NPV_2}$$

式中：NPV_1——按低折现率计算的净现值；

NPV_2——按高折现率计算的净现值。

【例 4-6】 承[例 4-2]的资料，假设公司期望的投资报酬率为 12%，计算甲、乙两个方案的内含报酬率。

解：甲方案每年的现金净流量不等，因此，必须逐次进行测算。假设测试如表 4-5 所示。

表 4-5 甲方案每年的现金净流量测试表 单位：万元

年份	现金净流量	折现率 16%		折现率 14%	
		折现系数	现值	折现系数	现值
0	−300	1.000 0	−300.00	1.000 0	−300.00
1	85	0.862 1	73.28	0.877 2	74.56
2	79	0.743 2	58.71	0.769 5	60.79
3	73	0.640 7	46.77	0.675 0	49.28
4	67	0.552 3	37.00	0.592 1	39.67
5	161	0.476 2	76.67	0.519 4	83.62
净流量	—	—	−7.57	—	7.92

经测试可知，净现值由正到负的两个折现率分别为 14%和 16%，甲方案的内含报酬率应在这两个折现率之间，采用插值法测试的结果如表 4-6 所示。

表 4-6 测试结果

贴现率	净现值
14%	7.92
IRR	0
16%	−7.57

$$\frac{IRR_{甲}-14\%}{16\%-14\%}=\frac{0-7.92}{-7.57-7.92}$$

$$\frac{0-7.92}{-7.57-7.92}$$

$$\frac{IRR_{甲}-14\%}{2\%}=\frac{-7.92}{-15.49}$$

$$IRR_{甲}-14\%=1.02\%$$

$$IRR_{甲}=15.02\%$$

因此，甲方案的内含报酬率为 15.02%。

或直接利用公式计算，即：

$$IRR_{甲}=14\%+(16\%-14\%)\times\frac{7.92}{7.92-(-7.57)}=15.02\%$$

乙方案每年的现金净流量相等，则：

$$年金现值系数(P/A,\ IRR,\ 5)=\frac{原始投资额}{每年现金净流量}=\frac{200}{64}=3.125$$

查“年金现值系数表”可知，第 5 年与 3.125 相邻的年金现值系数分别为 3.127 2 与 3.057 6，与之相对应的折现率分别为 18%与 19%，由此可推知该方案的内含报酬率为 18%左右，如表 4-7 所示。但要知道更明确的报酬率，可采用插值法计算如下：

表 4-7 查找结果

贴现率	年金现值系数
18%	3.127 2
IRR	3.125 0
19%	3.057 6

$$\frac{IRR_{乙}-18\%}{19\%-18\%}=\frac{3.125-3.1272}{3.0576-3.1272}$$

$$\frac{IRR_{乙}-18\%}{1\%}=\frac{-0.0022}{-0.0696}$$

$$IRR_{乙}=18.03\%$$

因此，乙方案的内含报酬率为 18.03%。

上述计算结果表明，两个方案的内含报酬率均高于预期的 12%的报酬率，但乙方案的内含报酬率高于甲方案，所以选择乙方案更有利。

2. 对内含报酬率法的评价

内含报酬率法的主要优点主要有：第一，内含报酬率反映了投资项目可能达到的报酬率，容易理解；第二，对于独立投资方案的比较决策，如果各方案原始投资额现值不同，则可以通过计算内含报酬率，反映各方案的获利水平。其缺点是计算复杂，尤其是对于各年现金流量不相等的投资项目，一般要经过多次测算才能求得其内含报酬率。

（六）投资回收期法

1. 投资回收期的概念及计算公式

投资回收期（payback period，PP）是指投资项目的未来现金净流量与原始投资额相等时所经历的时间，即原始投资额通过未来现金流量回收所需要的时间，一般以年为单位。这是一种运用很久很广泛的投资决策方法，计算结果表示收回投资所需要的年限。投资回收期越短，投资者承担的风险越小，投资方案越有利。投资回收期的计算方法因每年的现金净流量是否相等而分为以下两种。

1）当每年的现金净流量相等时

这是一种年金形式，投资回收期的计算公式为：

$$投资回收期=\frac{原始投资额}{每年现金净流量}$$

2）当每年的现金净流量不相等时

在这种情况下，需将未来每年的现金净流量进行逐年加总，根据累计现金流量来确定回收期。累计净流量超过原始投资额的前一年即为回收期的整数年，用前一年累计净流量与原始投资额的差额除以超过当年的现金净流量，得到的数值为不足整年的时间。

【例 4-7】 承［例 4-2］的资料，分别计算甲、乙两个方案的投资回收期。

解：甲方案每年的现金净流量不相等，所以应先计算至各年年末累计净流量，计算如表4-8所示。

表 4-8　项目现金流量　　单位：万元

年数	现金净流量	累计净流量
1	85	85
2	79	164
3	73	237
4	67	304
5	161	465

$$甲方案静态回收期(PP)=3+\frac{300-237}{67}=3.94(年)$$

乙方案每年的营业现金净流量相等，则：

$$乙方案静态回收期(PP)=\frac{原始投资额}{每年现金净流量}=\frac{200}{64}=3.125(年)$$

上述计算结果表明，乙方案的回收期比甲方案短。所以，乙方案为优选方案。

2. 对投资回收期法的评价

投资回收期法在使用时，并没有考虑资金时间价值。该办法在计算回收期时，只考虑了现金净流量总和中等于原始投资额的部分，并未考虑超过原始投资额的部分，事实上，投资回收期长的项目超过原始投资额的现金流量并不一定比投资回收期短的项目少。

三、项目投资决策评价方法的应用

项目投资一般是企业的对内投资，也可以包括以实物性资产投资于其他企业的对外投资。项目投资决策的关键，就是合理选择决策方法，利用投资决策评价作为决策的标准，作出最终的投资决策。

（一）独立投资方案的决策

独立投资方案是指两个或两个以上项目互不依赖，可以同时并存，各方案的决策也是独立的。独立投资方案的决策考虑的是各方案本身是否可行，即方案本身是否达到某种要求的可行性标准。各独立投资方案之间相互比较时，要解决的问题是如何确定各种可行方案的投资顺序，即各独立投资方案之间的优先次序。排序分析以各独立投资方案的获利程度作为评价标准，此时通常采用内含报酬率法进行比较决策。

【例 4-8】　某企业有足够的资金准备投资于两个独立投资项目。项目 A 投资额为 100 000 元，期限为 5 年；项目 B 投资额为 110 000 万元，期限为 5 年。假定贴现率为 10%，其他有关资料如表 4-9 所示。问：如何安排投资顺序？

表 4-9　独立投资方案的可行性指标　　单位：元

项　　目	项目 A	项目 B
原始投资额	(100 000)	(110 000)
每年现金净流量(*NCF*)	35 000	45 000

（续表）

项　　目	项目 A	项目 B
期限	5 年	5 年
净现值（*NPV*）	32 678.00	34 050.40
现值指数（*PVI*）	1.33	1.31
内含报酬率（*IRR*）	22.00%	21.01%
年金净流量（*ANCF*）	8 620.00	8 982.00

答：将两个项目的各种决策指标加以比较，从表 4-8 可以看出：两项目原始投资额不同，但期限相同，虽然项目 B 的净现值和年金净流量均大于项目 A，但因为项目 B 的原始投资额高，其实际收益率低。如果要排序，因先考虑安排项目 A。

（二）互斥投资方案的决策

互斥投资方案，即方案之间互相排斥，不能并存。所以其决策的实质在于选择最优方案，决策要解决的问题是应该淘汰哪个方案。从选定经济效益最大的要求出发，互斥投资方案的决策以方案的获利数额大小作为评价标准。因此，通常采用净现值法和年金净流量法进行选优决策，但净现值指标受到项目寿命期的影响，因而年金净流量法更为合适。

1. 当项目的使用年限相等时

在［例 4-8］中，A、B 两个项目使用年限相同，而原始投资额不等。尽管项目 A 的内含报酬率和现值指数都较高，但考虑到获利数额，净现值高的项目 B 才是最优方案。使用年金净流量法能得到和净现值法一致的决策结论。

在互斥投资方案的决策，各方案本身都是可行的，且净现值为正数，这表示各方案在收回了原始投资的基础上，还有超额的报酬。因此，在互斥投资方案之间选择时，将方案的获利数额作为选优标准。当项目的使用年限相等时，虽然各方案原始投资额不同，但能够获得最大的获利数额方案即为最优方案，即净现值最大为最优。

2. 当项目的使用年限不相等时

将两个使用年限不相等的互斥投资项目比较时，需要将两个项目转化成同样的投资期限，才具有可比性。我们假设，使用年限短的项目，收回后将重新进行投资。因此，在各项目使用年限不等的情况下，先找出其使用年限的最小公倍数期数，再转换成共同的有效使用期。

【例 4-9】 现有甲、乙两台设备的购置方案，要求的最低报酬率为 10%。甲设备投资额为20 000元，可以用 2 年，无残值，每年产生 15 000 元现金净流量。乙设备投资额 30 000 元，可用 4 年，无残值，每年产生 12 500 元现金净流量。要求：请选出最优方案。

解： 先将两个方案的期限调整为最小公倍数 4 年，即甲设备 4 年内周转 2 次，乙设备 4 年内周转 1 次。未调整之前，两个方案的相关评价指标如表 4-10 所示。

表 4-10　投资方案的相关评价指标　　单位：元

项　　目	甲设备	乙设备
净现值（*NPV*）	6 032.50	9 623.75
年金净流量（*ANCF*）	3 476.00	3 036.00
内含报酬率（*IRR*）	31.88%	24.13%

调整之后，两个方案的现金流量如表4-11所示。

表4-11　投资方案现金流量计算表　　单位：元

项　目	第0年	第1年	第2年	第3年	第4年
甲方案：					
原始投资额	(20 000)		(20 000)		
营业现金净流量		15 000	15 000	15 000	15 000
现金流量合计	(20 000)	15 000	(5 000)	15 000	15 000
乙方案：					
原始投资额	(30 000)				
营业现金净流量		12 500	12 500	12 500	12 500
现金流量合计	(30 000)	12 500	12 500	12 500	12 500

1）甲方案

净现值＝15 000×(P/A，10％，4)－20 000－20 000×(P/F，10％，2)

＝15 000×3.169 9－20 000－20 000×0.826 4

＝11 019.06(元)

年金净流量＝11 019.06÷3.169 9＝3 476(元)

2）乙方案

净现值＝9 623.75(元)

年金净流量＝3 036(元)

上述计算表明，当两个方案投资期限相等时，甲方案的净现值为11 019.06元，高于乙方案的净现值9 623.75元。因此，甲方案优于乙方案。

而在内含报酬率指标方面，通过测算：当i＝31.88％时，甲方案净现值＝0；当i＝24.13％时，乙方案净现值＝0。这说明只要方案的现金流量不变，按最小公倍数延长项目寿命后，方案的内含报酬率并不会变化。同样，方案的年金净流量指标也不会改变。因此，期限不等的互斥投资方案选优时，可以直接按原始期限的年金净流量指标决策，不需要换算寿命期限。

在互斥投资方案的择优决策中，年金净流量能全面反映各个方案的获利数额，不论寿命期相同还是不同，都可以直接根据年金净流量法进行最优方案的选择。

（三）固定资产更新决策

固定资产更新是对技术上或经济上不宜继续使用的旧资产，用新的资产更换，或用先进的技术对原有的设备进行局部改造。随着科学技术的发展，固定资产更新的周期越来越短，企业经常会面临是否重新购买机器设备的决策问题。固定资产更新决策是企业项目投资决策的一项主要内容，它主要研究两个问题：一是决定是否更新，即继续使用旧资产还是更换新资产；二是决定选择什么样的资产来更新。可以看出，更新决策就是继续使用旧设备还是购置新设备的选择。在实际工作中，作出这个决策要考虑许多方面的影响因素，其中最重要的是算清经济账，即更新固定资产是否合算。

1. 使用年限相同的固定资产更新决策

固定资产更新的结果必须符合经济原则，要有经济效益，决策的具体方法可以使用净现值法决策，即根据新资产和旧资产净现值的大小，分析判断是否更新。

【例 4-10】 广发公司考虑用一台新设备来代替旧设备，以减少成本和增加收益。原有旧设备的购置成本为 40 000 元，已提折旧 20 000 元，期末无残值，尚可使用 5 年，若现在出售可获折价收入 10 000 元；使用该旧设备每年可获销售收入 50 000 元，每年付现成本为 30 000 元。而准备更换的新设备的购置成本 50 000 元，可使用 5 年，期末残值为 10 000 元，使用新设备后每年可获得销售收入 100 000 元，每年付现成本为 50 000 元。若该企业的资金成本为 10%，企业所得税税率为 25%，新、旧设备均采用直线法计提折旧。请问该企业是否应该购入新设备以替换旧设备？

在本例中，两台设备的使用年限均为 5 年，分别计算各自的净现值进行决策。将两个方案的有关现金流量资料整理后，分析计算如表 4-12 所示。

表 4-12　现金流量计算表　　单位：元

项　　目	旧设备	新设备
初始投资	10 000	50 000
年折旧额	(40 000－20 000)÷5＝4 000	(50 000－10 000)÷5＝8 000
销售收入	50 000	100 000
付现成本	30 000	50 000
税前净利	50 000－30 000－4 000＝16 000	100 000－50 000－8 000＝42 000
税后净利	16 000×(1－25%)＝12 000	42 000×(1－25%)＝31 500
营业净现金流量	12 000＋4 000＝16 000	31 500＋8 000＝39 500

解： 旧设备净现值 $=16\,000\times(P/A,\ 10\%,\ 5)-10\,000$

$=16\,000\times3.790\,8-10\,000$

$=50\,652.8$(元)

新设备净现值 $=39\,500\times(P/A,\ 10\%,\ 5)+10\,000\times(P/F,\ 10\%,\ 5)-50\,000$

$=39\,500\times3.790\,8+10\,000\times0.620\,9-50\,000$

$=105\,945.6$(元)

答：两者使用年限相同，旧设备的净现值为 50 652.8 元，新设备的净现值为 105 945.6 元，因此，企业应该购置新设备。

2. 使用年限不同的固定资产更新决策

当固定资产更新方案的使用年限不同时，可能用净现值法将无法得出正确的决策结果，此时应采用年金净流量法进行决策，并需要计算年金成本，其计算公式为：

$$年金成本=\frac{\sum(各项目现金净流出现值)}{年金现值系数}$$

$$=\frac{原始投资额-残值收入\times一般现值系数+\sum(年营运成本现值)}{年金现值系数}$$

$$=\frac{原始投资额-残值收入}{年金现值系数}+残值收入\times贴现率+\frac{\sum(年营运成本现值)}{年金现值系数}$$

【例 4-11】 安恒公司现有旧设备一台，出于节能减排的需要，准备予以更新。企业的资本成本率为 15%，假设不考虑所得税因素的影响，其他有关资料如表 4-13 所示。

表 4-13　新旧设备资料　　单位：万元

项　　目	旧设备	新设备
原价	200	340
预计使用年限(年)	4	8
已经使用年限(年)	2	0
残值	0	20
变价收入	10	340
每年折旧额(直线法)	50	40
每年营运成本	156	135

解： 在本例中，两个方案的尚可使用年限不同，因此比较各方案的年金成本。

$$旧设备年金成本=\frac{10}{(P/A,\ 15\%,\ 2)}+156=162.15(万元)$$

$$新设备年金成本=\frac{340-20\times(P/F,\ 15\%,\ 8)}{(P/A,\ 15\%,\ 8)}+135=209.31(万元)$$

上述计算表明，继续使用旧设备的年金成本为 162.15 万元，低于购买新设备的年金成本209.31万元，每年可以节约 47.16 万元，因此，该公司应当继续使用旧设备。

要注意的是，以上方法适用于不考虑所得税因素，每年营运成本不相等的情况。

第二节　证 券 投 资

小 故 事

小道消息不可轻信

王先生看到身边不少的朋友通过股票买卖在短期内迅速获得财富积累后，羡慕不已，在未作任何准备、严重缺乏投资基础知识和经验的情况下，拿出省吃俭用攒下的 20 万元仓促入市。通过东打听、西打听，以及盲目听信他人的介绍后，王先生买了一大堆杂七杂八的股票。半年下来，账面亏损已达 4 万元，王先生因此神思恍惚、寝食难安，严重影响了原本规律的生活。

案例评析：案例中的王先生，入市具有较大的盲目性，缺乏必要的风险意识，以为炒股就是赚钱，而没有赔钱的心理准备，并且买卖股票还是听小道消息盲目操作的。这种盲目跟风的做法，其实质是“赌博”。广大投资者一定要以慎重的态度对待投资，买卖操作前把相关的功课先做好做足。要想取得较好的投资效果，加强学习，提高自己的水平是最重要的。

一、证券投资概述

（一）证券投资的含义

证券是商品经济和社会化大生产发展的产物，其含义非常广泛。一般来说，证券是指用以证明或设定权利所做成的书面凭证，是根据国家的有关法律规定发行的，票面载有一定金额，代表财产所有权或债权，可以依法有偿转让的一种信用凭证。

证券投资不同于项目投资。项目投资的对象是实体性经营资产，这种资产往往是一种服务能力递减的消耗性资产；而证券投资的对象是金融资产，这种资产是一种以凭证、票据或者合同合约形式存在的权利性资产。证券投资是指投资者将资金投放于股票、债券、基金及衍生证券等方式而获取收益的一种投资行为。它是企业进行对外投资活动的重要组成部分，能够使投资者灵活运用资金，从而获得更多的投资收益。证券投资按时间划分，大致可分为短期[1 年以内（含 1 年）]证券投资和长期（1 年以上）证券投资。这两种投资的目的是不同的，短期证券投资的主要目的是充分利用现金资产，满足企业对现金的需求，调节现金余额，使企业持续最佳的现金持有量；长期证券投资的目的主要是获利收益或实现控制权。

（二）证券投资的分类

证券投资按其投资的对象不同，可以分为以下几种。

1. 股票投资

股票投资是指投资者将资金投资于股票，通过股票的买卖获取收益的投资行为。例如，企业将资金投向其他企业所发行的股票，购买某企业的优先股、普通股等。通常情况下，企业投资于股票，尤其是投资于普通股，要承担较大的风险，但也会取得较高的收益。

2. 债券投资

债券投资是指投资者购买债券以取得利息收益的一种投资活动。例如，企业将资金投向各种各样的债券，购买国库券、公司债券和短期筹资券等。与股票投资相比，债券投资能获得稳定收益，投资风险较低。当然，与股票投资相比，其收益也比较低。

3. 基金投资

基金投资是指投资者通过购买投资基金股份或受益凭证来获取收益的投资活动。这种投资方式可使投资者享受专家服务，有利于分散风险，获得较大投资收益。

4. 衍生金融工具投资

衍生金融工具投资主要包括期货投资、期权投资等。

期货投资是指投资者通过买卖期货合约躲避价格风险或赚取利润的一种投资方式。所谓期货合约是指为在将来一定时期以指定价格买卖一定数量和质量的商品而由商品交易所制定的统一的标准合约。期货投资可以分为商品期货投资和金融期货投资。期权投资是指为了实现盈利的目的或避免风险而进行期权买卖的一种投资方式。根据期权买进卖出的性质划分，期权投资可分为看涨期权、看跌期权和双向期权；根据期权合同买卖的对象划分，期权投资可分为商品期权、股票期权、债券期权、期货期权等投资。

期货投资与期权投资作为两种投资方式，在交易投资方法、特点与作用上都有着许多相似之处，如两者都有套期交易和投机性交易两种方式，都具有套期保值和价格发现的作用等。

5. 证券组合投资

证券组合投资是指企业将资金同时投资于多种证券。例如，既投资于企业债券，也投资于企业股票，还投资于基金。组合投资可以有效地分散证券投资风险，是企业等法人单位进行证券投资时常用的投资方式。

（三）证券投资的特点与目的

1. 证券投资的特点

相对于实际资产投资或项目投资而言，证券投资具有如下特点：

（1）流动性强。证券投资的流动性明显高于实际资产投资。一项投资被认为是具有流动性的条件有三个：第一，有明显的、大规模的投资交易，而不引起市场价格的上下波动；第二，营业时间内存在连续的买价和卖价；第三，存在“微小”的买卖价差。证券有着十分活跃的二级市场，与实物资产投资相比其转让过程快捷、简便得多，然而实际资产很难找到一个连续的二级市场，变现受到了限制。

（2）价值不稳定。证券投资不涉及人与自然界的关系，只涉及人与人之间的财务交易。由于证券相对于实际资产来说，受人为因素的影响较大，没有相应的实物作保证，且其价值受政治、经济等各种环境因素的影响较大，因而具有价值不稳定、投资风险大的特征。

（3）交易成本低。证券买卖的交易快速、简捷、成本较低。而实际资产的交易过程复杂、手续繁多，通常还需进行调查、咨询等工作，交易成本较高。

2. 证券投资的目的

证券投资是企业通过购买证券的方式进行的对外投资，这种投资比对外直接投资更加灵活、方便。证券投资除了具有对外投资的一般目的外，还有其自身的特殊目的。

（1）分散资金投向，降低投资风险。投资分散化，即将资金投资于多个相关程度较低的项目，实行多元化经营，有效地分散投资风险。当某个项目经营不景气而利润下降甚至导致亏损时，其他项目可能会获取较高的收益。证券投资不受地域和经营范围的限制，投资选择面非常广，投资资金的退出和收回也比较容易，是多元化投资的主要方式。

（2）利用闲置资金，增加企业收益。企业在生产经营过程中，由于将来要进行长期投资，或者将来要偿还债务，或者因为季节性经营等原因，会出现资金闲置、现金结余较多的情况，这时可将资金用于购买有价证券，进行短期证券投资，以获取一定的收益，待将来需要现金时，再将有价证券出售。这种闲置资金是暂时性的，一般投资于流通性和变现能力较强的有价证券，以保证能够随时变卖，收回资金，满足企业对现金的需求。

（3）稳定客户关系，保障生产经营。在企业生产经营环节中，供应和销售是企业与市场相联系的重要通道，企业从长远的利益考虑，为保持与供销客户良好而稳定的业务关系，要求控制某一企业，就应对其进行长期证券投资，取得对该企业的控制权。例如，某公司欲取得长期稳定的材料供应，就可以购买为其供应材料的公司的股票，从而取得对该公司的控制权，以保证本公司原材料所需的数量及供应价格的稳定。

（4）提高资产的流动性，增强偿债能力。资产流动性的强弱是影响企业财务安全性的主要因素。除现金等货币资产外，有价证券投资是企业流动性最强的资产，是企业速动资产的主要构成部分。企业在生产经营过程中，应该拥有一定数量的现金，以满足日常经营的需要。但现金余额过多是一种浪费，影响企业的获利能力。因此，企业可以利用闲置的现金进行短期证券投资，以获取一定的收益。当企业需要支付大量现金时，可以随时出售证券，以取得经营所需的现金，保证企业的及时支付。

(5) 出于投机目的，获取更多收益。有时企业进行短期投资完全是出于投机的目的，以期获取较高的收益。在西方经济学中，投机是通过预期市场行情的变化而赚取收益的经济行为。可以说投机与证券市场是不可分割的，有证券市场必然有证券投机。有的企业为了获取投机利润，也会进行证券投机。因此，短期证券投资从表面上看是一种投资活动，但其实质是一种投机行为。企业出于投机的目的进行证券投资时，一般风险较大，应当用企业较长时期闲置不用的资金进行投资，但也必须要控制风险，不能因此而损伤企业整体的利益。

(四) 证券投资的风险

获取投资收益是证券投资的目的，而投资收益率的不确定性通常称为风险。由于证券市场波动频繁，证券投资的风险往往较大。投资收益率的不确定性有很多来源，按风险性质划分，证券投资的风险分为系统性风险和非系统性风险两大类别。

1. 系统性风险

证券投资的系统性风险是指由于外部经济环境因素变化引起整个资本市场不确定性加强，从而对所有证券都产生影响的共同性风险。系统性风险涉及所有证券资产，最终会反映在资本市场平均利率的提高上，所有的系统性风险几乎都可以归结为利率风险。利率风险是由于市场利率变动引起证券资产价值变化的可能性。由于系统性风险影响到资本市场上的所有证券，无法通过投资多元化的组合而加以避免，因此又称不可分散风险。系统性风险包括以下几项内容。

(1) 价格风险。价格风险是指由于市场利率上升，而使证券资产价格普遍下跌的可能性。价格风险来自资本市场买卖双方资本供求关系的不平衡，当资本需求量增加，会引起整个资本市场所有证券资产价格的普遍下降。需要说明的是，这里的证券资产价格波动并不是指证券资产发行者的经营业绩变化而引起的个别证券资产的价格波动，而是由于资本供应关系引起的全体证券资产的价格波动。

(2) 再投资风险。再投资风险是由于市场利率下降造成的无法通过再投资而实现预期收益的可能性。根据流动性偏好理论，长期证券资产的报酬率应当高于短期证券资产。为了避免市场利率上升的价格风险，投资者可能会投资于短期证券资产，但短期证券资产又会面临市场利率下降的再投资风险，即无法按预定报酬率进行再投资而实现所要求的预期收益。

(3) 购买力风险。购买力风险是指由于通货膨胀而使货币购买力下降的可能性。在持续而剧烈的物价波动环境下，货币性资产会产生购买力损益。证券资产是一种货币性资产，通货膨胀会使证券资产投资的本金和收益贬值，名义报酬率不变而实际报酬率降低。购买力风险对具有收款权利性质的资产影响很大，债券投资的购买力风险远大于股票投资的购买力风险。如果通货膨胀长期延续，投资人会把资本投向实体性资产以求保值，对证券资产的需求量减少，引起证券资产价格下跌。

2. 非系统性风险

证券资产的非系统性风险是指由于特定经营环境或特定事件变化引起的不确定性，从而对个别证券资产产生影响的特有性风险。非系统性风险可以通过持有证券资产的多元化来抵销，也称为可分散风险。非系统性风险是公司特有风险，源于每个公司自身特有的营业活动和财务活动，它与某个具体的证券资产相关联，同整个证券资产市场无关。非系统性风险包括以下几项内容。

(1) 违约风险。违约风险是指证券资产发行者无法按时兑付证券资产利息和偿还本金的可能性。违约风险是投资于收益固定型有价证券资产的投资者经常面临的，多发生于债券投资中。违约风险产生的原因可能是公司产品销售不佳，也可能是公司现金周转不灵。

(2) 变现风险。变现风险是指证券资产持有者无法在市场上以正常的价格平仓出货的可能性。持有证券的投资者，可能会因为临时资金需要或投资另一项目，在证券持有期限内出售现有证券，但在短期内找不到愿意出合理价格的买主，投资者就会面临降价出售的损失或丧失新的投资机会。在同一证券资产市场上，各种有价证券的变现能力是不同的，交易越频繁的证券，其变现能力越强。

(3) 破产风险。破产风险是指在证券资产发行者破产清算时投资者无法收回应得权益的可能性。当证券资产发行者由于经营管理不善而持续亏损、现金周转不畅而无力清偿债务或其他原因导致难以持续经营时，可能会申请破产保护。破产保护会导致债务清偿的豁免，有限责任的退资，使得投资者无法取得应得的投资收益，甚至无法收回投资的本金。

二、股票投资

(一) 股票投资的基本知识

股票是股份有限公司为筹集自有资金而发行的有价证券，是投资入股并据以取得股利的凭证。股票持有者即为该公司的股东，对该公司有财产要求权。

改革开放以来，伴随着我国经济高速发展，资本市场逐步建立起来。1990 年 11 月 26 日，上海证券交易所(以下简称上交所)成立，同年 12 月 19 日开始正式营业；1991 年 4 月，深圳证券交易所(以下简称深交所)成立，同年 7 月 3 日正式营业。两个交易所的成立标志着中国证券集中交易市场的形成。我国证券市场经过多年的发展，企业可选择的金融产品越来越多，特别是股票的种类。因此，对于如何选择适合的投资对象，在什么时机进行投资，企业必须了解股票的功能、特点、内在价值和预期收益情况，才能作出正确的投资决策。

1. 股票的种类

正如筹资管理中已经提及，股票可以按不同的方法和标准分类。股票按股东所享有的权利，可分为普通股和优先股；按票面是否标明持有者姓名，可分为记名股票和无记名股票；按股票票面是否记明入股金额，可分为有面值股票和无面值股票；按能否赎回自己的财产，可分为可赎回股票和不可赎回股票。根据现行的《公司法》，目前我国各公司发行的都是不可赎回的、记名的、有面值的普通股股票；只有少量公司过去按当时规定发行过优先股股票，但也要按要求将其优先股转换成普通股。

2. 股票的价值

股票通常有以下几种价值。

(1) 票面价值。票面价值是指股票票面上标明的金额，即股票面额。票面价值主要是用来确定每股在公司股本中所占的份额，还表明股东对公司所承担责任的最高限额。票面价值是股票发行价格的基础。我国相关法律规定，股票必须有面值，公司可以按面值或超面值发行股票，不得低于面值发行股票。

(2) 账面价值。账面价值是指在公司账面上的股票总金额，又称每股净资产。账面价值基本反映每股所代表的公司净资产。

(3) 股票的内在价值。股票的内在价值也称股票的理论价值，是指股票预期的未来现金流入的现值。投资人购入股票可在预期的未来获得现金流入，包括两部分：每期预期的股利和出售股票时得到的价格收入。股票的内在价值是投资者决定投资决策的主要依据。

(4) 市场价值。股票的市场价值又称市场价格，即通常所说的股票的市价。股票价格是股票在实际交易中所使用的价格，它处于不断波动的状态之中。一般来说，与股市升降直接相关的因素是预期股利数额和同期银行存款利率，所以从理论上来说，股票价格与股利成正比，与利率成反比，即：

$$\text{股票价格} = \frac{\text{预期股利}}{\text{同期银行利率}}$$

但实际上除了股利和利率这两个影响因素外，股票价格还与社会、经济、法律、企业经营状况、投资者预期心理等因素相关。所以股票一旦进入市场进行交易后，想要预先知道股票的价格几乎是不可能的。

3. 股利

股利是股息和红利的总称。股利是股份公司从其税后利润中分配给股东的一种投资报酬。股利是股东所有权在分配上的体现。

(二) 股票投资的目的与特点

1. 股票投资的目的

股票投资的目的主要有以下两个：

(1) 获利，即作为一般性的证券投资，获取股利收入及股票买卖差价收益。

(2) 控股，即通过购买某一企业的大量股票，使之成为子公司，以达到控制该企业的生产经营及管理的目的。所以在一定程度上，买卖股票就是买卖企业的控制权。

2. 股票投资的特点

股票投资是一种权益性投资。企业进行股票投资，就成为被投资企业的股东，既可以取得相应的股利收入，又可以参加企业经营管理。股票投资主要有以下几个特点：

(1) 风险大。股票投资是一种没有期限的长期投资，只要股票发行公司存在，股东就不能要求退回本金，而且股利收入也不固定。即使被投资企业破产倒闭，股东的求偿权也位于债权人之后，当被投资企业资不抵债时，可能完全不能收回所投资金额。

(2) 收益高。高风险必然要求高收益。股票所提供的潜在收益是投资者购买股票的最原始动力。当公司经营状况好、盈利水平高、股市行情好时，被投资企业会给予股东较高的投资回报，同时，企业的股票在证券市场也会呈现较好的走势，股价上涨，股东可以通过转让股票获取较高的转让收益。

(3) 价格波动性大。股票的价格由股利和市场利率所决定，同时还要受政治、法律、经济环境、股票发行公司的经营状况等多因素的影响，因而股票价格是在不断地变化中，大起大落的现象也时有发生。但也正是由于股票价格的波动性，才为投资者适时投资取得投资收益提供了条件。

(4) 收益不稳定。股票投资者期望较高的投资收益，但投资者能否获得预期的回报和获得多少回报，首先取决于企业的盈利情况，利大多分，利小少分，破产则可能血本无归；其次取决于股票价格的波动情况，当股票价格下跌时，股票投资者将会遭受损失。所以，股市有风险，投资须谨慎。

(三) 股票投资的价值评估

企业在进行股票投资决策时，首先要确定选择何种股票作为投资对象，这不但关系到企业作为股东所获取的长远股利收益，也关系到企业在将来出售股票时能否赚取买卖价差收益。为此，投资者在选择股票投资对象时，一般要先详细了解和分析被投资股份公司的行业特点、财务状况、经营能力和股利政策，合理预测股票市价的未来走势，对即将要投资的股票价值进行评价。股票价值评价的主要方法是计算其价值，然后与股票市价比较，视其价值是低于、高于还是等于市价，决定买入、卖出或继续持有。

股票是一种权利凭证，它之所以有价值，是因为它能给持有者带来未来的收益，这种未来的收益包括各期获得的股利、转让股票获得的价差收益、股份公司的清算收益等。投资于股票预期获得的未来现金流量的现值，即为股票的价值或内在价值、理论价格。价格小于内在价值的股票，是值得投资者投资购买的。股份公司的净利润是决定股票价值的基础。股票给持有者带来未来的收益一般是以股利形式出现的，因此也可以说股利决定了股票价值。

1. 股票估价基本模型

从理论上说，如果股东不中途转让股票，股票投资没有到期日，投资于股票所得的未来现金流量是各期的股利。假定某股票未来各期股利为 Dt（t 为期数），Rs 为估价所采用的贴现率即所期望的最低收益率，则股票价值的估价模型为：

$$V_s=\frac{D_1}{(1+R_s)^1}+\frac{D_2}{(1+R_s)^2}+\cdots+\frac{D_n}{(1+R_s)^n}+\cdots=\sum_{t=1}^{\infty}\frac{D_t}{(1+R_s)^t}$$

式中：V_s——股票的内在价值；

D_t——未来各期股利；

t——期数；

R_s——投资者期望报酬率。

以上公式为股票投资价值的基本模型。不论是永久持有，还是限期持有，该公式都是通用的。在实际运用中，该公式主要解决每股股利和投资者期望报酬率如何确定的问题。

股利的多少取决于被投资企业的每股盈余和股利支付政策。要求无限期预计每一年的股利实际上是做不到的，因此一般假设每年股利相同或股利按固定比率增长。

期望报酬率的主要作用是把所有未来不同时间的现金流入按投资者所要求的收益率折算为现值。投资者所要求的收益率一般采用以下三种方法确定：一是按股票历史上长期的平均收益率确定，但过去的情况未必符合未来的发展；二是参照债券的收益率，加上一定的风险报酬来确定；三是直接使用市场利率，因为市场利率是股票投资的机会成本，投资者要求的收益率一般不低于市场利率。

优先股是特殊的股票，优先股股东每期在固定的时点上收到相等的股利，优先股没有到期日，未来的现金流量是一种永续年金，其价值计算为：

$$V_s = \frac{D}{R_s}$$

2. 常用的股票估价模式

股票的持有期限、股利、贴现率是影响股票价值的重要因素。如果投资者准备永久持有股票，未来的贴现率也是固定不变的，那么未来各期不断变化的股利就成为评价股票价值的难题。所以，我们不得不假定未来的股利按一定的规律变化，并在这个假定的基础上，逐渐形成以下几种常用的股票估价模式。

(1) 固定增长模式。一般来说，公司并不会把每年的盈余全部作为股利分配出去，留存的收益将用于扩大公司的资本额，不断增长的股价会创造更多的盈余，进一步又引起下期股利的增长。所以当投资者长期持有某公司股票，在稳定增长的股利政策下，公司的股利可能会按一定稳定的比例上升。如果公司本期的股利为 D_0，未来各期的股利按上期股利的 g 速度呈几何级数增长，则第 t 年的股利应为：

$$D_t = D_0 \times (1+g)t$$

根据股票估价基本模型，股票价格 V_s 为：

$$V_s = \sum_{t=1}^{\infty} \frac{D_0 \times (1+g)^t}{(1+R_s)^t}$$

因为 g 是一个固定的常数，所以上式可以简化为：

$$V_s = \frac{D_0 \times (1+g)}{R_s - g} = \frac{D_1}{R_s - g}$$

【例 4-12】 假定某投资者准备购买 A 公司的股票，并准备长期持有，且要求达到 12%的收益率。该公司今年每股股利为 0.8 元，预计未来股利会以 9%的速度增长。请计算 A 股票的内在价值。

解：

$$V_s = \frac{D_1}{R_s - g} = \frac{0.8 \times (1+9\%)}{12\% - 9\%} = 29.07(\text{元})$$

答：若 A 股票目前的购买价格低于 29.07 元，则该公司的股票是值得购买的。

(2) 零增长模式。如果公司未来各期发放的股利都相等，并且投资者准备永久持有，那么这种股票与优先股是相似的，或者可以说这种股票是一种永续年金债券。当固定增长模式中 $g=0$ 时，计算公式为：

$$V_S = \frac{D}{R_s}$$

【例 4-13】 承[例 4-12]，如果预计未来的股利增长率 $g=0$，那么 A 股票的价值为多少呢？

解：

$$V_S = \frac{D}{R_s} = \frac{0.8}{12\%} = 6.67(\text{元})$$

答：A 股票的价值为 6.67 元。

(3) 阶段性增长模式。当投资者长期持有某一公司股票时，便会发现任何企业的股利都不可能是绝对固定的，也不可能总是按一个固定的成长率增长的，而可能是在某一段时间内有一个超常的增长率。这段期间的增长率 g 可能大于 Rs，而在另一段时间里成长较慢或不变。对于这种阶段性增长的股票，需要分段计算，进而确定股票的投资价值。所以，阶段性增长的股票投资价值的确定，其实就是固定增长股票投资价值计算的分段使用。

【例 4-14】 假定某投资者准备购买 K 公司的股票，并打算长期持有，且要求达到 12% 的收益率。K 公司今年每股股利为 0.6 元，预计未来 5 年股利以 15% 的速度高速增长，而后以 9% 的速度转入正常增长。请计算 K 股票的价值。

解： 首先，计算高速增长期的股利现值，计算结果如表 4-14 所示。

表 4-14 高速增长期的股利现值

年份	股　　利	现值系数(12%)	股利现值
1	0.600 0×(1+15%)=0.690 0	0.893 0	0.616 2
2	0.690 0×(1+15%)=0.793 5	0.797 0	0.632 4
3	0.793 5×(1+15%)=0.912 5	0.712 0	0.649 7
4	0.912 5×(1+15%)=1.049 4	0.636 0	0.667 4
5	1.049 4×(1+15%)=1.206 8	0.567 0	0.684 3
前 5 年高速增长期的各年股利现值合计		—	3.250 0

其次，计算正常增长期股利在第 5 年年末的现值。

$$V_5 = \frac{D_6}{R_s - g} = \frac{1.2068 \times (1 + 9\%)}{12\% - 9\%} = 43.85(\text{元})$$

最后，计算该股票的价值。

$$V_0 = 43.8471 \times 0.567 + 3.25 = 28.11(\text{元})$$

3. 市盈率分析

上述股票内在价值的计算方法，在理论上比较健全，计算结果使用也较方便，但未来股利的预计很复杂且要求比较高，一般投资者往往难以办到。而市盈率分析法是一种粗略衡量股票价值的方法，它易于掌握，许多投资者都愿意使用。

(1) 用市盈率估计股价高低。市盈率是股票市价与每股盈余之比，以股价是每股盈余的倍数表示。市盈率可以粗略反映股价高低，表明投资人愿意用盈余的多少倍的货币来购买这种股票，是市场对该股票的评价。市盈率的计算公式为：

$$\text{市盈率} = \frac{\text{股票市价}}{\text{每股盈余}}$$

可以推知：

$$\text{股票市价} = \text{市盈率} \times \text{每股盈余}$$

根据证券机构或有关刊物提供的同类股票过去若干年的平均市盈率，乘以当前的每股盈余，可以得出股票的理论价值。用它和当前市价比较，可以看出所付价格是否合理。

$$\text{股票价值} = \text{行业平均市盈率} \times \text{该股票每股盈余}$$

【例 4-15】 某上市公司的股票当前市价为 30 元，每股盈余为 3 元。行业类似股票的平均市盈率是 11，请判断该股票的当前市价是否合理。

解：

$$该股票市盈率 = \frac{30}{3} = 10$$

$$该股票的理论价值 = 11 \times 3 = 33(元)$$

答：结果说明，市场对该股票的评价略低，但股价基本正常，有一定的投资吸引力。

(2) 用市盈率估计股票风险。一般而言，如果股票的市盈率较高，则表明投资者对公司的未来充满信任，愿意为每 1 元盈利多付买价。市盈率较高的股票的风险较小。但股市受到不正常因素干扰时，某些股票市价被哄抬到不应有的高位，市盈率会虚高。通常认为，超过 20 的市盈率是不正常的，很可能是股价下跌的前兆，风险相当大。

如果股票的市盈率较低，则表明投资者对公司的未来缺乏信心，不愿意为每 1 元盈利多付买价。市盈率较低的股票的风险较大。通常认为，市盈率在 5 以下的股票，其前景比较悲观。

过高或过低的市盈率都不是好兆头，平均的市盈率在 10～11，市盈率在 5～20 是比较正常的。投资者应研究拟投资股票市盈率的长期变化，估计其正常值，作为分析的基础。各行业的正常值有所不同。预期将发生通货膨胀或提高利率时市盈率会普遍下降，预期公司利润增长时市盈率会上升，债务比重过大的公司市盈率较低。

(四) 股票投资的收益率

1. 股票投资收益的构成

股票投资收益是股票投资所获得的全部报酬，由股利收益、股利再投资收益、转让价差收益三部分组成。并且，如果在计算股票投资收益时考虑了资金的时间价值，就无需单独考虑股利的再投资收益了。由此可知，股票的投资收益不同于股利收入，股利收入只是股票投资收益的一个组成部分。

2. 股票的内部收益率

股票投资收益有收益额和收益率两种衡量指标，股票投资通常用年收益率来表示。股票投资收益率包括股利收益率和转让价差收益率两部分。

股票的内部收益率，是使得股票未来现金流量贴现值等于目前的购买价格时的贴现率，也就是股票投资项目的内含报酬率。只有当股票的内部收益率高于投资者所要求的最低报酬率时，投资者才愿意购买该股票。

在固定增长股票估价模型中，用股票的购买价格 P_0 代替价值 V_s，则有：

$$P_0 = \frac{D_1}{R_s - g} \quad 转化成 \quad R = \frac{D_1}{P_0} + g$$

从上式可以看出，股票投资内部收益率由两部分组成：一是预期股利收益率 $\frac{D_1}{P_0}$；二是股利增长率 g。

如果投资者不打算长期持有股票，而是将股票转让出去，则股票投资的收益由股利收益和资本得利(转让价差收益)构成。这时，股票内部收益率 R 是使股票投资净现值为零时的贴现率，其计算公式为：

$$NPV = \sum_{t=1}^{n} \frac{D_t}{(1+R)^t} + \frac{P_t}{(1+R)^n} - P_0 = 0$$

式中：NPV——净现值；

R——股票投资内部收益率；

D_t——预计购入后各期的股利；

P_t——股票的转让(卖出)价格；

P_0——股票的购买价格；

n——股票持有期限。

由于各年的股利不相等，因此计算股票投资的内部收益率只能采用插值法。

【例 4-16】 2017 年 5 月，某投资者购入 M 公司股票 10 000 股，每股购入价为 3.2 元。M 公司于 2018 年、2019 年、2020 年分别派发现金股利 0.25 元/股、0.32 元/股、0.45 元/股。该投资者于 2020 年 5 月以 3.5 元/股的价格售出该股票。请计算 M 公司股票内部收益率。

解：

$$NPV+\frac{0.25}{1+R}+\frac{0.32}{(1+R)^2}+\frac{0.45}{(1+R)^3}+\frac{3.5}{(1+R)^3}-3.2=0$$

通过多次测试，得：

当 $R=12\%$ 时，$NPV=45.35$。

当 $R=14\%$ 时，$NPV=-34.21$。

用插值法计算为：

$$R=12\%+(14\%-12\%)\frac{45.35}{45.35-(-34.21)}=13.14\%$$

(五) 股票投资的评价

股票投资是一种高风险、高收益的极具挑战性的投资活动。投资者在选择股票进行投资时一定要有清醒的认识，要有充分的在资金方面、投资分析技术方面、发展趋势方面、公司经营状况方面以及心理上的准备，才能对某一项具体的股票投资活动作出合理的判断。

1. 股票投资的优点

(1) 拥有经营管理控制权。股票投资属于权益性投资，股票代表所有权凭证，投资者购买了股票就是发行股票公司的股东，凭其拥有的股份数额，可以参与公司的经营管理决策，拥有选择权和表决权，有权监督和控制该企业的生产经营情况。因此，想要控制一家企业，最好的方法就是收购其发行的股票。

(2) 投资收益高。股票投资不仅可以获得公司发放的现金股利，还可以在市价上涨时转让来获取价差收益。虽然股票市场价格变动频繁，但从长期趋势来看，优质股票的市价是看涨的，只要选择得当，且长期持有，一般都能取得优厚的投资收益。

(3) 降低购买力风险。通货膨胀对股市的影响作用十分明显：当发生通货膨胀时，由于物价普遍上涨，股份公司盈利增加，股利的支付也随之增加，股价会上涨，股市也会随之兴旺；而当发生通货紧缩时，股市也会随之处于低迷状态。由于普通股股利不固定，与固定收益的证券相比，它能有效地降低购买力风险。

2. 股票投资的缺点

(1) 投资风险大，安全性差。这主要表现在两个方面：一是股票是股权性投资，投资者购买股票后，没有权利要求企业偿还本金；二是当企业破产时，普通股的求偿权位于最后，股东可能部分甚至完全不能收回所投资金，而导致血本无归。

(2) 价格波动大,难以把握。股票价格受众多因素的影响,且随时处于变化之中。这一特点决定了股票投资具有很大的投机性,具有较高的风险。正因如此,企业如果资金不充裕或正处于激烈的市场竞争中,则不宜从事股票投资。

(3) 投资收益不稳定。股票投资的主要收益是股利收入和资本得利,其稳定性差。股利的多少取决于企业当期财务状况、经营成果和股利政策。如果市场行情不好,转让股票不仅得不到价差收益,反而可能遭受损失。

三、债券投资

(一) 债券的要素

债券是依照法定程序发行的约定在一定期限内还本付息的有价证券,可以反映证券发行者与持有者之间的债权债务关系。债券一般包含以下几个基本要素。

1. 债券面值

债券面值是指债券设定的票面金额。它代表发行人借入并且承诺于未来某一特定日偿付债券持有人的金额,债券面值包括票面币种和票面金额。

2. 债券票面利率

债券票面利率是指债券发行者预计一年内向持有者支付的利息占票面金额的比率。债券的计息和付息方式有多种,可能使用单利或复利计算,利息的支付可能一年多次,一年一次或到期一次还本付息,这就使得票面利率可能不同于实际利率,实际利率是指按复利计算的一年期的利率。

3. 债券到期日

债券到期日是指偿还债券本金的日期,债券一般都有规定的到期日,以便到期归还本金。

(二) 债券的分类

作为投资对象,债券主要有以下几种类型。

1. 按发行主体分类,分为政府债券、金融债券和公司债券

政府债券是政府作为发行人的债券,通常由财政部发行,政府担保。我国习惯上把政府债券称为公债或国库券。政府债券有短期债券、中期债券和长期债券。我国从 1981 年开始向社会公民发行国库券,之后陆续发行了国家重点建设债券、财政债券、特种国债和保值公债等。在每年发行的债券总额中,国家发行的政府债券的比例在 60%以上。

金融债券是经中央银行或其他政府金融管理部门批准,由银行或其他金融机构发行的债务凭证。债务凭证上通常标有发行机构的名称、利率、还款期、发行日期等。金融债券的期限一般是 1～5 年,利率略高于同期的定期存款利率,不能提前抽回本金。我国专业银行为筹集某种专门用途的资金曾发行过金融债券。例如,中国建设银行发行为国家重点建设筹集资金的金融债券,中国农业银行发行为乡镇企业提供特种贷款而筹措资金的金融债券。

公司债券是公司制企业向外借债的一种债券凭证。发行债券的企业出卖债务凭证,向债券持有人作出承诺和保证,在指定时间,按票面规定还本付息。公司发行的公司债券都有明确的目的和用途,而且利息率要高于公债的利息率。公司债券经股东大会和董事会审议决定，经国务院证券管理部门批准，可以向社会公开间接募集发行。

以上三种债券中，政府债券风险小，相应的报酬率也较低，而公司债券的报酬率相对较高，但风险大。

2. 按利率是否固定分类，分为固定利率债券和浮动利率债券

固定利率债券具有固定的利息率和固定的偿还期，是传统的债券，也叫普通债券。这种债券在市场利率比较稳定的情况下比较流行，但在利率急剧变化时风险大。

浮动利率债券是根据市场利率定期调整的中长期债券。利率按标准利率（同业拆放利率或银行优惠利率）加一定利差确定，或者按固定利率加上保值补贴确定。浮动利率债券可以减少投资人的利率风险。为防止市场利率降得过低而影响投资者的利益，这种债券一般规定有最低的利率。

3. 按期限长短分类，分为短期债券、中期债券和长期债券

短期债券一般是指期限在1年以内的债券。有些在市场上流通的中长期债券，其到期日不足1年的，也可视作短期债券。短期债券具有流动性强、风险低的优点，但它的收益率较低。

中期债券一般是指期限在1年以上，10年以下的债券。我国财政部发行的各种国债和银行发行的金融债券，多属于中期债券。

长期债券一般是指10年以上的债券。但各国政府对债券的期限划分标准并不完全相同，长期债券的流动性差，持有人将其转化为现金比较困难。另外，长期债券的通货膨胀风险比较大，因此，作为补偿，其利率比较高。

4. 按是否记名分类，分为记名债券和无记名债券

记名债券是指债券上记载债权人姓名，转让时原持有人要背书，并经金融机构签证方能生效。通常，记名债券可以挂失。无记名债券不记载持有人的姓名，谁持有债券，谁就是合法持有人。

不记名的债券，无法禁止场外交易。记名债券，要办理手续才能过户。一般来说，不能转让的债券，不具流动性，持有人在蒙受损失时无能为力，作为补偿要给予较高的利率才能抵销其风险。

5. 按是否上市流通分类，分为上市债券和非上市债券

上市债券，又称挂牌券，是指经由政府管理部门批准，在证券交易所内买卖的债券。对投资者而言，上市债券经过严格审查比较可靠，流动性好，并且便于了解债务人的有关经济信息。

非上市债券不在证券交易所上市，只能在场外交易，流动性差。

6. 按已发行时间分类，分为新上市的债券和已流通在外的债券

新上市的债券是指刚刚发行的债券，例如发行不到一周的债券，其价格等于或非常接近面值。已流通在外的债券是指已在市场上流通了一段时间的债券，其价格会和面值有较大差异，并且不稳定。

（三）债券投资的选择

债券投资选择的首要依据是债券的信用等级，主要通过债券评级来完成；其次要考虑债券的投资价值和收益率；最后还要注意债券的到期日、可变现能力等。

投资者在购买债券前一般需要对债券发行单位进行考察、评价以确定其信用等级。通常这项工作由专门的证券评估机构来进行，按目前国际较常用的标准，企业债券信用级别可分为四等九级，并以英文字母 A，B，C 加以具体表示。企业可以此作为债券投资选择的基本出发点。因为一种债券信用级别的高低，直接反映了该发行债券企业的经济实力、支付能力、盈利能力和偿债能力及其在一贯的经营活动中履约守信的程度。因此，企业债券信用级别是一个最综合和客观的评价。企业债券信用级别相应表示的内涵如下。

1. 优质等级

AAA——信用极好，偿债能力最强，投资者安全程度最高。

AA——信用优良，仅次于 AAA 级，大多数情况下投资者的安全程度与 AAA 情况基本相同。

2. 投资等级

A——信用较好，具有相当的投资吸引力，安全性比较好，但无法完全避免不利影响。

BBB——信用一般，中等水平，正常情况下比较安全，在经济不景气的时候可能受到较大影响。

3. 标准等级

BB——信用欠佳，中下等资信水平，投资吸引力较弱，在严重不利因素下，可能产生偿付危机。

B——信用较差，具有一定投机性，潜在风险大，一旦遇到不利影响，就可能无法支付利息和本金。

4. 投机等级

CCC——信用很差，下等资信水平，是一种投机性债券，很可能发生偿付危机。

CC——信用太差，是绝对投机性债券，可能以买卖差价收益为主，而很少会有利息收益。

C——没有信用，是专指不付利息收益的债券。

在债券的信用等级中，被允许上市的只限于优质等级和投资等级，所以上市的债券都是信誉较好的。然而，企业经营情况会发生变化，发行债券或上市时好，并非等于信用永远很好，所以企业在进行债券投资时要有针对性的分析研究。评估信用的级别长期稳定在一个较高的信用等级上，或信用等级呈逐渐上升趋势的债券，其债券资信程度较高，其投资风险也较小。

(四) 债券投资的价值评价

购买债券作为一种长期投资，要对其未来投资收益进行评价。要确定债券的投资价值，首先要计算出债券未来现金流入量的现值。

将在债券投资上未来收取的利息和收回的本金折为现值，即可得到债券的内在价值，也就是我们所说的债券投资价值。债券的内在价值也称为债券的理论价格，只有债券价值大于其购买价格时，该债券才值得投资。影响债券价值的因素主要有债券的期限、债券的面值、票面利率和所采用的贴现率等因素。

典型的债券类型，是有固定的票面利率、每期支付利息、到期归还本金的债券，这种债券模式下债券投资价值计量的基本模型是：

$$V_b = \sum_{t=1}^{n} \frac{I_t}{(1+R)^t} + \frac{M}{(1+R)^n}$$

式中：V_b——债券的价值；

I_t——债券各期的利息；

M——债券的面值；

R——债券价值评估时所采用的贴现率，即所期望的最低投资报酬率。

一般来说，经常采用市场利率作为评估债券价值时所期望的最低投资报酬率。

假定各期的等额利息在每期期末支付，实则相当于普通年金。在实际应用中，公式可以简化为：

$$V_b = I \times (P/A,\ i,\ n) + M \times (P/F,\ i,\ n)$$

式中：I——债券每期的利息；

$(P/A,\ i,\ n)$——年金现值系数；

$(P/F,\ I,\ n)$——复利现值系数。

债券投资价值的计算和筹资管理中债券发行价格的计算是同一原理，此处不再赘述。

【例 4-17】 方圆公司拟于 2020 年 4 月 5 日发行面值为 1 000 元的债券，票面利率为 7%，每年 4 月 5 日支付一次利息，5 年后的 4 月 4 日到期。当时的投资必要报酬率为 10%，请问当债券的市场价格为多少时，企业可以购买？

解：
$$\begin{aligned} V_b &= 1\,000 \times 7\% \times (\mathrm{P/A},\ 10\%,\ 5) + 1\,000 \times (\mathrm{P/F},\ 10\%,\ 5) \\ &= 70 \times 3.791 + 1\,000 \times 0.621 \\ &= 886.37(\text{元}) \end{aligned}$$

答：当该债券的价格低于 886.37 元时，值得购买。如果以 886.37 元的价格购买，则可以获得 10%的投资报酬率；如果以低于 886.37 元的价格购买，则可以获得高于 10%的实际投资报酬率。

从债券投资价值基本计量模型中可以看出，债券面值、债券期限、票面利率、市场利率是影响债券价值的基本因素。当债券开始发行时，债券面值、期限、票面利率就相应确定，这时，市场利率就成为债券持有期间影响债券价值的主要因素。市场利率决定债券价值的贴现率，市场利率的变化必然引起债券价值的变化。

（五）债券投资的收益率

1. 债券收益的构成

企业投资债券的主要目的是尽可能规避风险，获取一定的收益。债券投资的收益是投资于债券所获得的全部投资报酬，主要包括以下三个方面：

（1）名义利息收入。债券各期的名义利息收入是其面值与票面利率的乘积。利息收入是债券投资收益的主要部分，是投资者名义投资收益。

（2）利息再投资收益。在对债券投资进行评价时，基于两个重要的假定：第一，债券本金是到期收回的，而债券利息是分期收取的；第二，将分期收到的利息重新投资于同一项目，并取得与本金同等的利息收益率。如果债券投资按货币时间价值的原理计算债券投资收益，那么就已经考虑了再投资因素，即在取得再投资收益的同时，承担着再投资风险；而如果债券投资收益按单利计算，则没有考虑再投资因素。

（3）买卖价差收益。买卖价差收益是指债券投资人在债券尚未到期之前中途转让债券，出售价格与买价之间的差价，可能是收益，也可能是损失。

2. 债券投资收益率的计算

债券的投资收益有收益额和收益率两种衡量指标。债券收益额是指一定时期内企业投资债券所获得的年收益额。债券投资年收益率是一定时期内企业债券投资所获得的收益与投资额的比率，通常用年利率表示。它是衡量债券投资是否可行的重要和常用的一个指标。

决定债券投资收益率的主要因素有债券的票面利率、期限、面值、持有时间、购买价格和出售价格。

企业购买债券进行长期投资，目的是获得长期稳定的投资收益。长期债券的投资收益同样包括债券利息收益和买卖价差收益。一般企业会将债券长期持有至到期，或者持有一段较长的期限之后才出售，这时债券利息的再投资收益就不能不加以考虑。因此，长期债券投资最好采用复利方法计算投资收益率，因为这种方法考虑到了货币时间价值，计算结果比较客观。

长期债券投资的收益率是指按当前市场价格购买债券并持有至到期日或转让日，所产生的预期报酬率，也就是债券投资项目的内含报酬率。企业进行债券投资，一般每年都能获利固定的利息，并在债券到期时收回本金或在中途提前出售而回笼资金。债券真正的内在价值是按市场利率贴现所决定的内在价值。当按市场利率贴现所计算的内在价值大于按内部收益率贴现所计算的内在价值时，债券的内部收益率才会大于市场利率，这才是投资者所期望的。所以长期债券的投资收益率就是使债券利息的现值之和与债券到期收回或提前出售的价款的复利现值之和等于债券购入价时的贴现率。计算公式如下：

$$\text{债券的购入价} = \text{债券利息的现值之和} + \text{到期收回本金或者提前出售价款的复利现值之和}$$

$$S_0 = I \times (P/A,\ i,\ n) + S_n \times (P/F,\ i,\ n)$$

式中：S_0——债券购入价；

I ——每期的利息；

S_n——到期收回的本金；

$(P/A,\ i,\ n)$——年金现值系数；

$(P/F,\ i,\ n)$——复利现值系数。

此时，i 就是债券的内含报酬率，即债券的投资收益率。但由于无法直接计算收益率，所以必须用逐步测试法及插值法来计算，即先设定一个贴现率代入上式，若计算出的 S_0 正好等于债券买价，则该贴现率即为收益率；若计算出的 S_0 与债券买价不相等，则需继续测试过关，再用插值法求出收益率(具体计算方法见内含报酬率的计算)。

【例 4-18】 华夏公司于 2020 年 7 月 1 日以 1 105 元购买面值为 1 000 元，票面利率为 8%的 5 年期债券 8 000 张，每年 7 月 1 日计算并支付一次利息，投资者将持有至到期日。请计算该债券的收益率。

解： $1\,105 = 1\,000 \times 8\% \times (P/A,\ i,\ 5) + 1\,000 \times (P/F,\ i, 5)$

用逐步测试法及插值法来计算投资收益率。

用 $i=6\%$ 试算，则：

$S_1 = 1\,000 \times 8\% \times (P/A,\ 6\%,\ 5) + 1\,000 \times (P/F,\ 6\%,\ 5) = 1\,084.299$(元)

用 $i=5\%$ 试算，则：

$$S_2 = 1\,000 \times 8\% \times (P/A,\ 5\%,\ 5) + 1\,000 \times (P/F,\ 5\%,\ 5) = 1\,129.86(\text{元})$$

表 4-15 投资收益率测试结果

投资收益率	现值
6%	1 084.299
i	1 105.000
5%	1 129.860

用插值法计算，则：

$$\frac{6\% - i}{6\% - 5\%} = \frac{1\,084.299 - 1\,105}{1\,084.299 - 1\,129.86}$$

$$i = 5.55\%$$

由此可知，该债券的投资收益率为 5.55%。也就是说，用该内部收益率贴现所决定的债券内部价值，刚好等于债券的目前购买价格。

上述用先测算、后插入的方法来计算债券投资的实际收益率，虽然较精确，但却比较麻烦。通常，在对其精确性要求不是很高的情况下，也可以用简便算法对债券投资收益率近似估算，其公式为：

$$i = \frac{I + (B - P)/N}{(B + P)/2} \times 100\%$$

上式中，P 表示债券的当前购买价格，B 表示债券面值，N 表示债券期限，分母表示平均资金占用，分子表示平均收益。如果将[例 4-18]数据代入，可得：

$$i = \frac{80 + (1\,000 - 1\,105)/5}{(1\,000 + 1\,105)/2} \times 100\% = 5.6\%$$

(六) 债券投资的评价

债券投资是投资者通过购买各种债券而获得固定收益的一种对外投资，它是企业证券投资的一个重要内容。债券的利率一般是固定的，但债券投资仍然和其他投资一样是有风险的，其风险包括违约风险、利率风险、购买力风险、变现风险和再投资风险。但债券投资与股票投资相比，具有投资风险小，投机能力弱的特点，比较适合稳健型、不愿意冒险的投资者。

1. 债券投资的优点

(1) 本金安全性高，投资风险小。发行债券的企业必须按时付息，到期偿还本金。一般来讲债券是不得展期的，从这一点上看债券投资的安全性是最高的，尤其是政府债券由国家财政作保障，其本金的安全性高，通常被认为是无风险投资。而且债券持有者拥有优先求偿权，当企业一旦清算时，求偿权在股东之前，其本金的损失性也小。

(2) 收益稳定性强。投资者购买债券所获得的收益就是利息。一般情况下，债券的利息是按票面金额乘以固定利率计算的，而且票面上已标明付息的方式及计息期。债券发行企业有按时支付利息的义务，因此，在正常情况下，债券投资的收益是稳定的。

(3) 流动性好。政府债券及大公司发行的债券，由于其信誉好，质量好，公众认可度高，可以在公开市场上迅速出售变现，具有较强的流动性。

2. 债券投资的缺点

(1) 没有经营管理权。债券只是一种债权债务的凭证。投资者投资于债券，只是债权人，有权获得固定收益，但无权对债券发行企业施以影响和加以控制，不能参与企业的生产经营，无表决权和参与管理权。

(2) 收益低。与股票相比，债券到期可以收回本金，风险小，所以收益也低。

(3) 购买力风险和利率风险大。由于债券的面值和利率在发行时就已经在票面上标明，所以如果投资者在持券期间，发生了较高的通货膨胀，则固定利率的债券价值就会下降，若此时持券人出售债券，就会遭受损失。利率风险是各种债券都要面临的风险，政府债券也不例外。在一般的情况下，市场利率与证券价格呈反比例变化，市场利率上升，则债券市场价格下跌；反之，则上升。期限越长的债券，利率风险越大。

课后练习

一、单选题

1. 企业投资划分为直接投资和间接投资的分类依据是(　　)。

A. 按投资活动对企业未来生产经营前景的影响

B. 按投资对象的存在形态和性质

C. 按投资活动与企业本身的生产经营活动的关系

D. 按投资活动资金投出的方向

2. 对于一个(　　)投资方案而言，其他投资方案是否被采纳，对本方案的决策并无显著影响。

A. 独立　　B. 互斥　　C. 互补　　D. 不相容

3. 下列各项中，不属于投资项目现金流出量内容的是(　　)。

A. 固定资产投资　　B. 折旧与摊销

C. 无形资产投资　　D. 递延资产投资

4. 某公司打算投资一个项目，预计该项目需固定资产投资 400 万元，预计可使用 5 年。项目预计流动资产需用额为 160 万元，流动负债需用额为 55 万元。则该项目原始投资额为(　　)万元。

A. 400　　B. 560　　C. 345　　D. 505

5. 某投资方案的年营业收入为 50 000 元，年营业成本为 30 000 元，其中年折旧额为 5 000 元，所得税税率为 25%，该方案的每年营业现金净流量为(　　)元。

A. 16 250　　B. 20 000　　C. 15 000　　D. 43 200

6. 下列计算营业现金净流量的公式中，正确的是(　　)。

A. 营业现金净流量＝税后营业利润＋非付现成本

B. 营业现金净流量＝(营业收入－付现成本)×(1－所得税税率)＋非付现成本

C. 营业现金净流量＝营业收入×(1－所得税税率)－付现成本×(1－所得税税率)－非付现成本×(1－所得税税率)

D. 营业现金净流量＝营业收入×(1－所得税税率)－付现成本×(1－所得税税

率)+非付现成本×(1-所得税税率)

7. 下列各项中,不属于长期资产投资的是(　　)。

A. 安装固定资产　　B. 垫支的营运资金

C. 购入无形资产　　D. 递延资产投资

8. 对于单一方案来说,(　　)说明该方案是可行的。

A. 方案的实际投资报酬率高于所要求的报酬率

B. 方案的实际投资报酬率低于所要求的报酬率

C. 方案的年金净流量小于0

D. 净现值是负数

9. 下列各项关于净现值的计算公式,正确的是(　　)。

A. 未来现金净流量现值减去原始投资额现值

B. 未来现金净流量现值除以原始投资额现值

C. 未来现金净流量现值等于原始投资额现值时的折现率

D. 未来现金净流量现值除以年金总现值

10. 已知某项目的现金净流量分别为:$NCF_0=-100$ 元,$NCF_1=0$ 元,$NCF_{2\sim6}=200$ 元,投资人要求的报酬率为10%,则该项目的净现值为(　　)元。[已知:$(P/A,10\%,5)=3.790\,8$;$(P/F,10\%,1)=0.909\,1$]

A. 658.16　　B. 589.24　　C. 489.16　　D. 689.24

11. 下列各项因素中,不会影响年金净流量大小的是(　　)。

A. 每年的现金净流量　　B. 折现率

C. 原始投资额　　D. 投资的实际报酬率

12. 对多个期限不同的互斥方案进行比较决策时,最适用的决策方法是(　　)。

A. 净现值法　　B. 现值指数法

C. 内含报酬率法　　D. 年金净流量法

13. 对现值指数法来说,当原始投资额现值相等的时候,实质上它相当于(　　)。

A. 净现值法　　B. 年金净流量法

C. 内含报酬率法　　D. 回收期法

14. 下列关于现值指数的说法中,错误的是(　　)。

A. 若现值指数大于1,方案可行　　B. 若现值指数小于1,方案不可行

C. 若现值指数等于1,方案可行　　D. 若现值指数大于0,方案可行

15. 某方案开始时一次性投入15万元,净现值为25万元,该项目的现值指数为(　　)。

A. 1.67　　B. 0.67　　C. 2.67　　D. 3.67

16. 已知某投资项目按14%的贴现率计算的净现值大于零,按16%的贴现率计算的净现值小于零,则该项目的内含报酬率肯定(　　)。

A. 大于14%,小于16%　　B. 小于14%

C. 等于15%　　D. 大于16%

17. 下列说法中,不正确的是(　　)。

A. 内含报酬率是能够使未来现金净流量现值等于原始投资额现值的贴现率

B. 内含报酬率是方案本身的投资报酬率

C. 内含报酬率是使方案净现值等于零的贴现率

D. 内含报酬率是使方案现值指数等于零的贴现率

18. 已知某投资项目的原始投资额为 100 万元，投资期为 2 年，投产后第 1～3 年每年 $NCF=25$ 万元，第 4～10 年每年 $NCF=20$ 万元。则该项目包括投资期的静态回收期为(　　)年。

A. 4.25　　B. 6.25　　C. 4　　D. 5

19. 对于两个投资规模不同的独立投资项目的评价，应优先选择(　　)。

A. 净现值大的方案　　B. 项目周期短的方案

C. 投资额小的方案　　D. 内含报酬率大的方案

20. 若有两个投资方案，原始投资额不相同，彼此相互排斥，各方案项目计算期不同，可以采用的决策方法是(　　)。

A. 年金净流量法　　B. 净现值法

C. 内含报酬率法　　D. 现值指数法

21. 下列各项中，不属于系统性风险的是(　　)。

A. 变现风险　　B. 价格风险

C. 再投资风险　　D. 购买力风险

22. 某公司拟发行 5 年期债券进行筹资，债券票面金额为 100 元，票面利率为 12%，而当时市场利率为 10%，每年年末付息一次，到期还本，则该公司债券的价值为(　　)元。[已知：$(P/F, 10\%, 5)=0.6209$，$(P/A, 10\%, 5)=3.7908$]

A. 93.22　　B. 100　　C. 105.35　　D. 107.58

23. 某公司目前有发行在外的普通股股票，最近刚支付的股利为每股 2.2 元，估计股利年增长率为 2%，预期最低报酬率为 10%，则该股票的价值为(　　)元。

A. 22.44　　B. 22　　C. 27.5　　D. 28.05

二、多选题

1. 下列各项中，属于企业的生产要素的有(　　)。

A. 劳动力　　B. 劳动资料　　C. 劳动对象　　D. 土地

2. 按投资活动资金投出的方向，企业投资可以划分为(　　)。

A. 对内投资　　B. 对外投资　　C. 直接投资　　D. 间接投资

3. 投资项目中的非付现成本主要包括(　　)。

A. 固定资产年折旧费用　　B. 长期资产摊销费用

C. 资产减值损失　　D. 回收营运资金

4. 下列各项中，会影响项目终结期的现金流量的有(　　)。

A. 最后一期的营业现金净流量　　B. 固定资产的变价净收入

C. 垫支的营运资金的收回　　D. 营业期间的现金流量

5. 下列项目投资决策评价指标中，一般作为净现值法辅助方法的有(　　)。

A. 年金净流量法　　B. 内含报酬率法

C. 现值指数法　　D. 投资回收期法

6. 下列关于净现值缺点的说法中，错误的有(　　)。

A. 所采用的贴现率不易确定

B. 不适宜于独立投资方案的比较决策

C. 计算复杂，不能灵活地考虑投资风险

D. 适应性弱

7. 已知甲、乙两个互斥投资方案，其中甲方案的净现值为 14 941 元，期限为 8 年，乙方案的净现值为 11 213 元，期限为 5 年。假定贴现率 10%，则下列说法正确的有（　　）。[已知：$(P/A, 10\%, 5)=3.790\,8$，$(P/A, 10\%, 8)=5.334\,9$]

A. 应当采用净现值法进行比较　　B. 应当采用年金净流量法进行比较

C. 甲方案优于乙方案　　D. 乙方案优于甲方案

8. 已知 A、B 两个独立投资方案，方案 A 的原始投资额现值为 30 000 元，未来现金净流量现值为 31 500 元，净现值为 1 500 元；方案 B 的原始投资额现值为 3 000 元，未来现金净流量现值为4 200元，净现值为 1 200 元，则下列说法正确的有（　　）。

A. 应当采用净现值法进行比较　　B. 应当采用现值指数法进行比较

C. A 方案优于 B 方案　　D. B 方案优于 A 方案

9. 下列评价指标的计算与项目事先给定的折现率有关的有（　　）。

A. 内含报酬率　　B. 净现值　　C. 现值指数　　D. 投资回收期

10. 一般情况下，用来评价独立投资方案的指标有（　　）。

A. 净现值　　B. 年金净流量

C. 现值指数　　D. 内含报酬率

11. 下列关于固定资产更新决策的说法中，不正确的有（　　）。

A. 属于独立投资方案决策

B. 一般采用内含报酬率法进行决策

C. 大部分以旧换新的设备重置属于扩建重置

D. 对于寿命期不同的设备重置决策应采用年金净流量法

12. 下列属于证券投资目的的有（　　）。

A. 分散资金投向，降低投资风险

B. 利用闲置资金，增加企业收益

C. 稳定客户关系，保障生产经营

D. 提高资产的流动性，增强偿债能力

13. 下列属于证券投资的非系统性风险的有（　　）。

A. 变现风险　　B. 再投资风险

C. 违约风险　　D. 破产风险

14. 下列各项中，属于债券基本要素的有（　　）。

A. 债券面值　　B. 票面利率　　C. 到期日　　D. 债券价值

15. 下列关于债券内部收益率的说法中，正确的有（　　）。

A. 债券内部收益率的大小与发行债券的方式无关

B. 平价发行的债券，持有到期的内部收益率等于票面利率

C. 溢价发行的债券，持有到期的内部收益率小于票面利率

D. 折价发行的债券，持有到期的内部收益率大于票面利率

16. 股票投资的未来收益包括（　　）。

A. 股利　　B. 转让股票获得的价差收益
C. 利息　　D. 股份公司的清算收益

17. 一般情况下，用来评价互斥方案的指标有(　　)。
A. 净现值　　B. 年金净流量
C. 现值指数　　D. 内含报酬率

18. 内含报酬率是指(　　)。
A. 投资报酬与总投资的比率
B. 能使未来现金净流量现值等于原始投资额现值的贴现率
C. 未来现金净流量现值与原始投资额现值的比率
D. 使投资方案净现值为零的贴现率

19. 已知某企业预计进行项目投资，要求的必要报酬率为12%，该投资项目的净现值为20万元，则下列对该投资项目评价指标表述中，正确的有(　　)。
A. 内含报酬率大于12%　　B. 现值指数大于1.2
C. 回收期小于寿命期的一半　　D. 年金净流量大于零

三、判断题

1. 对于直接投资而言，投资前首先要认真分析投资对象的投资价值，根据风险与收益均衡原则合理选择投资对象。(　　)

2. 项目投资决策中所使用的现金是指各种货币资金。(　　)

3. 投资项目上的原始投资额包括固定资产投资、递延资产等长期资产投资。(　　)

4. 某投资项目的固定资产投资额为100万元，无形资产投资额为20万元，流动资金投资额为10万元，建设期资本化利息为5万元，则该投资项目的原始总投资额为135万元。(　　)

5. 净现值法适用于原始投资额相同，但寿命期不相同的多方案比较决策。(　　)

6. 当净现值为零时，说明方案的投资报酬刚好达到所要求的投资报酬。所以，净现值的经济含义是投资方案报酬超过基本报酬后的剩余收益。(　　)

7. 某投资项目的营业期为4年，无建设期，投产后每年的现金净流量均为115万元，原始总投资为230万元，要求的必要报酬率为10%，$(P/A, 10\%, 4)=3.1699$，则该投资项目的年金净流量为42.44万元。(　　)

8. 年金净流量指标的结果大于零，说明每年平均的现金流入能抵补现金流出。(　　)

9. 现值指数是未来现金净流量现值与原始投资额现值之比，是一个相对数指标，反映了投资效益。(　　)

10. 若现值指数小于1，说明方案实施后的投资报酬率高于必要报酬率。(　　)

11. 一般情况下，使某投资方案的净现值小于零的贴现率，一定高于该投资方案的内含报酬率。(　　)

12. 债券市场利率越大，内含报酬率越小。(　　)

13. 包括建设期的静态投资回收期是现金净流量为零的年限。(　　)

14. 回收期的优点是计算简便，易于理解，收回投资所需的时间越长，所冒的风险就越小。(　　)

15. 独立投资方案之间互相排斥，不能并存。(　　)

16. 在互斥投资方案的选优决策中,虽然原始投资额的大小并不影响决策的结论,但仍需要考虑原始投资额的大小。 (　　)

17. 互斥投资方案的选优决策中,净现值全面反映了各方案的获利数额,是最佳的决策指标。 (　　)

18. 证券资产具有很强的流动性,其流动性表现在变现能力强和持有目的可以相互转换两方面。 (　　)

19. 证券资产的期限越长,要求的到期风险附加率就越大。 (　　)

20. 当债券价值小于其购买价格时,该债券值得投资。 (　　)

21. 根据股票内在价值的计算公式可知,股票的内在价值包括两部分,一部分是在以前持有期间取得的股利收入的现值,另一部分是在将来卖出股票后取得的转让收入与购买价格差额的现值。 (　　)

22. 优先股是一种特殊的股票,与零增长股票相似,计算股票价值时,都是用固定股利除以贴现率。 (　　)

四、计算分析题

1. 某企业拟进行一项固定资产投资,资本成本率为 6%,该项目的现金流量表(部分)如表 4-16 所示。

表 4-16　现金流量表(部分)　　单位:万元

项目 \ 年份	投资期		营业期					合计
	0	1	2	3	4	5	6	
现金净流量	−1 000	−1 000	100	1 000	(B)	1 000	1 000	2 900
累计现金净流量	−1 000	−2 000	−1 900	(A)	900	1 900	2 900	—
现金净流量现值	−1 000	−943.4	(C)	839.6	1 425.8	747.3	705	1 863.3
累计现金净流量现值	−1 000	−1 943.4	−1 854.4	−1 014.8	(D)	1 158.3	1 863.3	—

要求:

(1) 计算上表中用英文字母表示的数值。

(2) 计算或确定下列指标:①原始投资额现值;②净现值;③年金净流量;④现值指数;⑤投资回收期。

(3) 利用年金净流量指标评价该项目的财务可行性。[已知:$(P/A, 6\%, 6)=4.917\ 3$]

2. 丁公司准备投产一条生产线,已知该生产线需 2 年建成,开始时一次性投入 200 万元。建成投产时,需垫支营运资金 50 万元。该生产线可使用 8 年,残值率为 5%,每年可获得税前营业利润 120 万元,该企业要求的最低报酬率为 10%,适用的所得税税率为 25%。(计算结果保留两位小数)[已知:$(P/A, 10\%, 7)=4.868\ 4$,$(P/F, 10\%, 2)=0.826\ 4$,$(P/F, 10\%, 10)=0.385\ 5$]

要求:

(1) 计算每年现金净流量。

(2) 计算丁公司的净现值。

(3) 判断是否应该投产该生产线。

3. 某公司有闲置资金 74 000 元，为了提高资金利用率，给公司带来更多的收益，2020 年公司决定将闲置的资金投资于 3 个独立的投资项目，公司适用所得税税率为 25%。甲项目原始投资额为 30 000 元，期限为 4 年，每年税后净利润为 3 500 元，年折旧额为 7 500 元；乙项目原始投资额为36 000元，期限为 6 年，营业现金净流量为 10 000 元；丙项目原始投资额为 27 000 元，期限为 3 年，每年营业利润为 5 000 元，年折旧额为 9 000 元。

要求：通过计算对甲、乙、丙三个项目的投资顺序进行排序。(计算结果保留两位小数)[已知：$(P/A, 20\%, 3)=2.1065$，$(P/A, 18\%, 3)=2.1743$，$(P/A, 16\%, 4)=2.7982$，$(P/A, 18\%, 4)=2.6901$，$(P/A, 16\%, 6)=3.6847$，$(P/A, 18\%, 6)=3.4976$]

4. 某公司于 2017 年 1 月 1 日购入一台价值 30 000 元的设备，使用年限为 5 年。2020 年 1 月 1 日，公司拥有一个低价购进新设备的机会。已知：继续使用旧设备年运营成本为 8 000 元，旧设备预计残值为6 000 元，最终报废残值为 4 000 元，目前变现价值为 8 000 元，按直线法计提折旧，每年折旧费为 4 800 元。新设备市场价为 50 000 元，该公司可以以 35 000 元的价格购入，使用年限为 5 年，预计残值为 5 000 元，按直线法计提折旧，每年折旧费为 6 000 元，使用新设备年运营成本降为 7 000 元。假设企业适用所得税税率为 25%，采用的贴现率为 10%。

要求：运用年金成本指标判断公司是否要抓住低价购进新设备的机会。(计算结果保留两位小数)[已知：$(P/A, 10\%, 2)=1.7355$，$(P/A, 10\%, 5)=3.7908$]

5. 2016 年 1 月 1 日，A 公司购入 B 公司同日发行的 5 年期债券，面值为 1 000 元，票面年利率为 10%，每半年付息一次。假设市场利率是 12%。

要求：

(1) 假设 2016 年 1 月 1 日的价格是 900 元，判断该债券是否有购买的价值。

(2) 计算 2018 年 7 月 1 日的债券的价值。

(3) 假设在 2020 年 7 月 1 日的价格是 950 元，计算该债券的实际内含报酬率。[已知：$(P/A, 6\%, 5)=4.2124$，$(P/A, 6\%, 10)=7.3601$，$(P/F, 6\%, 5)=0.7473$，$(P/F, 6\%, 10)=0.5584$]

6. 已知某企业为开发新产品拟投资 1 000 万元(均为自有资金)建设一条生产线，现有甲、乙、丙三个方案可供选择。

(1) 甲方案的现金净流量为：$NCF_0=-1000$ 万元，$NCF_{1\sim2}=0$ 万元，$NCF_{3\sim8}=200$ 万元。

(2) 乙方案的相关资料为：在建设起点用 850 万元购置不需要安装的固定资产，同时垫支 150 万元营运资金，立即投入生产。预计投产后第 1 年至第 10 年每年营业收入 450 万元(不含增值税)，每年的经营成本和所得税分别为 200 万元和 50 万元。第 10 年回收的固定资产残值和垫支的营运资金分别为 60 万元和 150 万元。

(3) 丙方案的现金流量资料如表 4-17 所示。

表 4-17　丙方案现金流量表　　单位：万元

项目＼年份	0	1	2	3	4	5	6～10	11	合计
原始投资	500	500	0	0	0	0	0	0	1 000
税后净利润	0	0	170	170	170	100	100	100	1 210
年折旧额	0	0	65	65	65	65	65	65	650
年摊销额	0	0	6	6	6	0	0	0	18
回收额	0	0	0	0	0	0	0	50	50
税后现金净流量									*
累计税后现金净流量							*	*	*

说明："6～10"年一列中的数据均为每年数，连续 5 年相等；"*"表示省略的数据。

假设该企业所在行业的基准折现率为 10%。要求：

(1) 指出甲方案项目计算期，并说明该方案第 3～8 年的现金净流量（即 $NCF_{3\sim8}$）属于何种年金形式。

(2) 计算乙方案项目计算期内各年的现金净流量。

(3) 根据表 4-17 的数据，写出表中丙方案相关现金净流量和累计现金净流量（不用列算式）。

(4) 计算甲、丙两方案包括建设期的投资回收期。

(5) 计算甲、乙两方案的净现值指标，并据此评价甲、乙两方案的财务可行性；

(6) 假设丙方案的净现值为 725.69 万元，请采用年金净流量指标为企业作出该生产线项目投资的决策。

模块五

营运资金管理

第一节 营运资金管理概述

小故事

各部门的抱怨

华光公司各部门目前都存在一定的抱怨，各部门的抱怨也各不相同。

采购部门的人抱怨：财务部门特别抠门，每次采购资金都不能足额及时提供，导致不能进行大批量采购，供应商给的数量折扣很难享受到，而且每次还得和供应商谈谈能不能给点赊购。再看看别的企业采购人员，每次采购的数量不仅多，还是付现款，供应商可把他们当上帝看了。

仓储部门抱怨：生产这么多产品，已经库存近半年了，每个月管理费用都不得了。

销售部门抱怨：生产部门总是让人担心，每次交货都是快到合同期了。一旦哪次没有及时完成生产，订单就得泡汤，还会造成客户不信任。

生产部门抱怨：仓库每次都不能及时发料。

财务部门抱怨：销售总是回款太慢，有些应收账款，都逾期快半年了，销售部门也不管，反正我们是没有时间和人员去收账。

针对公司以上各部门存在的抱怨，请你分析出华光公司日常营运管理存在哪些问题。

营运资金又称营运资本，是指企业生产经营活动中占用于流动资产上的资金。相对于长期投资和固定资产的管理，流动资产的管理相对琐碎繁杂，而且是日常性的。根据国外对一些大公司的财务总监及财务经理的调查，流动资金管理所占用的资金和精力占全部资金和精力的45%左右，可见其管理在财务经理心目中的重要地位。

一、营运资金的概念及特点

(一) 营运资金的概念

营运资金有广义和狭义之分。广义的营运资金是指一个企业流动资产的总额；狭义的营运资金是指企业流动资产减去流动负债后的余额，如图 5-1 所示。营运资金的管理既包括流动资产的管理，也包括流动负债的管理。本模块所采用的是狭义营运资金的概念。

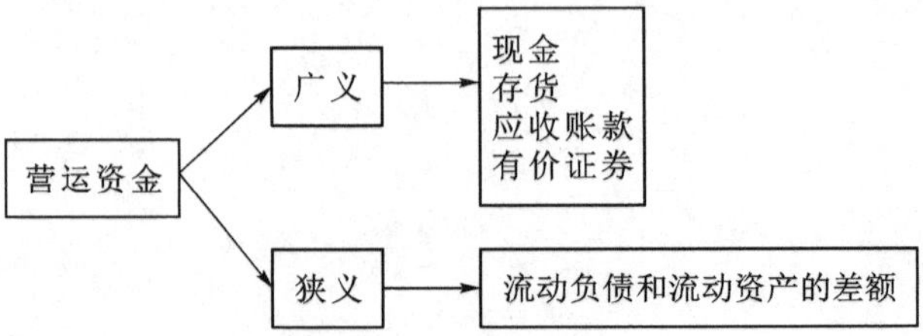

图 5-1 营运资金分类

所谓流动资产，是指可以在一年内或长于一年的一个营业周期内变现的资产。按照流动资产的变现速度划分，流动性最高的资产是货币资金，其次是短期投资，再次是应收账款，最后是存货。流动负债是指需要在一年或者超过一年的一个营业周期内偿还的债务。流动负债又称短期负债，具有成本低、偿还期短的特点。

（二）营运资金的特点

一个企业如何管理其营运资金，以使其既能保证生产经营的日常需要，又能降低管理成本，提高营运效率是企业非常重视的问题。为了有效地管理企业的营运资金，必须研究营运资金的特点，以便有针对性地进行管理。营运资金的特点如图 5-2 所示，具体表述如下。

1. 营运资金的来源渠道具有多样性

与筹集长期资金的方式相比，企业筹集营运资金的方式较为灵活多样，通常有银行短期借款、短期融资券、商业信用、应交税金、应交利润、应付工资、应付费用、预收货款、票据贴现等多种在内外部融资方式。

2. 营运资金的数量易变化，具有波动性

流动资产的数量会随企业内外条件的变化而变化，时高时低，波动很大。季节性企业如此，非季节性企业也如此。随着流动资产数量的变动，流动负债的数量也会相应发生变动。

3. 营运资金的周转具有短期性

企业占用在流动资产上的资金，通常会在一年内或一个营业周期内收回。根据这一特点，营运资金可以用商业信用、银行短期借款等短期筹资方式加以解决。

4. 营运资金的实物形态具有变动性和易变现性

企业营运资金的实物形态是经常变化的，一般按照现金、材料、在产品、产成品、应收账款、现金的顺序转化。为此，在进行流动资产管理时，必须在各项流动资产上合理配置资金数额，做到结构合理，以促进资金周转顺利进行。

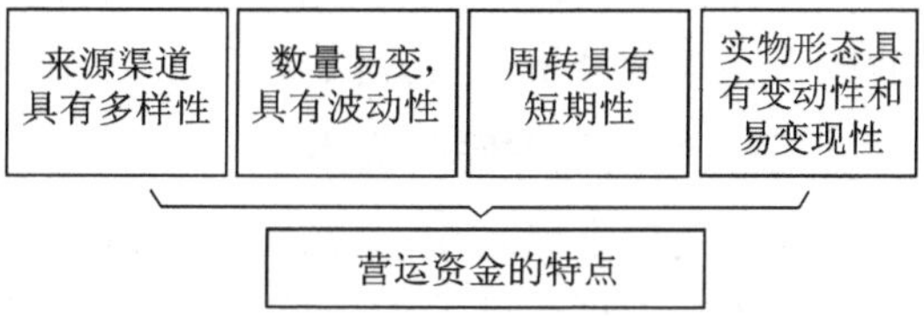

图 5-2 营运资金的特点

此外，交易性金融资产、应收账款、存货等流动资产一般具有较强的变现能力，如果遇到意外情况，如企业资金周转不灵、现金短缺等，便可迅速变卖这些资产，以获取现金。这对财务上应付临时性资金需求具有重要意义。

二、营运资金的管理原则

企业的营运资金在全部资金中占有相当大的比重，而且周转期短，形态易变，是企业财务管理工作的一项重要内容。实证研究也表明，财务经理的大量时间都用于营运资金的管理。企业营运资金的管理如图 5-3 所示，具体表述如下。

（一）保证合理的资金需求

企业应认真分析生产经营状况，合理确定营运资金的需要数量。企业营运资金的需求数量与企业生产经营活动有直接关系。一般情况下，当企业产销两旺时，流动资产会不断增加，流动负债也会相应增加；而当企业产销量不断减少时，流动资产和流动负债也会相应减少。营运资金的管理必须把保证合理的资金需求作为首要任务。

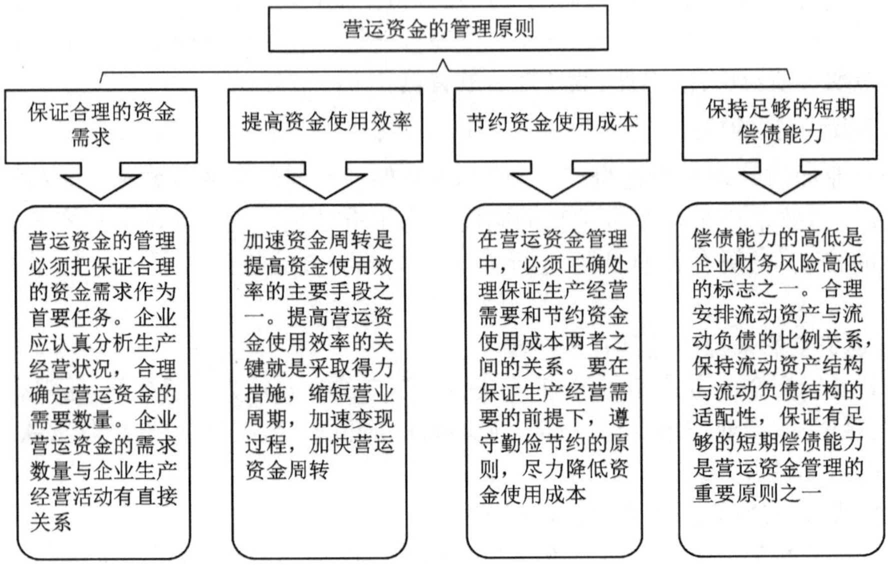

图 5-3　营运资金的管理原则

（二）提高资金使用效率

加速资金周转是提高资金使用效率的主要手段之一。提高营运资金使用效率的关键就是采取得力措施，缩短营业周期，加速变现过程，加快营运资金周转。因此，企业要想方设法地加速存货、应收账款等流动资产的周转，以便用有限的资金，服务于更大的产业规模，为企业取得更好的经济效益提供条件。

（三）节约资金使用成本

在营运资金管理中，必须正确处理保证生产经营需要和节约资金使用成本两者之间的关系。要在保证生产经营需要的前提下，遵守勤俭节约的原则，尽力降低资金使用成本。也就是说，一方面，企业要挖掘资金潜力，盘活全部资金，精打细算地使用资金；另一方面，企业要积极拓展融资渠道，合理配置资源，筹措低成本资金，服务于生产经营。

（四）保持足够的短期偿债能力

偿债能力的高低是企业财务风险高低的标志之一。合理安排流动资产与流动负债的比例关系，保持流动资产结构与流动负债结构的适配性，保证企业有足够的短期偿债能力是营运资金管理的重要原则之一。流动资产、流动负债以及两者之间的关系能较好地反映企业的短期偿债能力。流动负债是在短期内需要偿还的债务，而流动资产则是在短期内可以转化为现金的资产。因此，如果一个企业的流动资产比较多，流动负债比较少，说明企业的短期偿债能力较强；反之，则说明短期偿债能力较弱。但如果企业的流动资产太多，流动负债太少，也不是正常现象，这可能是流动资产闲置或流动负债利用不足所致。

三、营运资金的管理策略

企业必须建立一个评估营运资金管理中的风险与收益的平衡的框架，比如流动资产的投资战略和融资战略，这些战略反映企业的需要以及对风险承担的态度。

营运资金的决策体现在投资和融资两个方面，选取的投融资策略将决定未来营运资金的管理方法。

实际上，一个财务管理者必须作出两个决策：一是需要拥有多少营运资金；二是如何为营运资金融资。在实践中，这些决策一般同时进行，而且它们相互影响。

（一）流动资产的投资战略

由于销售水平、成本、生产时间、存货补给时订货到交货的时间、顾客服务水平、首款和支付期限等方面存在不确定性，因此，流动资产的投资决策至关重要。一个企业必须选择与其业务需要和管理风格相符合的流动资产的投资战略。如果企业管理政策趋于保守，就会选择较高的流动资产水平，保证更高的流动性（安全性），但盈利能力也更低。如果管理者偏向于为了产生更高的盈利能力而承担风险，那么它将以一个低水平的流动资产与销售收入比率来运营。

流动资产的投资策略类型如图 5-4 所示，具体表述如下。

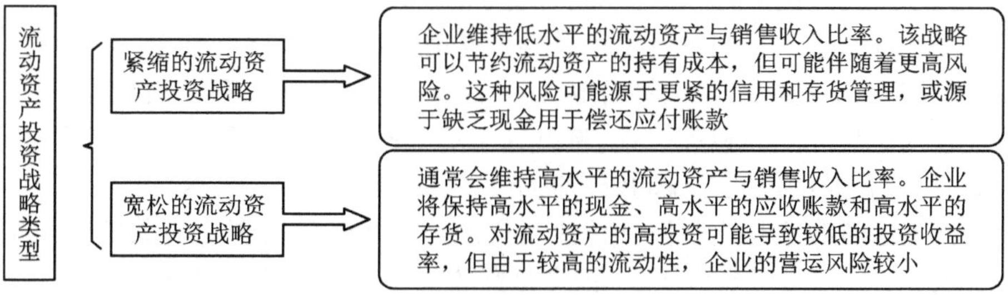

图 5-4 流动资产的投资战略类型

1. 紧缩的流动资产投资战略

在紧缩的流动资产投资战略下，企业维持低水平的流动资产与销售收入比率。需要说明的是，这里的流动资产通常只包括生产经营过程中产生的存货、应收账款以及现金等生产性流动资产，不包括投票、债券等金融性流动资产。

紧缩的流动资产投资战略可以节约流动资产的持有成本，如节约持有资金的机会成本等。与此同时，这种战略可能伴随着更高风险，这些风险可能源于更紧的信用政策和存货管理，或源于缺乏现金用于偿还应付账款。但是只要不可预见的事件没有损坏企业的流动性而导致严重的问题发生，紧缩的流动资产投资战略就会提高企业效益。紧缩的流动资产投资策略，无疑对企业的管理水平有较高的要求。因为一旦失控，流动资产的短缺会对企业的经营活动产生重大的影响。

2. 宽松的流动资产投资战略

在宽松的流动资产投资战略下，企业通常会维持高水平的流动资产与销售收入比率。也就是说，企业将保持高水平的现金、高水平的应收账款（通常源于宽松的信用政策）和高水平的存货管理（通常源于补给原材料或不愿意因为产成品存货不足而失去销售）。对流动资产的高投资可能导致较低的投资收益率，但由于较高的流动性，企业的营运风险较小。

企业主要从以下几个方面考虑选择何种流动资产投资战略。首先，一个企业该选择何种流动资产投资战略取决于该企业对风险和收益的权衡。从理论上来说，最优的流动资产投资应该是使流动资产的持有成本与短缺成本之和最低。其次，企业在制定流动资产投资策略时还应充分考虑企业经营的内外部环境。通常，银行和其他借款人对企业流动性水平非常重视，因为流动性包含了这些债权人对信贷扩张和借款利率的决策。最后，企业还应考虑应收账款和存货的质量，尤其是当这些资产被用来当作一项贷款的抵押品时。

流动资产投资战略的另一个影响因素是那些影响企业政策的决策者。保守的决策者更倾向于宽松的流动资产投资策略，而风险承受能力较强的决策者则倾向于紧缩的流动资产投资策略。财务管理人员较之运营或销售经理，通常具有不同的流动资产管理观点。运营经理通常喜欢高水平的原材料存货或部分产成品管理，以便满足生产所需。相似地，销售经理也喜欢高水平的产成品存货管理以便满足顾客的需要，而且喜欢宽松的信用政策以便刺激销售。相反，财务管理人员喜欢使存货和应收账款最小化，以便使流动资产融资的成本最小化。

（二）流动资产的融资战略

一个企业对流动资产的需求数量，一般会随着产品销售的变化而变化。在企业经营状况不发生大的变化的情况下，流动资产的最基本的需求具有一定的刚性和相对稳定性，也即流动资产的永久性水平。当销售发生季节性变化时，流动资产将会在永久性水平的基础上增加或减少。因此，流动资产可以被分解为两部分：永久性部分和波动性部分。检验各项流动资产变动与销售之间的相关关系，将有助于更为准确地估计流动资产的永久性部分和波动性部分，以便企业进行应对流动资产需求的融资政策。

流动资产的融资政策是指与波动性流动资产与永久性流动资产有关的资金融通政策，主要有三种类型：保守型融资政策、积极型融资政策和中庸型融资政策，如图 5-5 所示。

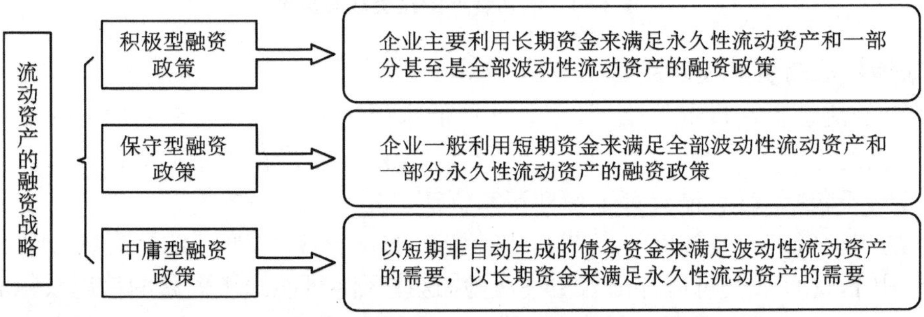

图 5-5　流动资产的融资战略

1. 保守型融资政策

保守型融资政策是指企业主要利用长期资金来满足永久性流动资产和一部分甚至是全部波动性流动资产的融资政策。该政策的优点是企业利用长期资金将不受市场短期负债利率波动的影响，也不会因短期债务到期而不能及时偿还，或者被迫举借新债来偿还旧债，更不会出现变卖流动资产来偿还到期的短期债务的情况。其缺点是长期资金的成本高于短期资金的成本，且大多数企业很难从金融市场上随时筹集到所需要的长期资金。因此，这种政策在实际中很少被企业采用。

2. 积极型融资政策

积极型融资政策是指企业一般利用短期资金来满足全部波动性流动资产和一部分永久性流动资产的融资政策。该政策的优点是能在较大程度上降低资金成本。其缺点是偿还不了到期的短期债务，企业将会失去信誉甚至面临破产的风险。因此，一般的企业不愿意冒险和损失信誉来达到降低资金成本。

3. 中庸型融资政策

保守型融资政策过于稳健，而积极型融资政策又过于冒险，在市场存在大量不确定因素的情况下，这两种政策显然是两个极端。因此，绝大多数企业往往采用介于这两种政策之间的中庸型融资政策。该政策是以短期非自动生成的债务资金来满足波动性流动资产的需要，以长期资金来满足永久性流动资产的需要。采用该政策，其资金成本和风险介于前两者之间。

第二节 现金的管理

小故事

现金为王

某富翁遇到一个乞丐，看到其衣衫单薄，动了恻隐之心。掏钱时，他发现身上只有一张100元，想到如果把钱给了乞丐自己的午饭难以解决，于是就把价值1 000元的大衣脱下来送给乞丐。乞丐接过来后又马上还给他，说："你还是给我现金吧，衣服不能拿去买饭吃！"就这样，富翁饿了一个中午……

故事说明了什么道理？

一、现金的概念

现金有狭义与广义之分。狭义的现金仅指库存现金，而广义的现金除了库存现金之外，还包括各种现金等价物，即随时可以根据需要转换成现金的货币性资产，包括库存现金、银行存款和其他货币资金，如图5-6所示。本模块所指现金为广义的现金。

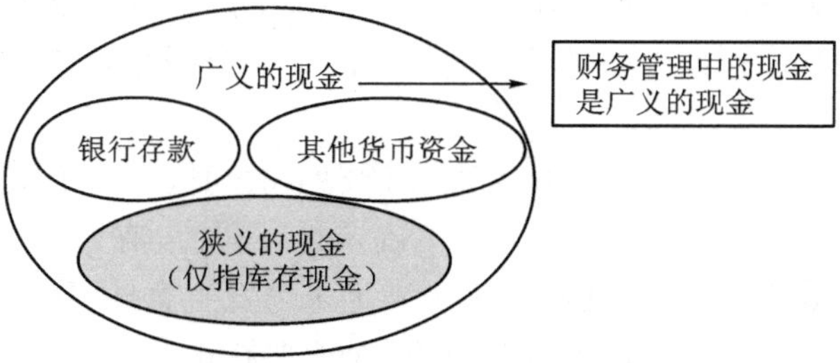

图5-6 现金的狭义与广义之分

知识链接

根据法律规定，企业之间的经济往来是不能用现金进行结算的，必须通过银行转账。不过每一元都通过银行支付是不现实的，因此，允许企业留下固定的数额作为零星支付的备用金，但是这属于其他应收账款而不是现金。

持有一定数量的现金是企业组织生产经营活动的必要条件，也是稳定经营、降低财务风险、增强偿债能力的基础。但是持有过多的现金，即闲置资金过多，则会使企业的收益降低，因为现金不能为企业直接赚取收益。因此，企业必须加强现金管理，尽量减少企业闲置的现金数量，提高现金的利用效果。

案　例

持有现金

某国际航空公司的资产负债表列示出该公司的总资产是87亿美元。就凭这一点，该航空公司可算得上是世界上最大的航空运输公司之一。并且，该公司还持有高达6 240万美元的现金。有人会问：既然现金无法获得利息收入，该公司为什么还要持有这么多现金呢？把这些钱全部投资于短期有价证券多好？

该航空公司的理由是要用现金对其所承运的货物和服务进行支付。但是，又有人会问了：可以直接用短期有价证券（国库券）来支付员工工资吗？但要知道，该公司所在国家的短期国库券的最小面值是1万美元。现在你知道为什么该公司要大量持有现金了吧！

二、持有现金的动机与成本

现金是可以立即投入流通的交换媒介。它的突出特点是普遍的可接受性，即可以有效地立即用于购买商品、货物，用于劳务支出或偿还债务等，任何企业都必须持有一定数量的现金。那么是什么原因导致企业必须持有一定量的现金呢？

（一）持有现金的动机

企业持有一定数量的现金主要是基于以下三个方面的动机。

1. 交易动机

交易动机是指企业为了满足日常业务开支而保持现金的动机，如购买材料、支付工资、缴纳税款、偿还到期债务、支付股利等。虽然企业会经常取得业务收入，但每天的现金收入和现金支出并非同时等额发生。因此保持一定数量的现金余额是十分必要的，这样，当出现现金支出大于现金收入时，企业的正常生产经营活动仍然可以继续进行。一般来说，企业为满足交易动机所持有现金余额主要取决于企业销售水平。企业销售扩大，销售额增加，所需要现金余额也随之增加。这种因交易动机而持有的现金余额称为交易性现金余额。

2. 预防动机

预防动机是指企业为了应付紧急情况而保持现金的动机。由于财务管理环境的复杂性和多变性，企业未来现金的需要具有较大的不确定性，再加上有可能出现的自然灾害，都可能导致未来现金的需要产生波动。因此，为了满足未来发生意外事件的现金支付需要，也为了保证企业未来的生产经营活动能够进行下去，企业要在正常现金需要量的基础上，追加一定数额的现金。这种因预防动机而持有的现金余额称为预防性现金余额。

知识链接

企业为了满足预防动机而持有现金数额的大小取决于以下因素：一是企业对现金短缺所愿意承受的风险程度；二是企业对现金收入预测的可靠程度；三是企业临时举债的能力。

3. 投机动机

投机动机是指企业抓住市场中各种稍纵即逝的机会，获得更大的利益而保持现金的动机。例如，在证券市场发生剧烈动荡时，企业用手头上所拥有的现金低价买入、高价卖出有价证券，以取得丰厚的投资收益。再如，在商品市场上以现金购入廉价材料或商品，或适时地买进卖出，以赚取差价等。这种以投资为目的而储备的现金余额称为投机性现金余额。

思考： 企业有没有必要分别为每种动机建立现金余额，为什么？如果不需要，那么企业在确定现金余额时，至少应考虑哪两个动机的需要？企业持有的现金总额是不是要等于各种动机所需现金余额的简单相加呢？

（二）企业持有现金的成本

持有现金是有成本的，企业持有现金的成本通常由四部分组成，如图 5-7 所示，具体如下所述。

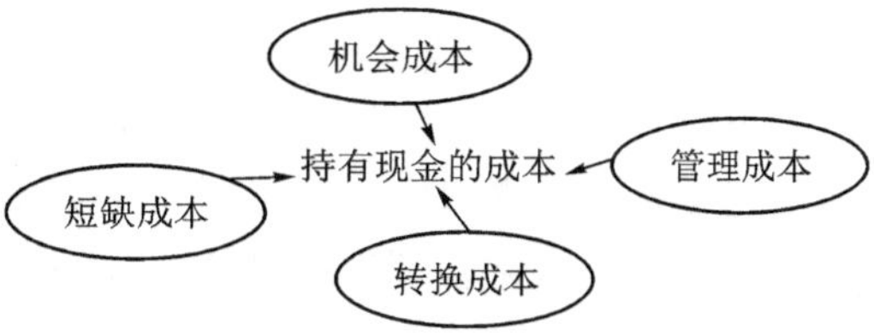

图 5-7 持有现金的成本

1. 机会成本

机会成本是指企业不能同时用该现金进行有价证券投资而放弃的再投资收益。这种成本在数额上等同于资金成本，它与现金持有量呈正比例关系，即现金持有量越大，机会成本就越大；反之就越小。机会成本属于变动成本，可以用公式表示为：

$$机会成本 = 现金平均余额 \times 证券投资收益率$$

2. 管理成本

管理成本是指企业因保留一定的现金余额而发生的管理费用。持有现金的管理费用包括管理人员的工资及必要的安全设施费用等，这部分费用具有固定成本的性质，在一定范围内与现金持有量没有明显的比例关系。

3. 转换成本

转换成本是指企业用现金购入有价证券以及有价证券变现时付出的交易费用，即现金与有价证券之间相互转换的成本，如委托买卖佣金、委托手续费、证券过户费、实物交割手续费等。严格来讲，转换成本并不都是固定费用，有的具有变动成本性质，如委托买卖佣金或手续费等。这些费用通常是按照委托成交金额计算的。在证券总额既定的条件下，无论变现次数怎样变动，所需支付的委托成交金额的费用是固定的。这部分成本与证券变现次数无关，属于决策无关成本。因而，与证券变现次数密切相关的转换成本只包括其中的固定性交易费用。证券转换成本与现金持有量的关系表现为：现金持有量越少，进行证券变现的次数越多，相应的转换成本越大；反之，需要的转换成本就越小，用公式表示为：

$$转换成本 = 证券变现次数 \times 每次交易成本$$

4. 短缺成本

短缺成本是指因现金持有量不足，而又无法及时通过有价证券变现等方式加以补充而给企业带来的损失。例如，企业由于现金短缺而无法购进原材料，从而使企业生产经营中断而造成的损失。现金的短缺成本与现金持有量呈反比例关系，即现金的短缺成本随着现金持有量的增加而下降，随着现金持有量的减少而上升。

（三）现金管理模式

现金管理模式如图 5-8 所示。

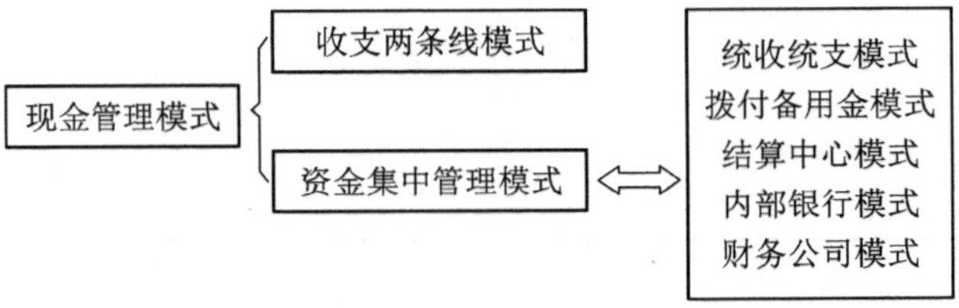

图 5-8　现金管理模式

1. 收支两条线模式

企业实行收支两条线管理模式的目的在于：第一，对企业范围内的现金进行集中管理，减少现金持有成本，加速资金周转，提高资金使用效率；第二，以实施收支两条线为切入点，通过高效的价值化管理来提高企业效益。收支两条线管理模式构建如表 5-1 所示。

表 5-1　收支两条线管理模式

资金流向	设置两个账户（收入户和支出户），收入进收入户，由企业资金管理部门（内部银行或财务结算中心）统一管理；支出须从支出户里支付，由收入户划拨而来，严禁现金坐支
资金流量	确保所有收入的资金都进入收入户，加快资金的结算速度，压缩资金在结算环节的沉淀量；在调度环节上，通过动态的现金流量预算和资金收支计划实现对资金的精确调度；在支出环节上，根据“以收定支”和“最低限额资金占用”的原则从收入户按照支出预算安排将资金定期划拨到支出户
资金流程	①关于账户管理、货币资金安全性等规定；②收入资金管理与控制；③支出资金管理与控制；④资金内部结算与信贷管理与控制；⑤收支两条线的组织保障等

2. 资金集中管理模式

资金集中管理也称司库制度，是指集团企业借助商业银行网上银行功能及其他信息技术手段，将分散在集团各所属企业的资金集中到总部有总部，统一调度、统一管理和统一运用。现行的资金集中管理模式如表 5-2 所示。

表 5-2　资金集中管理模式

模式	解　释
统收统支模式	企业的一切现金收入都集中在集团总部的财务部门，各分支机构或子企业不单独设立账号，一切现金支出都通过集团总部财务部门付出，现金收支的批准权高度集中。该模式有利于企业集团全面收支平衡，提高资金的周转效率，减少资金沉淀，监控现金收支，降低资金成本。该模式不利于调动成员企业开源节流的积极性，会影响成员企业经营的灵活性，以致降低整个集团经营活动和财务活动的效率

（续表）

模式	解　　释
拨付备用金模式	集团按照一定的期限统拨给所有所属分支机构或子企业备其使用的一定数额的现金。各分支机构或子企业持有关支出凭证到集团财务部门报销以补足备用金
结算中心模式	结算中心是指企业集团内部设立的，办理内部各成员现金收付和往来结算业务的专门机构
内部银行模式	内部银行是指将社会银行的基本职能与管理方式引入企业内部管理机制而建立起来的一种内部资金管理机构。内部银行通常具有三大职能：结算、融资信贷和监督控制
财务公司模式	财务公司是指经营部分银行业务的非银行金融机构。其主要职责是开展集团内部资金集中结算，同时为集团成员企业提供包括存贷款、融资租赁、担保、信用鉴证、债券承销、财务顾问等在内的全方位金融服务

三、最佳现金持有量的确定

为了保证正常的生产经营业务需要，企业必须保持一定的现金存量。最佳现金持有量是指现金满足生产经营需要，又使现金使用的效率和效益最高时的持有量。现金余额的控制就是确定最佳现金持有量，即在正常情况下保证生产经营活动的最低限度需要的现金和银行存款数额。确定最佳现金持有量的常用模型有以下几种。

（一）成本分析模式

成本分析模式是根据现金有关成本，分析预测总成本最低时现金持有量的一种方法。运用该方法确定最佳现金持有量时，只分析持有一定量的现金所产生的机会成本及短缺成本，且以满足这两成本最低时的现金持有量，作为最佳现金持有量。对于转换成本和固定成本则不予考虑。

现金的成本和现金持有量的关系如图 5-9 所示。

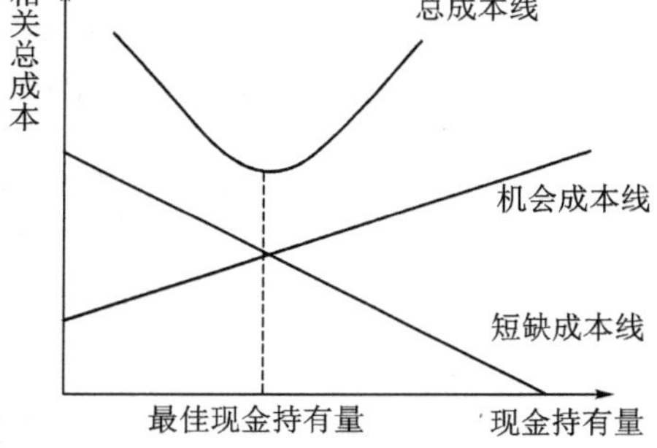

图 5-9　现金的成本和现金持有量的关系图

从图 5-9 可以看出，机会成本与现金持有量呈正比例关系，如果增加现金持有量，则增加机会成本。短缺成本与现金持有量呈反比例关系，如果减少现金持有量，则增加短缺成本。改进上述关系的一种办法是：当拥有多余现金时，将现金转换为有价证券；当现金不足时，将有价证券转换成现金。但两者之间的转换，也需要成本，即转换成本。现金持有量越少，进行证券变现的次数就越多，相应的转换成本就越大。由于各项成本与现金持有量的变动关系不同，使总成本曲线呈抛物线型，抛物线的最低点即成本最低点，该点对应的现金持有量即最佳现金持有量，此时总成本最低。

【例 5-1】　某公司现有 A、B、C、D 四种现金持有方案，有关成本资料如表 5-3 所示。

表 5-3　现金持有方案表　　单位：元

项目 方案	现金持有量	机会成本率	短缺成本
A	10 000	10%	4 800
B	20 000	10%	2 500
C	30 000	10%	1 000
D	40 000	10%	800

根据表 5-3，采用成本分析模式编制该企业最佳现金持有量计算表，如表 5-4 所示。

表 5-4　最佳现金持有量计算表　　单位：元

项目 方案	现金持有量	机会成本	短缺成本	相关总成本
A	10 000	1 000	4 800	5 800
B	20 000	2 000	2 500	4 500
C	30 000	3 000	1 000	4 000
D	40 000	4 000	800	4 800

通过以上各方案总成本比较可知，C 方案相关总成本最低，即企业平均持有 30 000 元现金时，各方面的总代价最低，因此 30 000 元为最佳现金持有量。

该方法相对比较简单，容易理解。但决策是以现有的备选方案为前提，从中选优。若备选方案中漏掉了实际最优方案，则所选的方案就不是最佳的现金持有方案。

（二）周转期模式

周转期模式是从现金周转的角度，根据现金需求量和周转速度来确定最佳现金持有量的方法。现金周转速度取决于现金周转期，而现金周转期包括以下三个方面的内容：

（1）存货周转期，即将原材料转化成产品并最终出售所需要的时间。

（2）应收账款周转期，即从形成应收账款到收回现金所需要的时间。

（3）应付账款周转期，即从赊购材料开始到现金付款所需要的时间。

上述三个方面内容与现金周转期的关系如图 5-10 所示。

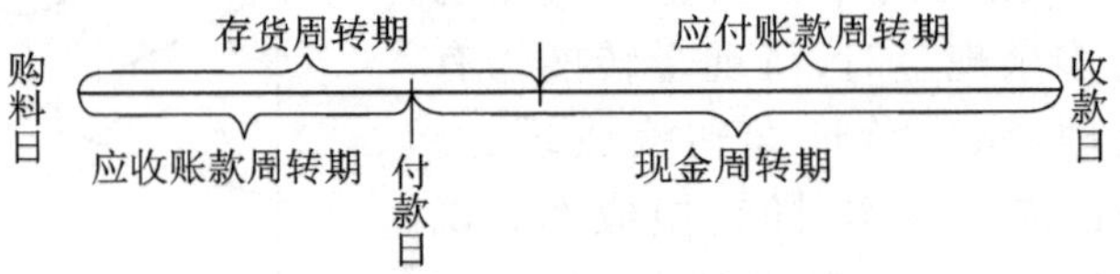

图 5-10　现金周转期

从图 5-10 可以得到以下公式：

$$现金周转期 = 存货周转期 + 应收账款周转期 - 应付账款周转期$$

$$现金周转率 = 360 \div 现金周转期$$

在计算确定现金周转期及周转率后，我们就可以确定最佳现金持有量：

$$最佳现金持有量 = 预计全年现金需求量 \div 现金周转率$$

企业可以通过加快制造与销售产成品来减少存货周转期，通过加速应收账款的收回来减少应收账款周转期以及通过延缓支付应付账款周转期，如图 5-11 所示。

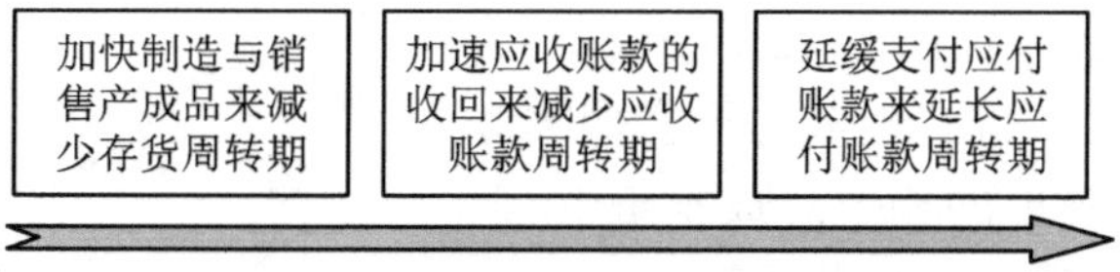

图 5-11　如何减少现金周转期

【例 5-2】　某公司预计全年现金需求量为 60 万元，预计存货周转期为 70 天，应收账款周转期为 30 天，应付账款周转期为 40 天，请计算该企业的最佳现金持有量。

解： 现金周转期＝70＋30－40＝60(天)

现金周转率＝360÷60＝6(次)

最佳现金持有量＝60÷6＝10(万元)

该方法计算简便，通俗易懂。但它是以材料采购与产品销售所产生的现金流量在数量上大体一致、企业的生产经营过程在一年内平稳进行为前提的，如果这种假设不能成立，计算出来的最佳现金持有量将会出现偏差。

(三) 存货模式

存货模式是将现金看作企业的一种特殊存货，按存货管理中的经济批量法的原理，确实企业现金最佳持有量的方法。这一模式最早是由美国经济学家鲍莫(W. J. Baumol)于 1952 年提出的，又称“鲍莫模型”。

采用存货模式测算最佳现金持有量是建立在下列假设基础上的：①企业未来年度的现金需求总量可以预测；②可通过出售短期有价证券来获利所需现金；③现金支出是均匀发生的，而且每当现金余额接近于零时，短期证券可随时转换成现金。

在存货模式中，一般只考虑现金的机会成本和转换成本，而不考虑现金的管理成本和短缺成本。机会成本和转换成本随着现金持有量的变动而呈现出相反的变动趋势，即现金持有量大，则现金的机会成本高，转换成本低；反之，现金持有量小，则现金机会成本低，转换成本高。存货模式的目的是求出使总成本最小的值。最佳现金持有量就是使现金的机会成本与转换成本之和最低的现金持有量。

假设：TC——现金总成本；

F——现金与有价证券每次的转换成本；

T——特定时期内现金需求总量；

Q——最佳现金持有量；

K——有价证券利息率。

则：$TC = \frac{Q}{2} \times K + \frac{T}{Q} \times F = \sqrt{2TFK}$

式中：$\frac{Q}{2} \times K$ 表示机会成本；$\frac{T}{Q} \times F$ 表示转换成本。

提示：

成本分析模式考虑现金的机会成本及短缺成本，而存货模式考虑现金的机会成本和转换成本。两种方法的机会成本的计算公式是不同的。

在存货模式下，现金管理相关总成本与持有机会成本、转换成本的关系如图5-12所示。

从图5-12可以看出，持有现金的机会成本和转换成本相等时，现金管理的相关总成本最低，此时的现金持有量为最佳现金持有量，即：

$$Q=\sqrt{\frac{2TF}{K}}$$

$$证券的变现次数=\frac{A}{Q}$$

式中：A表示现金需要量。

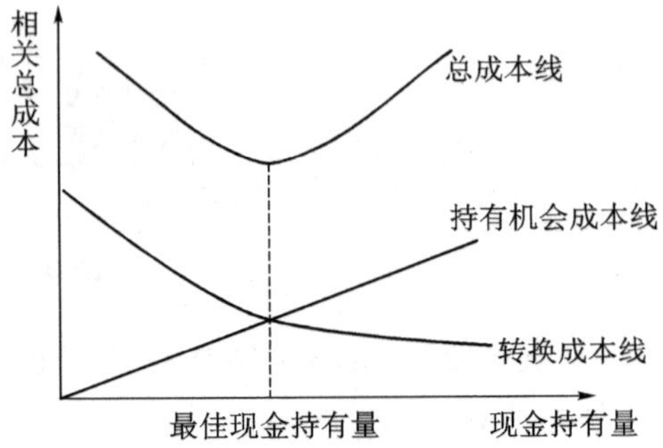

图5-12　存货模式示意图

【例5-3】 某企业现金收支状况比较稳定，预计全年（按360天计算）现金需要量为7万元，现金与有价证券的转换成本为每次每次140元，有价证券年利率为10%，则：

$$最佳现金持有量\ Q=\sqrt{\frac{2\times70\ 000\times140}{10\%}}=14\ 000(元)$$

$$相关总成本\ TC=\frac{14\ 000}{2}\times10\%+\frac{70\ 000}{14\ 000}\times140=1\ 400(元)$$

$$证券变现次数=\frac{70\ 000}{14\ 000}=5(次)$$

存货模式是对现金管理的一大贡献，它可能是最简单、最直观的确定最佳现金量的模型，但其最大的不足是假定现金量是离散的、确定的。

（四）随机模式

随机模式又称米勒-奥尔模式，它是由美国经济学家莫顿·米勒（Merton Mill）和丹尼·奥尔（Deniel Orr）首先提出的，它相对于存货模式来说，是一种不确定的模式。该模式适用于现金需求量难以预知的情况下进行现金持有量的控制，如图5-13所示。

在实际工作中，企业现金流量往往具有很大的不确定性。随机模式的基本原理是企业根据历史经验和现实需要，测算出一个现金持有量的控制范围，即制定出现金持有量的上限和下限。若将现金量控制在上下限之内，则不必进行现金与有价证券的转换；当现金量达到上限时，则将部分现金转换为有价证券；当现金余额下降到下限时，则卖出部分证券。

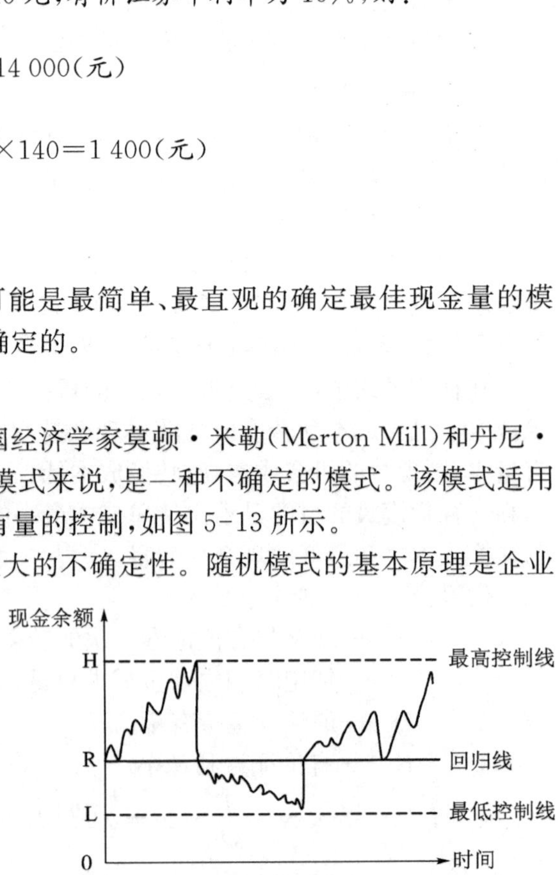

图5-13　随机模型（米勒-奥尔模式）

图5-13显示了随机模式，该模式有两

条控制线和一条回归线。

最低控制线 L 值取决于模型之外的因素，其数额是在现金管理部经理在综合考虑短缺现金的风险程度、企业借款能力、企业日常周转所需资金、银行要求的补偿性余额等因素的基础上确定的。

回归线 R 值的确定公式为：

$$R=\sqrt[3]{\frac{3b\delta^2}{4i}}+L$$

式中：b——证券转换为现金或现金转换为证券的成本；

δ——企业每日现金流量变动的标准差；

i——以日为基础计算的现金机会成本。

最高控制线 H 值的确定公式为：

$$H=3R-2L$$

【例 5-4】 假设某企业现金部经理决定 L 值应为 10 000 元，估计企业现金流量标准差 δ 为 1 000 元，持有现金的年机会成本为 15%，换算为 i 值是 0.000 39，b=150 元。根据该模型，可求得：

$$R=\sqrt[3]{\frac{3\times150\times1\,000^2}{4\times0.000\,39}}+10\,000=16\,607(\text{元})$$

$$H=3\times16\,607-2\times10\,000=29\,821(\text{元})$$

该企业目标现金余额为 16 607 元。若现金持有额达到 29 821 元，则买进 13 214 元的证券；若现金持有额降至 10 000 元，则卖出 6 607 元的证券。

运用随机模式求现金最佳持有量符合随机思想，即企业现金支出是随机的，收入是无法预知的，所以，该模式适用于所有企业现金最佳持有量的测算。此外，随机模式建立在企业的现金未来需求总量和收支不可预测的前提下，因此，计算出来的现金持有量比较保守。

四、现金的日常管理

企业确定最佳现金持有量后，为了最大限度地提高资金使用效率，还应采取措施，加强现金日常管理，做好以下几个方面的工作。

(一) 现金收款管理

现金回收管理的目的是尽快收回现金，加速现金的周转。因此，企业应根据成本效益原则选用适当的方法加速账款的收回，现金回收主要采用的方法有邮政信箱法和银行业务集中法等。

1. 邮政信箱法

邮政信箱法又称锁箱法，是指企业在各主要城市租用的专门用来收取客户汇款的邮箱。它是西方企业加速现金流转的一种常用方法。企业可以在各主要城市租用专门的邮政信箱，并开立分行存款户，授权当地银行每日开启信箱，在取得客户支票后立即予以结算，并通过电汇将货款拨给企业所在地银行。是否采用锁箱法必须在锁箱法带来的收益与额外付出的成本之间进行权衡。如果增加的费用支出比收益小，则可采用该系统；反之，则不宜采用。

2. 银行业务集中法

银行业务集中法是指通过设立多个策略性的收款中心来代替通常在企业总部设立的单一收款中心，以加速账款的回收的一种方法。这种方法的目的是缩短从客户寄出账款到现金收入企业账户这一过程的时间。银行业务集中法的优点是可以缩短客户邮寄票据所需要的时间和票据托收所需时间，也就缩短了现金从客户到企业的中间周转时间。但采用银行业务集中法须在多处设立收账中心，且每个收账中心的地区银行都要求有一定的补偿性余额。因此，开设的收账中心越多，由补偿性余额带来的闲置资金也就越多，而设置收账中心需要一定的人力和物力，从而增加了相应的费用支出。为此，企业应在权衡利弊得失的基础上，作出是否采用银行业务集中法的决策，这需要计算分散收账收益净额。

知识拓展

收款浮动期

一个高效率的收款系统能够使收款成本和收款浮动期达到最小，同时能够保证与客户汇款及其他现金流入来源相关的信息的质量。收款系统成本包括浮动期成本，管理收账系统的相关费用（例如银行手续费）及第三方处理费用或清算相关费用。在获得资金之前，收款在途项目使企业无法利用这些资金，也会产生机会成本。

收款浮动期是指从支付开始到企业收到资金的时间间隔，具体如图 5-14 所示。

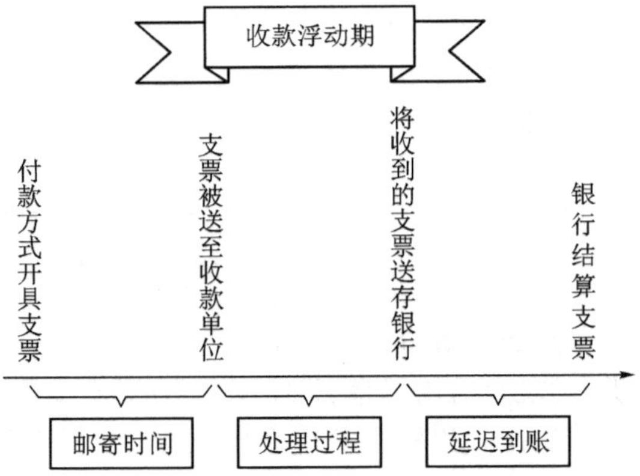

图 5-14　收款浮动期示意图

随着网络技术的发展，电子支付这种先进的收款方式孕育而生，相比较票据类的支付，其优点表现在：①结算时间和资金可用性可以预计；②任何账户和金融机构支付具有灵活性；③客户汇款信息可与支付同时传送；④减少或消除了收款浮动期，降低收款成本。

（二）现金付款管理

现金管理的另一个方面就是决定如何使用现金。与现金收入的管理相反，现金支出管理的主要任务是尽可能延迟现金的支出时间。延迟支付账款的方法一般有合理利用“浮游量”和控制现金支出，延迟付款等。

1. 合理利用“浮游量”

所谓现金“浮游量”，是指企业账户和银行账户之间在存款余额上出现的差额，产生的原因是现金收支凭证的传递和处理都需要一定的时间。如果能合理利用现金“浮游量”，就可以节约大量资金，但是，在使用现金“浮游量”时一定要控制好时间，否则会发生银行存款透支的情况，影响企业的形象和声誉。

2. 控制现金支出，延迟付款

延迟付款是指企业利用供应商提供的信用优惠条件，在不影响本身信誉的前提下，尽可能延迟应付款的付款期。通常的做法是在信用期的最后一天付款，还可以采用汇票结算方式，利用承付期延缓付款时间。现金付款管理如图 5-15 所示。

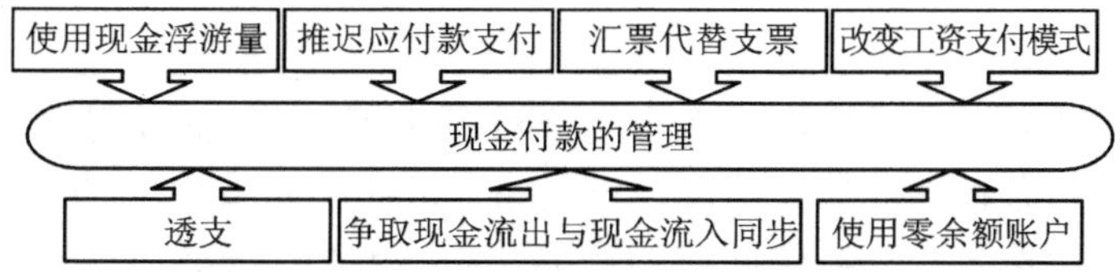

图 5-15　现金付款管理示意图

现金管理技巧如图 5-16 所示。

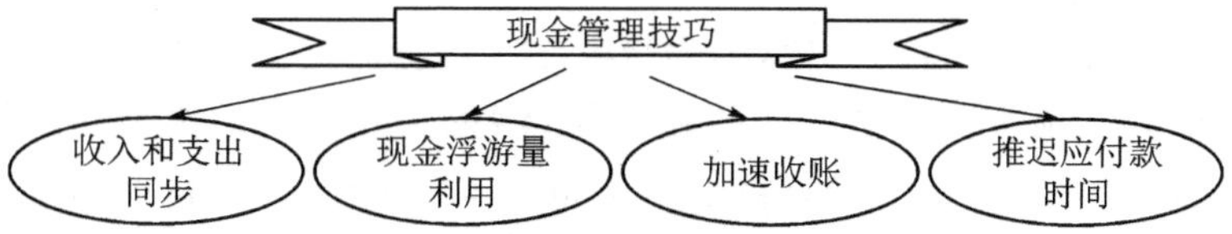

图 5-16　现金管理技巧示意图

第三节　应收账款的管理

案　例

京东白条

京东是知名的电商企业。2014 年，"京东白条"正式开放公测。何为"京东白条"？就是说你在京东购物可以先拿到东西，一个月后再还钱给京东，或者一年之内分期还给京东。说白了，和信用卡差不多。首批享受"京东白条"的只有 50 万用户。申请"京东白条"要回答一系列问题，进行各种测试，而测试的结果可能是没有资格。50 万测试名额确实太少，但是考虑到背后的风险也不难理解。如果有人恶意消费呢？如果所有京东用户都"打白条"，京东能维持其正常的现金流吗？

事实上，你在京东消费以后，京东并不垫付资金，而是计入应收账款，也就是说京东仅仅是采用了调整账期的方式。这样是否会对京东净现金流产生产生影响？京东表示，京东白条对消费的带动和刺激会形成正向影响，两者相抵，不一定会减少京东净现金流。

一、应收账款概述

应收账款是指企业因销售商品、材料、提供劳务等，应向购货单位收取的款项。企业通过提供商业信用，采取赊销、分期付款等方式可以扩大销售，增强竞争力，获得利润。应收账款作为企业为扩大销售和盈利的一项投资，也会发生一定的成本。所以企业需要在应收账款所增加的盈利和所增加的成本之间作出权衡。应收账款管理就是分析赊销的条件，使赊销带来的盈利增加大于应收账款投资产生的成本增加，最终使企业现金收入增加，企业价值上升。

(一) 应收账款产生的原因

1. 市场竞争

这是发生应收账款的主要原因。在市场经济条件下，存在着激烈的商业竞争。竞争机制的作用迫使企业以各种手段扩大销售。企业除了依靠产品质量、价格、售后、广告等外，赊销也是扩大销售的手段之一。对于同等的产品价格、类似的质量、一样的售后服务，实行赊销的产品或商品的销售额将大于现金销售的产品或商品的销售额。出于扩大销售的竞争需要，企业不得不以购销或其他优惠方式招揽顾客，于是就产生了应收账款。竞争引起的应收账款，是一种商业信用。

2. 销售与收款的时间差

销售时间与应收时间常常不一致，因为货款结算需要时间。结算手段越是落后，结算需要的时间越长，应收款项收回所需的时间就越长，销售企业垫支的资金占用期限就越长，这是本质意义上的应收款项。由于销售与收款时间差造成的应收账款不属于商业信用，也不是应收账款管理的主要对象。应收账款管理的基本目标，就是在充分发挥应收账款功能的基础上，降低应收账款投资的成本，使提供商业信用、扩大销售所增加的收益大于有关的各项费用。

(二) 应收账款的功能

应收账款的功能是指其在生产经营中的作用，主要有以下两方面。

1. 增加销售的功能

在激烈的市场竞争中，通过提供赊销可有效地促进销售。因为企业提供赊销不仅向顾客提供了商品，也在一定时间内向顾客提供了购买该商品的资金，顾客将从赊销中得到好处，所以赊销会带来企业销售收入和利润的增加，特别是在企业销售新产品、开拓新市场时，赊销更具有重要的意义。

2. 减少存货的功能

企业持有一定产成品存货时，会相应地占用资金，形成仓储费用、管理费用等，产生成本；而赊销则可避免这些成本的产生。所以当企业的产成品存货较多时，一般会采用优惠的信用条件进行赊销，经存货转化为应收账款，节约支出。

二、应收账款的成本

应收账款作为企业为增加销售和盈利进行的投资，必然会发生一定的成本，主要包括机会成本、管理成本和坏账成本，如图 5-17 所示。

(一) 机会成本

应收账款的机会成本是指资金投放在应收账款上而不能用于其他投资，从而使企业丧失获得其他投资收益的机会。这种成本的大小通常与维持赊销业务所需资金量、资金成本率有关。其计算公式为：

$$应收账款机会成本 = 维持赊销业务所需资金量 \times 资金成本率$$

$$维持赊销业务所需资金量 = 应收账款平均余额 \times 变动成本率$$

$$应收账款平均余额 = \frac{年赊销额}{360} \times 平均收账天数 = 平均每日赊销额 \times 平均收账天数$$

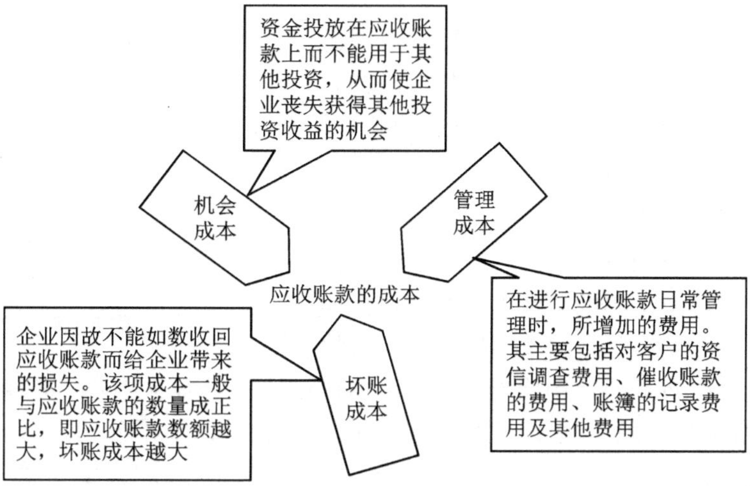

图 5-17 应收账款的成本

【例 5-5】 东方公司年度赊销额预计为 2 000 000 元，应收账款平均收账天数为 90 天，变动成本率为 60%，资金成本率为 10%。计算该企业应收账款机会成本。

解：

$$\text{应收账款平均余额} = \frac{2\,000\,000}{360} \times 90 = 500\,000(\text{元})$$

$$\text{维持赊销业务所需资金量} = 500\,000 \times 60\% = 300\,000(\text{元})$$

$$\text{应收账款机会成本} = 300\,000 \times 10\% = 30\,000(\text{元})$$

一般情况下，资金成本率不变，应收账款机会成本很大程度上取决于维持赊销业务所需资金量。而维持赊销业务所需资金量在变动成本率无法改变的情况下取决于平均收账天数，平均收账天数越少，一定数量资金维持的赊销额越大；反之，平均收账天数越多，一定数量资金维持的赊销额越少。

（二）管理成本

应收账款的管理成本主要是指在进行应收账款日常管理时，所增加的费用。其主要包括对客户的资信调查费用、搜集各种信息的费用、催收账款的费用、账簿的记录费用及其他费用。

（三）坏账成本

应收账款的坏账成本是指企业因故不能如数收回应收账款而给企业带来的损失。该项成本一般与应收账款的数量成正比，即应收账款数额越大，坏账成本越大。为了减少坏账给企业生产经营活动的稳定性带来不利影响，按规定企业应当以应收账款余额的一定百分比提取坏账准备。坏账的发生对企业总是不利的，应尽量防范。所以，减少坏账的发生是企业制定信用政策的重要内容。

三、信用政策

有许多因素影响企业的信用政策。在许多行业，信用条件和政策已经成为标准化的惯例。企业的信用条件、销售额和收账方式决定了其应收账款的水平。不适当的应收账款管理可能会导致顾客延期付款进而导致流动性问题。

信用政策是企业财务政策的一个重要组成部分。企业要管好用好应收账款，必须事先制定合理的信用政策。信用政策包括信用标准、信用条件和收账政策三个方面，如图 5-18 所示。

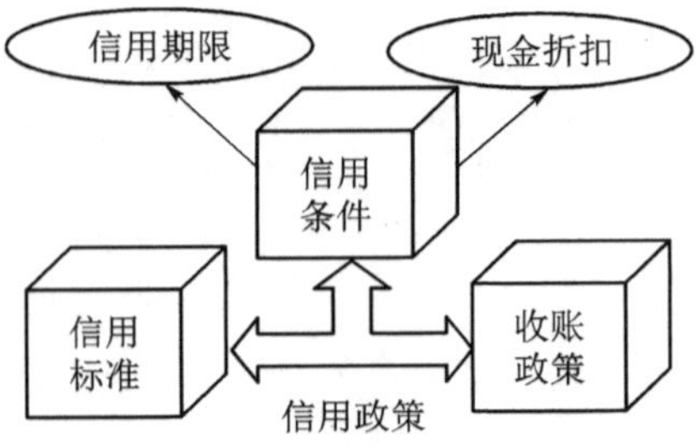

图 5-18　信用政策

（一）信用标准

信用标准是指客户获得企业商业信用所具备的最低条件，代表公司愿意承担的最大的付款风险的金额。如果客户未达到信用标准，则不能享受企业提供的商业信用，或只能享受较低的信用优惠。如果公司执行的信用标准过于严格，可能会降低对符合信用风险标准客户的赊销额，因此会限制公司的销售机会；如果公司执行的信用标准过于宽松，可能会对不符合可接受信用风险标准的客户提供赊销，因此会增加随后还款的风险并增加坏账费用。

企业在设定某一客户的信用标准时，往往先评价其赖账的可能性，最常见的评价方法有“5C”信用评价系统，如图 5-19 所示。

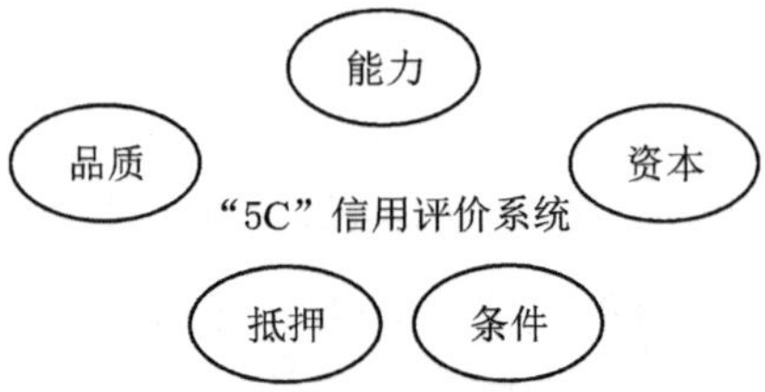

图 5-19　“5C”信用评价系统

1. 品质

品质是评价客户信用的首要因素，是指个人申请人或企业申请人管理者的诚实和正直表现。品质反映了个人或企业过去的还款中所体现的还款意图和愿望。这主要通过了解客户以往的付款履约记录进行评价。

2. 能力

能力反映的是客户偿还债务的能力。它主要取决于客户的资产，特别是流动资产的数量、质量及其与流动负债的比率关系。

3. 资本

资本是指如果企业或个人当前的现金流不足以还债，他们在短期和长期内可供使用的财务资源。

4. 抵押

抵押是指当企业或个人不能满足还款条件时，可以用作债务担保的资产或其他担保物。

5. 条件

条件是指可能影响客户偿债能力的各种经济环境，对申请人的这些条件进行评价以决定是否给其提供信用。

企业应在确定客户信用等级和对客户进行信用评价的基础上，为每一个客户建立一个信用档案，详细记录其有关资料。企业通常应事先决定档案的有关内容，以保证信用控制人员的资料搜集是完整的而不是随机的。

（二）信用条件

信用条件是销货企业要求赊购客户支付货款的条件，由信用期限和现金折扣两个要素组成。规定信用条件包括设计销售合同或协议来明确规定在什么情形下可以给予信用。企业必须建立信息系统或购买软件对应收账款进行监控以保证信用条款的执行，并查明顾客还款方式在总体和个体方面可能发生的变化。

1. 信用期限

信用期限是企业为顾客规定的最长付款时间，即允许客户从购货到支付货款的时间间隔。例如，若某企业允许顾客在购货后的50天内付款，则信用期为50天。信用期过短，不足以吸引顾客，在竞争中会使销售额下降；信用期过长，对销售额增加固然有利，但只顾及销售增长而盲目放宽信用期，所得到的收益有时会被增长的费用抵消，甚至造成利润减少。因此，企业必须慎重研究，确定出恰当的信用期。从理论上讲，只要延长信用期限增加的收入大于相应的成本增加，就可以延长信用期。

【例5-6】 南方公司采用赊销方式销售A产品，原信用条件是n/30，变动成本率60%，资金成本(或有价证券利息率)为10%。为了增加销量，公司拟将信用条件放宽到n/60，信用条件改变前后的相关数据如表5-5所示，问：该公司是否应改变信用条件？

表5-5　信用条件备选方案表

项目 \ 信用期	n/30	n/60
年赊销额	480 000	600 000
应收账款平均收账天数	30	60
应收账款平均余额	40 000	100 000
维持赊销业务所需资金	32 000	80 000
预计坏账损失	5 000	7 000
预计收账费用	5 000	8 000

根据以上资料，计算相应指标，结果如表5-6所示。

表5-6　信用条件分析评价表

项目 \ 信用期	n/30	n/60
年赊销额	480 000	600 000
变动成本	288 000	360 000
信用成本前收益	192 000	240 000
应收账款机会成本	3 200	8 000
坏账损失	5 000	7 000
收账费用	5 000	8 000
信用成本后收益	178 800	217 000

根据表5-6可知，改变信用条件后，收益的增加大于成本增加，所以可以将信用条件放宽到n/60，即采用60天的信用期。

2. 现金折扣

如果公司给顾客提供现金折扣，那么顾客在折扣期付款少付的金额产生的“成本”将影响公司收益。当顾客利用公司提供的折扣，而折扣又没有促使销售额增长时，公司的净收益则会下降。当然，上述收入方面的损失可能会全部或部分地由应收账款持有成本的下降所补偿。宽松的信用政策可能会提高销售收入，但是它也会使应收账款的服务成本、收账成本和坏账成本增加。

现金折扣就是为敦促顾客尽早付清货款而提供的一种价格优惠，即在规定的时间内提前偿付货款的客户可按一定比例享受折扣。现金折扣是在顾客提前付款时给予的优惠，折扣期限是为顾客规定的可享受现金折扣的付款时间。现金折扣的表达方式如图 5-20 所示。

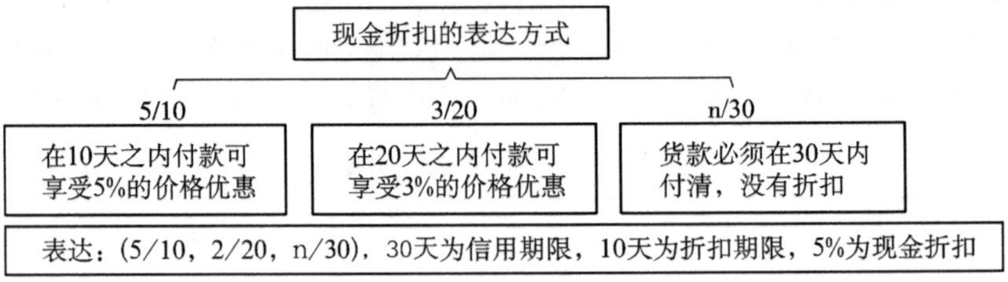

图 5-20　现金折扣的表达方式

【例 5-7】 承[例 5-6]，假设公司在放宽信用期的同时，为鼓励客户尽早付款，提出了“2/30，n/60”的现金折扣条件。估计将有 70%的客户会利用现金折扣，坏账损失降为 4 000 元，收账费用为 5 000 元。请分析该公司在延长信用期的同时提供现金折扣的决策是否正确。

解： 根据上述资料，有关指标计算如下：

应收账款平均收账天数＝30×70%＋60×30%＝39(天)

应收账款平均余额＝600 000÷360×39＝65 000(元)

维持赊销业务所需资金＝65 000×60%＝39 000(元)

应收账款机会成本＝39 000×10%＝3 900(元)

根据以上资料，编制信用条件分析评价表如表 5-7 所示。

表 5-7　信用条件分析评价表

项目 \ 信用期	n/60	2/30，n/60
年赊销额	600 000	600 000
变动成本	360 000	360 000
信用成本前收益	240 000	240 000
应收账款机会成本	8 000	3 900
坏账损失	7 000	4 000
收账费用	8 000	5 000
现金折扣		7 200
信用成本后收益	217 000	219 900

计算结果表明，实行现金折扣后，收益的增加大于成本增加，所以可以采取“2/30，n/60”的现金折扣政策。

（三）收款政策

应收账款发生后，企业应采取各种措施，尽量争取按期收回款项，否则会因拖欠时间过长而发生坏账，使企业蒙受损失。收账政策是指企业针对客户违反信用条件，拖欠甚至拒付账款所采取的收账策略与措施。企业可以从以下两个方面加强收账管理。

1. 实行全面监督

通过账龄分析、平均收账期分析、收现率分析等判断客户是否存在账款拖欠问题，从而估计潜在的风险损失，正确地估量应收账款价格，以便及时发现问题，提前采取对策。

2. 确定合理的收账程序

要促使客户愿意偿还货款和施加适当压力，即以合乎性、理、法的方法收回账款。对逾期较短的客户，不便过多地打扰，以电话或信函通知即可，以免失去这一客户；对尚未到期的客户，可以措辞婉转地写信催收；对逾期较长的客户，应频繁地进行催收；对故意不还或上述方法无效的客户则应提请有关部门仲裁或诉诸法律。

从理论上讲，履约付款是客户不容置疑的责任与义务，债权企业有权通过法律途径要求客户履约付款。但是如果企业对所有客户拖欠或者拒付账款的行为均付诸法律解决，往往不是最有效的办法。因为企业解决与客户账款纠纷的目的，在于怎样最有成效的将账款收回。基于这种考虑，企业如果能够同客户商量折中的方案，也许能够将大部分账款收回。制定收账政策要在增加收账费用与减少坏账损失、减少应收账款机会成本之间进行权衡，若前者小于后者，说明制定的收账政策是可行的。

四、应收账款日常管理

应收账款的管理难度比较大，在确定合理的信用政策之后，还要做好应收账款的日常管理工作，包括对客户的信用调查和分析评价、应收账款的催收工作等。

（一）调查客户信用

信用调查是指收集和整理反映客户信用状况的有关资料的工作。信用调查是企业应收账款日常管理的基础，是正确评价客户信用的前提条件。企业对顾客进行信用调查主要通过以下两种办法。

1. 直接调查法

直接调查法是指调查人员通过与被调查单位进行直接接触，通过当面采访、询问、观看等方式获取信用资料的一种方法。直接调查法可以保证收集资料的准备性和及时性，但也有一定的局限，往往获得的是感性资料，若不能得到被调查单位的合作，则会使调查工作难以开展。

2. 间接调查法

间接调查法是以被调查单位以及其他单位保存的有关原始记录和核算资料为基础，通过加工整理获得被调查单位信用资料的一种方法。这些资料主要来自以下几个方面：财务报表、信用评估机构、银行以及其他途径等，如图 5-21 所示。

（二）评估客户信用

收集好信用资料以后，就需要对这些资料进行分析、评价。企业一般采用“5C”信用评价系统来评价，并对客户信用进行登记划分。

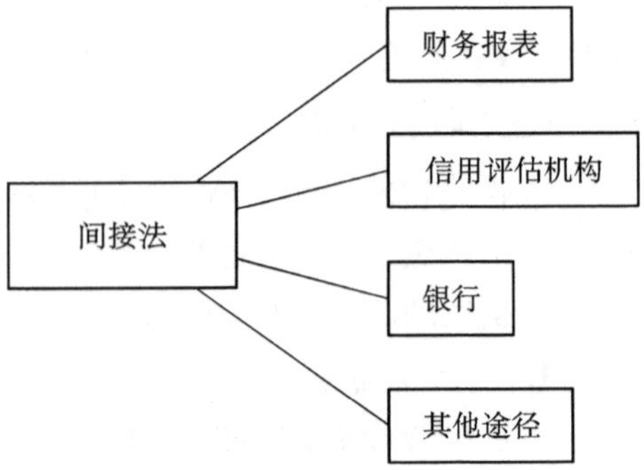

图 5-21 间接调查法

（三）收款的日常管理

应收账款发生后，企业应采取各种措施，尽量争取按期收回款项，否则会因拖欠时间过长而发生坏账，使企业蒙受损失。因此，企业必须在对收账的收益与成本进行比较分析的基础上，制定切实可行的收款政策。通常企业可以采取寄发账单、电话催收、派人上门催收、法律诉等方式进行催收应收账款，然而催收账款要发生费用，某些催款方式的费用还会很高。一般来说，收账的花费越大，收账措施越有力，可收回的账款应越多，坏账损失也就越小。因此制定收账政策，要在收账费用和所减少坏账损失之间作出权衡。制定有效、得当的收账政策很大程度上靠有关人员的经验。从财务分析的角度讲，也有一些数量化的方法可以参照。根据应收账款的总成本最小化的原则，可以通过比较各收账方案成本的大小对其加以选择。

对于应收账款的日常管理，我们应该采取有力的措施进行分析控制，以便及时发现问题，其中主要的措施是应收账款账龄分析。应收账款账龄分析是指通过对各类不同账龄的应收账款余额占应收账款总额的百分比情况的分析，又叫作应收账款账龄结构分析。通过这一分析，企业可以了解到如下情况：首先，有多少客户尚在信用期限内；其次，有多少客户已经超过信用期而尚未付款；最后，看出有多少应收账款拖欠时间太久而有可能成为坏账。这一分析便于企业加强应收账款的管理。

某企业的应收账款账龄结构如表 5-8 所示。

表 5-8 应收账款账龄结构表

应收账款账龄	账龄账户数量	金额(万元)	比重
信用期内	50	580	58%
逾期三个月内	30	150	15%
逾期六个月内	12	130	13%
逾期九个月内	7	70	7%
逾期一年内	5	45	4.5%
逾期一年以上	3	25	2.5%
应收账款总计	—	1 000	100%

通过表 5-8 可以看出，该企业应收账款余额中，有 580 万元尚在信用期限内，占全部应收账款的 58%；逾期数额 420 万元，占全部应收账款的 42%。其中逾期九个月以上的应收账款余额为 70 万元，占全部应收账款的 7%。此时企业应当分析这些拖欠账款的到底是哪些客户，发生拖欠的原因是什么。对不同原因拖欠的客户应采取不同的收账方法，制定经济

可行的收账政策、收账方案；对有可能发生的坏账损失，需要提前准备，充分估计这一因素对企业的影响。当然，对尚未逾期的应收账款也不能放松管理与监督，以防发生新的拖欠。

应收账款管理的流程如图 5-22 所示。

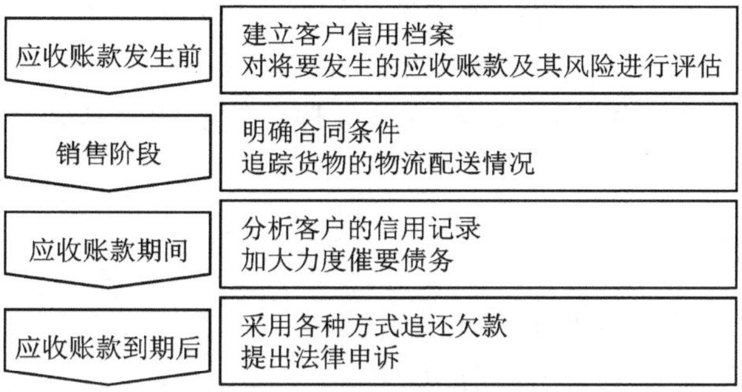

图 5-22　应收账款管理流程

知识拓展

应收账款管理技巧

应收账款管理的制度和方法确定后，需要提高企业对应收账款信用政策的执行力。企业可以通过各种技巧强化应收账款管理。

(1) 应收账款明细越细越好。需要财务人员对应收账款总数进行时间和项目上的细分。

(2) 设置专门的赊销部门。企业应该把赊销和货款两清的业务分开，减少财务工作量。

(3) 严格坏账核销制度。坏账不可避免，然而坏账的核销也是企业最容易出现漏洞的地方，在坏账核销环节，必须严格管理，多方位确认后才核销坏账。

(4) 实行内部责任人制度。某个员工或者部门出现的坏账、呆账必须由该人员或者该部门负责。

(5) 学会应用法律武器追讨账款。在合约签订时，必须明确违约责任，出现应收账款无法回收时，就及时应用法律武器来追讨账务。

第四节　存货的管理

小故事

戴尔的存货管理

戴尔公司(NASDAQ：DELL)是一家总部位于美国德克萨斯州朗德罗克的世界五百强企业。戴尔公司利用互联网进一步推广其“直线订购”模式，使其处于业内领先地位。

戴尔的模式习惯被称为直销，在美国一般称为“直接商业模式”(direct business model)。所谓戴尔直销方式，就是由戴尔公司建立一套与客户联系的渠道，由客户直接向戴尔发订单，订单中可以详细列出所需的配置，然后由戴尔“按单生产”。戴尔所称的“直销模式”实质上就是简化、消灭中间商。

戴尔曾不止一次地宣称过他的"黄金三原则"，即"坚持直销""摒弃库存""与客户结盟"。戴尔提出"摒弃库存"的存货管理要求，以信息代替存货。按单生产还可以使戴尔实现"零库存"的目标。

存货是指企业在生产经营过程中为销售或耗用而储备的物资。存货在企业的流动资产中占据很大比重，但它又是一种变现能力较差的流动资产项目。对存货的管理重点在于各种存货成本与存货效益之间做出权衡，在充分发挥存货功能的基础上，降低存货成本，实现两者的最佳结合。

一、存货的功能

存货的功能是指存货在企业生产经营过程中起到的作用，如图 5-23 所示，具体表述如下。

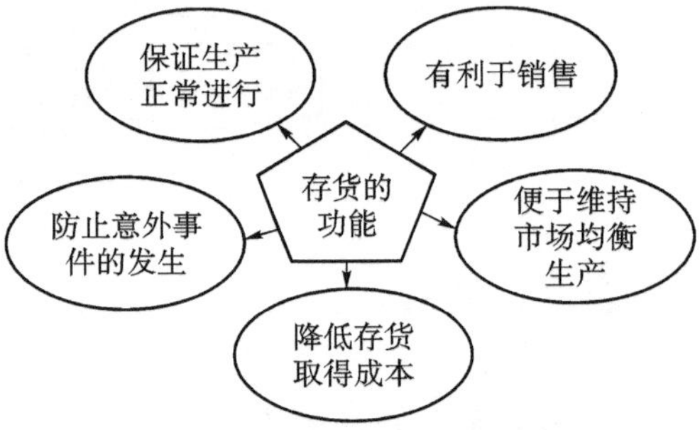

图 5-23　存货的功能示意图

(一) 保证生产正常进行

生产过程中需要的原材料和在产品，是生产的物质保证，为保证生产的正常进行，必须储备一定量的原材料；否则，可能会造成生产中断、停工待料现象。

(二) 有利于销售

一定量的存货储备能够增强企业在生产和销售方面的机动性和适应市场变化的能力。当企业市场需求量增加时，若产品储备不足就有可能失去销售良机，所以保持一定量的存货是有利于市场销售的。

(三) 便于维持市场均衡生产

有些企业产品属于季节性产品或者需求波动较大的产品，此时若根据需求状况组织生产，则可能有时生产能力得不到充分利用，有时又超负荷生产，这将会造成产品成本的上升。

(四) 降低存货取得成本

一般情况下，当企业进行采购时，进货总成本与采购物资的单价和采购次数有密切的关系。而许多供货商为了鼓励客户多买其产品，往往在客户采购量达到一定数量时，给予价格折扣，所以企业通过大批量集中进货，既可以享受价格折扣，降低购置成本，也可以减少订货次数，降低订货成本，使总的进货成本降低。

(五) 防止意外事件的发生

企业在采购、运输、生产和销售过程中，都可能发生意料之外的事故。因此，保持必要的存货保险储备，可以避免和减少意外事件的损失。

二、存货的特点

(一) 存货是有形资产

存货是一种具有实物形态的资产，通常表现为加工或出售的各种货物或其他物品。

(二) 存货具有较强的流动性

在企业的生产经营过程中，存货总是处于不断购买、耗用和销售之中，分别表现为原材料存货、在产品存货、产成品存货等各种不同的占有形态。它既是依次不断地从一个阶段过渡到另一个阶段，又是同时在空间上并列地处在循环的各个不同阶段上，具有较强的变现能力，呈现较强的流动性。

（三）存货具有一定的时效性，周转期较短

在正常的生产经营活动中，存货通常在一年或超过一年的一个营业周期内转换为其他资产。但是，已经过时不能耗用的或长期不能销售的存货就会失去效用，变成积压物资，造成资产的损失。

三、存货的成本

存货成本的构成如图 5-24 所示。

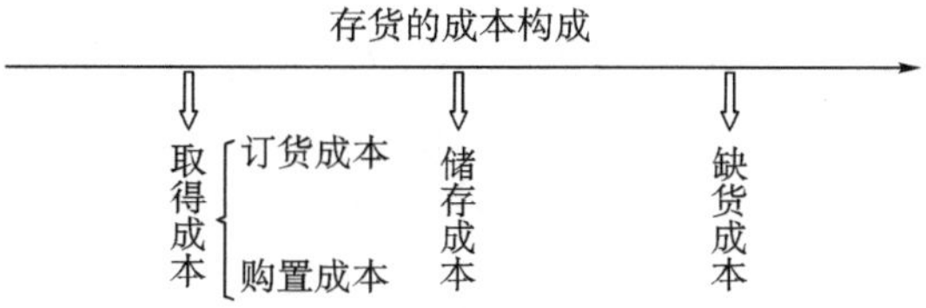

图 5-24　存货成本的构成

（一）取得成本

取得成本是指为取得某种存货而支出的成本，通常用 TCa 表示。取得成本由订货成本和购置成本构成。

1. 订货成本

订货成本是指为组织采购存货而发生的费用，如办公费、差旅费、邮费、电报电话费、运输费等支出。订货成本中有一部分与订货次数无关，如常设采购机构的基本开支，称为固定的订货成本，用 F_1 表示；另一部分与订货次数有关，如差旅费、邮电费等，称为订货的变动成本。每次订货的变动成本用 K 表示；订货次数等于存货年需要量 D 与每次进货量 Q 之商。订货成本的计算公式为：

$$订货成本 = F_1 + \frac{D}{Q} \times K$$

2. 购置成本

购置成本是指存货本身的价值，即存货的买价，它是存货单价与数量的乘积。在无商业折扣的情况下，购置成本是不随采购次数变动而变动的，是存货决策的一项无关成本。年需要量用 D 表示，单价用 U 表示，则购置成本可以表示为 DU。

订货成本加上购置成本，就等于存货的取得成本。其公式可表达为：

$$取得成本(TC_a) = 订货成本 + 购置成本$$

$$取得成本(TC_a) = 订货固定成本 + 订货变动成本 + 购置成本$$

$$取得成本(TC_a) = F_1 + \frac{D}{Q} \times K + DU$$

（二）储存成本

储存成本是指存货在储存过程中发生的支出，包括存货占用资金所应计的利息、仓库费用、保险费用、存货破损和变质费用等等，通常用 TC_c 表示。

储存成本也分为固定成本和变动成本。固定成本与存货的数量的多少无关，如仓库折旧费、仓库员工的固定工资等，这类成本与决策无关，常用 F_2 表示。变动成本与存货的数量有关，如存货资金的应计利息、存货的破损和变质损失、存货保险费等，单位储存变动成本用 K_c 表示。其公式可表达为：

$$储存成本 = 固定成本 + 变动成本$$

$$储存成本(TC_c) = F_2 + K_c \times \frac{Q}{2}$$

(三) 缺货成本

缺货成本是指由于存货不足而造成的损失。例如,如材料供应中断造成的停工损失;产成品库存短缺造成的延迟发货的信誉损失及丧失销售机会损失;材料缺货而采用替代材料的额外支出。缺货成本中有些是机会成本,因此只能作大致的估算。当企业允许缺货时,缺货成本随平均存货的减少而增加,它是存货决策中的相关成本。缺货成本通常用 TC_s 表示。

如果以 TC 来表示存货的总成本,那么它的计算公式为:

$$存货总成本 = 订货成本 + 储存成本 + 缺货成本$$

$$存货总成本(TC) = TC_a + TC_c + TC_s$$

$$存货总成本(TC) = F_1 + \frac{D}{Q} \times K + DU + F_2 + K_c \times \frac{Q}{2} + TC_s$$

企业存货的最优化,就是使企业存货总成本的值最小。

四、存货经济批量决策

所谓存货经济批量,是指企业全年存货总成本最低的每次采购数量。按照存货管理的目的,需要制定合理的进货批量和进货时间,使存货的总成本最低。有了经济订货量,就可以很容易确定最适宜的进货时间。

影响存货总成本的因素很多,为了解决比较复杂的问题,有必要简化或舍弃一些变量,先研究解决简单的问题然后再扩展到复杂的问题,需要设立一些假设,在此基础上建立经济订货量的基本模型。

经济订货量基本模型需要设立的假设条件如图 5-25 所示,具体表述如下:

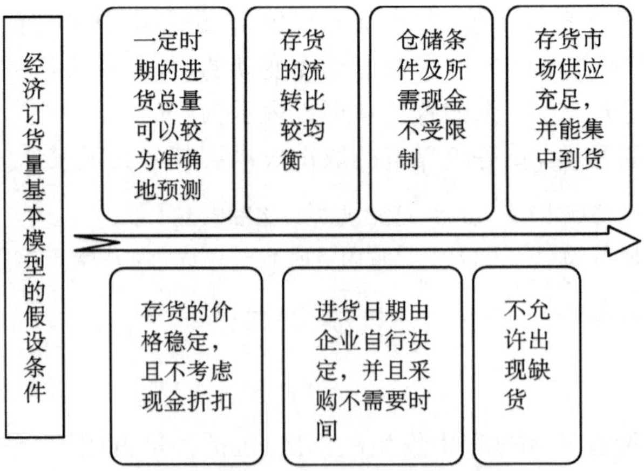

图 5-25　经济订货量基本模型假设条件

(1) 企业一定时期的进货总量可以较为准确地预测,即 D 为已知常量。

(2) 存货的流转比较均衡。

(3) 存货的价格稳定,且不考虑现金折扣,即 U 为已知常量。

(4) 进货日期完全由企业自行决定，并且采购不需要时间。

(5) 仓储条件及所需现金不受限制。

(6) 不允许出现缺货，即无缺货成本 TC_s 为零，这是因为良好存货管理本来就不应该出现缺货成本。

(7) 所需存货市场供应充足，并能集中到货。

年储存成本、年订货成本与年总成本的关系如图 5-26 所示，在年储存成本与年订货成本相等时总成本最低。对应的采购数量 Q 即为经济采购数量，简称经济批量。

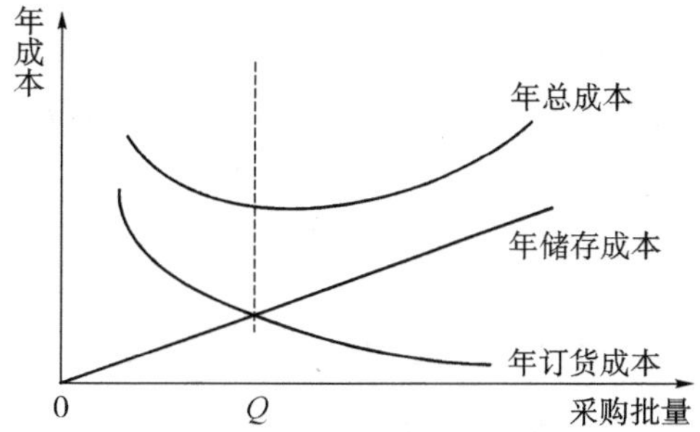

图 5-26 年储存成本、年订货成本与年总成本的关系

在满足以上假设的前提下，存货的买价和短缺成本都不是决策的相关成本，此时经济批量考虑的仅仅是订货的变动成本与储存的变动成本之和最低。

设立了上述假设后，存货总成本的公式就简化为：

$$\text{年存货总成本} = \text{年储存成本} + \text{年订货成本}$$

$$\text{存货总成本}(TC) = TC_a + TC_c$$

$$\text{存货总成本}(TC) = F_1 + \frac{D}{Q} \times K + F_2 + K_c \times \frac{Q}{2}$$

式中：TC——每年(期)存货的总成本；

Q——每次订货批量；

D——存货的全年需要量；

K——存货的每批订货成本；

K_c——每单位存货的年储存成本；

F_1——固定的订货成本；

F_2——固定的储存成本。

从图中可以看出，存货年总成本最低时，年储存成本与年订货成本相等，即：

$$\frac{D}{Q} \times K = K_c \times \frac{Q}{2}$$

当 D、K、K_c、F_1、F_2 为常数量时，TC 的大小取决于 Q。为了求出 TC 的极小值，对其进行求导演算，可得出下列公式：

$$\text{经济采购批量}(EOQ) = \sqrt{\frac{2DK}{K_c}}$$

这一公式称为经济订货量基本模型，求出的每次订货批量，可使 TC 达到最小值，这个基本模型还可以演变为其他形式。

存货总成本的公式也可以推导为：

$$\text{存货的总成本}(TC) = \sqrt{2KDK_c}$$

每年的最佳订货次数的公式为：

$$N = \frac{D}{EOQ}$$

【例 5-8】 甲企业全年需要 A 材料 720 000 千克，每次订货的成本为 400 元，单位储存成本为 4 元，计算该企业 A 材料的经济采购批量，经济批量变动的总成本，以及一年采购次数。

解： 经济采购批量$(EOQ)=\sqrt{\frac{2DK}{K_c}}=\sqrt{\frac{2\times720\ 000\times400}{4}}=12\ 000$（千克）

存货总成本$(TC)=\sqrt{2KDK_c}=\sqrt{2\times720\ 000\times400\times4}=48\ 000$（元）

采购次数$(N)=\frac{720\ 000}{12\ 000}=60$（次）

思考： 在[例 5-8]中，变动订货成本是多少？变动储存成本是多少？两者关系是什么？若假设订货的间隔时间为 t，则 t 为多少？

以上经济批量决策是在许多假设的前提下作出的，通常称为基本经济批量决策，它是一种理想化的存货控制方法。但是在实际中，通常还存在着数量优惠（即商业折扣）以及允许一定程度的缺货情形发生等，所以常常不能满足以上全部假设条件，从而需要对上述决策方法进行修正，并同时结合价格折扣及缺货成本等不同的情况具体分析，灵活运用。

五、存货的控制

存货管理不仅需要各种模型帮助确定适当的存货水平，还需要建立相应的存货控制系统。伴随着业务流程重组的兴起以及计算机行业的发展，存货管理系统也得到了很大的发展。以下对几种典型的存货控制系统进行介绍。

（一）存货储存期控制法

为了加快存货的流转，企业应尽量缩短存货的储存期，尤其是应该缩短产品或商品的储存期。这是因为，储存存货会占用资金和增加仓储管理费，而且在市场变化很快的情况下，储存期初过长有可能导致企业的产品或商品滞销而给企业带来巨大的损失。因此，尽力缩短存货储存期，加速存货周转，是提高企业经济效益、降低企业经营风险的重要手段。

企业储存存货而发生的费用，按其与储存时间的关系可以分为固定储存费用与变动储存费用两类。前者与存货储存期的长短无直接关系，后者则与存货储存期的长短有密切关系，如存货资金占用费、存货储存管理费等。它们与利润存在以下关系：

利润＝毛利－税金及附加－固定储存费－变动储存费

＝毛利－税金及附加－固定储存费－每日变动储存费×储存期

由上式可得：

$$存货的保本储存期=\frac{毛利-税金及附加-固定储存费}{每日变动储存费}$$

$$存货的保利储存期=\frac{毛利-税金及附加-固定储存费-目标利润}{每日变动储存费}$$

$$获得或亏损额=每日变动储存费用\times(保本储存天数-实际储存天数)$$

当保本储存天数大于实际储存天数时为获利，反之则为亏损。

对存货储存期进行管理，可以及时为经营决策者提供存货的储存状态信息，以便决策者对不同的存货采取相应的措施。一般来说，凡是已过保本期的产品或商品大多属于积压滞销的存货，企业应采取降价促销的办法，尽快将其推销出去；对于超过保利期但未过保本期的存货，应当分析原因，找出对策，力争在保本期内将其销售出去；对于尚未超过保利期的存货，企业应当密切监督，防止发生过期损失。企业每隔一段时间应对各类产品的销售状况作出总结，调整企业未来的产品结构，提高存货的周转速度和投资效益。

【例 5-9】 某流通企业购进甲商品 500 件，单位进价（不含增值税）为 500 元，单位售价为 550 元（不含增值税），经销该批商品的固定储存费用为 5 000 元。若货款均来自银行贷款，年利率为 9%，该批存货的月保管费用率为 0.3%，税金及附加为 2 500 元。

要求：

(1) 计算该批存货的保本储存期。

(2) 若企业要求获得 3.5%投资利润率，请计算保利期。

(3) 若该批存货实际储存了 150 天，请问能否企业实现 3.5%目标投资利润率。如不能实现，差额是多少。

(4) 若该批存货亏损了 875 元，则实际储存的天数（一年按 360 天、一个月按 30 天计算）。

解：(1) $存货保本储存天数=\dfrac{(550-500)\times500-5\,000-2\,500}{500\times500\times\left(\dfrac{9\%}{360}+\dfrac{0.3\%}{30}\right)}=200(天)$

(2) $$存货的保利储存天数=\frac{(550-500)\times500-5\,000-2\,500-500\times500\times3.5\%}{500\times500\times\left(\dfrac{9\%}{360}+\dfrac{0.3\%}{30}\right)}$$

$$=100(天)$$

(3) 储存 150 天的实际利润额 $=87.5\times(200-150)=4\,375$（元）

实际利润 4 375 元小于目标 8 750 元（$500\times500\times3.5\%$），因而企业不能实现 3.5%的目标利润率。

(4) $亏损 875 元的实际储存天数=200-\dfrac{(-875)}{87.5}=210(天)$

（二）存货 ABC 控制法

19 世纪，意大利经济学家巴雷特首创了存货 ABC 控制法。一般来说，企业的存货品种繁多，数量巨大，尤其是大中型生产企业的存货更是成千上万。如何对这些存货加强管理是财务管理工作的重要课题。

存货ABC控制法的要点是把企业的存货按照一定的标准划分为A、B、C三类，然后根据重要性分别采取不同的方法进行管理。存货分类的标准主要有两个：一是金额标准；二是品种数量标准。其中最基本的标准是金额标准，品种数量标准只是作为参考。

知识拓展

存货的划分标准

A类存货金额占整个存货金额比重的60%～80%，品种数量占整个存货品种数量的5%～20%。

B类存货金额占整个存货金额比重的15%～20%，品种数量占整个存货品种数量的15%～30%；

C类存货金额占整个存货金额比重的5%～15%，品种数量占整个存货品种数量的60%～70%。

存货的ABC控制法的步骤如下：

第一步：计算每一种存货在一定时期内的资金占用额。

第二步：计算每一种存货资金占用额占全部资金占用额的百分比，并按大小顺序排列，编成表格。

第三步：根据事先确定的标准，将存货分成A、B、C三类，如图5-27所示。将存货划分为A、B、C后，再采取不同的管理方法。A类存货应进行重点管理，经常检查这类存货的库存情况，严格控制该类存货的支出。由于A类存货的品种数量较少，而占用的资金却很多，所以企业应对其按照每一个品种分别进行管理。B类存货的金额相对较小，数量也较多，可以通过划分类别的方式进行管理，或者按照其在生产中的重要程度和采购难易程度分别采用。C类存货占用的金额比重很小，品种数量又多，可以只对其进行总量控制和管理。

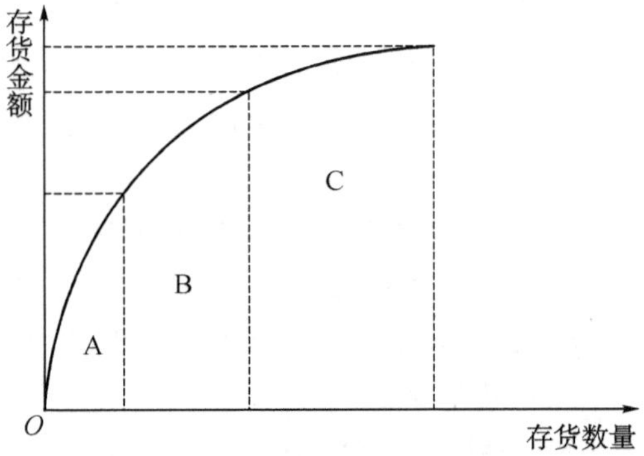

图5-27 存货ABC控制法

（三）适时制库存控制系统

适时制库存控制系统又称零库存管理、看板管理系统。它最早是由丰田公司提出并将其应用于实践，是指制造企业事先和供应商和客户协调好：只有当制造企业在生产过程中需要原料或零件时，供应商才会将原料或零件送来；每当产品生产出来就被客户拉走。这样，制造企业的存货持有水平就可以大大下降，企业的物资供应、生产和销售形成连续的同步运动过程。显然，适时制存货控制系统需要的是稳定而标准的生产程序以及诚信的供应商，否则，任何一环出现差错将导致整个生产线的停工。目前，已有越来越多的企业利用适时制存货控制系统减少甚至消除对存货的需求，即实现零库存管理，如丰田公司、海尔公司等。适时制存货控制系统进一步的发展被应用于企业整个生产管理过程中，集开发、生产、库存和分销于一体，大大提高了企业运营管理效率。零库存管理的优缺点如图5-28、5-29所示。

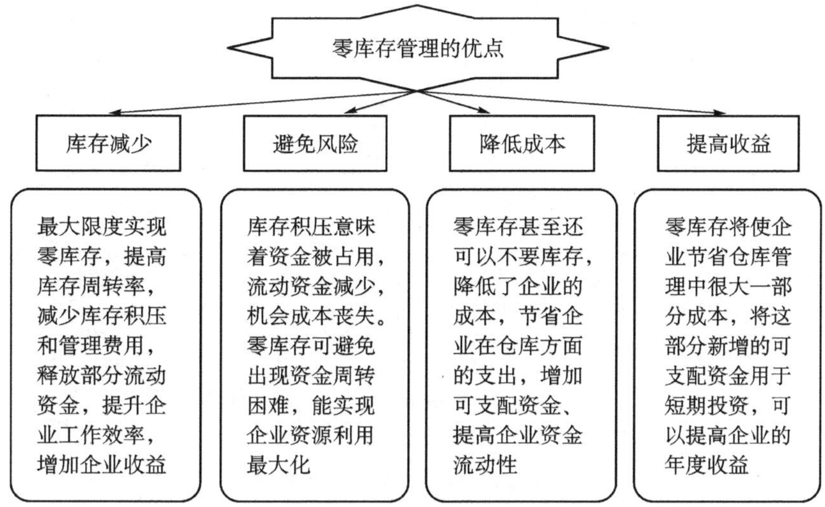

图 5-28　零库存管理的优点

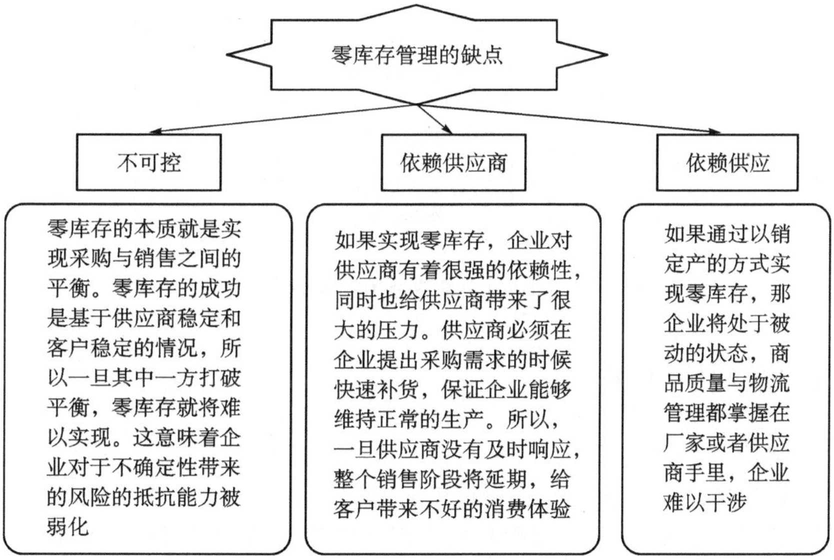

图 5-29　零库存管理的缺点

第五节　应付账款的管理

一、商业信用概述

商业信用是指企业在商品或劳务交易中，以延期付款或预收货款方式进行购销活动而形成的借贷关系。商业信用是企业之间的直接信用行为，也是企业短期资金的重要来源。

商业信用产生于企业生产经营的商品、劳务交易之中，是一种自动性筹资。

商业信用的三种形式如图 5-30 所示。

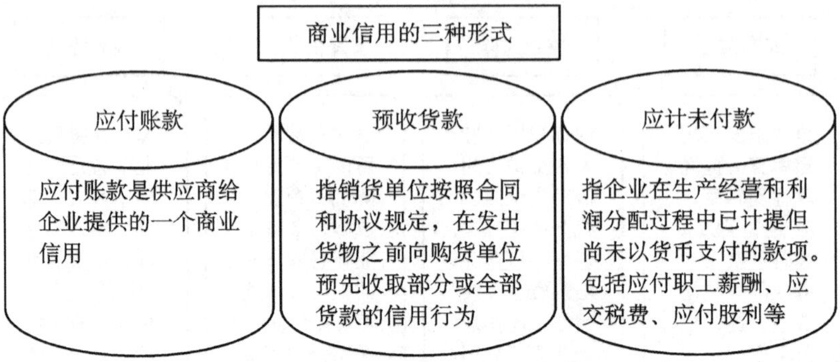

图 5-30　商业信用的三种形式

商业信用筹资既有优点，同时也有不可避免的缺点，如图 5-31 所示。

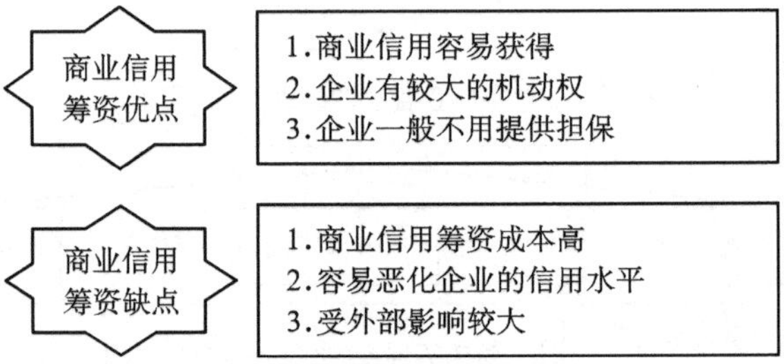

图 5-31　商业信用的优缺点

三、应付账款的管理

（一）应付账款

应付账款是供应商给企业提供的一个商业信用。应付账款中的商业信用条件通常包括有信用期，但无现金折扣以及有信用期和现金折扣两种，具体如图 5-32 所示。

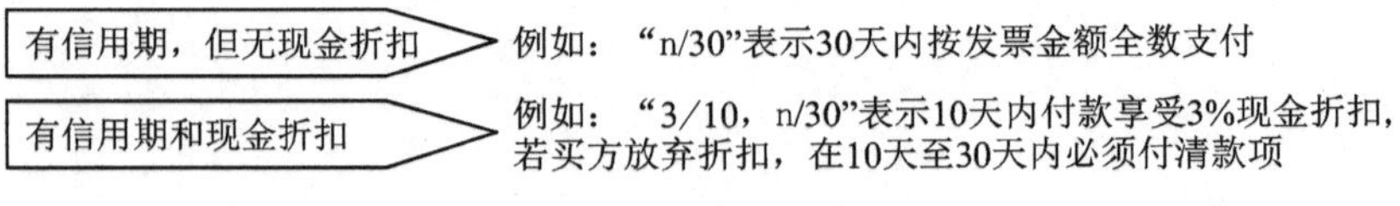

图 5-32　商业信用条件

（二）放弃现金折扣的信用成本

倘若购买方在销货方规定的折扣期内付款，可以获得免费信用，这种情况下企业没有因为取得延期付款信用而付出代价。

【例 5-10】　A 公司从 B 公司购买一批产品，产品价款共计 100 万元，B 公司为了尽早收回货款，给出现金折扣条件为(1/20, n/30)。

解： A 公司如果选择放弃现金折扣，到第 30 天付款 100 万元(原本可享受最低付款额 99 万元)，相当于公司为了延期付款 10 天，而借用供应商资金 99 万元(100－100×10%)，该本金产生的利息为 1 万元。(该资金的借款利率即为放弃现金折扣的机会成本)

由此可推导：

利息 = 本金 × 借款利率 × 期限

$$1 = 99 \times 借款利率 \times \frac{10}{360}$$

公式变形，得：

$$借款利率 = \frac{1}{99} \times \frac{360}{10}$$

$$= \frac{1}{100-1} \times \frac{360}{30-20} = \frac{1\%}{1-1\%} \times \frac{360}{30-20}$$

推导公式

$$放弃现金折扣的机会成本 = \frac{现金折扣率}{1-现金折扣率} \times \frac{360}{信用期-折扣期}$$

20 日内不付款，放弃 1%现金折扣的机会成本 $= \frac{1\%}{1-1\%} \times \frac{360}{30-20} = 36.36\%$

放弃现金折扣的机会成本的公式表明，放弃现金折扣的机会成本与折扣百分比大小、折扣期长短和付款期长短有关系，与付款额和折扣额没有关系。如果企业在放弃折扣的情况下，推迟付款的时间越长，其信用成本便会越小，但展期信用的结果是企业信誉恶化导致信用度的严重下降，日后可能招致更加苛刻的信用条件。

(三) 放弃现金折扣的信用决策

企业放弃应付账款现金折扣的原因，可能是企业资金暂时的缺乏，也可能是基于将应付的账款用于临时性短期投资，以获得更高的投资收益。如果企业将应付账款额用于短期投资，所获得的投资报酬率高于放弃折扣的信用成本率，则应当放弃现金折扣。

【例 5-11】 承[例 5-10]，A 公司从 B 公司购买一批产品，产品价款共计 100 万元，B 公司为了尽早收回货款，给出现金折扣条件为(1/20, n/30)。

假设 1：企业没资金，考虑多渠道借钱，假定银行借款利率为 10%，请分析 A 公司应选择什么时间付款以及是否放弃现金折扣。

假设 2：企业有资金，且有机会进行短期投资，假定投资收益率为 40%，请分析 A 公司应选择什么时间付款以及是否放弃现金折扣。

解： 根据以上资料，具体分析如下。

分析一：假设企业没有资金，考虑多渠道借钱。

如果延迟付款，相当于借用供应商的钱，此时放弃现金的成本率为 36.36%。但是如果享受折扣，只能借银行的钱，提前付款，此时银行借款利率为 10%。由此可知，借银行的资金成本相对较小。因此，选择享受折扣。

分析二：企业有资金，有机会进行短期投资。

如果企业选择延迟付款，用原本要付的货款去进行短期投资，投资收益率为 40%，而此时放弃了折扣，放弃现金折扣的成本率为 36.36%，小于投资收益率。因此，选择放弃折扣。

【例 5-12】 A 公司采购一批材料，供应商售价为 10 万元，付款条件为 (3/10, 2.5/30, 1.8/50, n/90)。目前企业用于支付账款的资金需要在 90 天后才能周转回来，在 90 天内付款，只能通过银行借款解决。如果银行利率为12%，确定A公司材料采购款的付款时间和价格。

根据放弃现金折扣的机会成本的计算公式，计算分析如下：

10天付款方案，放弃折扣的信用成本率＝[3%÷(1－3%)×360÷(90－10)]＝13.92%。

30天付款方案，放弃折扣的信用成本率＝[2.5%＋(1－2.5%)×360÷(90－30)]＝15.38%。

50天付款方案，放弃折扣的信用成本率＝[1.8%＋(1－1.8%)×360÷(90－50)]＝16.50%。

由于各种方案放弃折扣的信用成本率均高于借款利息率，因此初步结论是要取得现金折扣，借入银行借款以偿还货款。

10天付款方案，得折扣3 000元(100 000×3%)，用资97 000元(100 000－3 000)，借款80天，利息为2 586.67元(97 000×12%×80÷360)，净收益为413.33元(3 000－2 586.67)。

30天付款方案，得折扣2 500元(1 000×2.5%)，用资97 500元(10 000－250)，借款60天，利息为1 950元(97 500×12%×60÷360)，净收益为550元(2 500－1 950)。

50天付款方案，得折扣1 800元(100 000×1.8%)，用资98 200元(1 000 000－1 800)，借款40天，利息1 309.33(98 200×12%×40÷360)，净收益为490.66元(1 800－1 309.37)。

总结论：30天付款方案是最佳方案，其净收益最大。

课后练习

一、单选题

1. 最佳货币资金持有量是指持有成本与(　　)之和最低时的货币资金持有量。

A. 机会成本　　B. 转换成本　　C. 短缺成本　　D. 管理成本

2. 在“5C”信用评价系统中，表示客户财务状况的是(　　)。

A. 品德　　B. 能力　　C. 资本　　D. 担保品

3. 应收账款成本的主要构成要素是(　　)。

A. 机会成本、管理成本和坏账成本　　B. 机会成本、追款成本和坏账成本

C. 机会成本、管理成本和转换成本　　D. 管理成本、追款成本和转换成本

4. 应收账款的主要作用是(　　)。

A. 增加报酬　　B. 扩大销售　　C. 降低风险　　D. 节约费用

5. 应收账款成本由机会成本、管理成本和坏账成本构成，其中机会成本是(　　)。

A. 企业催收账款过程中发生的总费用

B. 企业对顾客的信用状况进行调查所需的费用

C. 应收账款不能及时收回发生坏账而给企业造成的损失

D. 企业由于将资金投放占用于应收账款而放弃的投资收益

6. 最佳采购批量也称为经济批量，指的是(　　)。

A. 采购费用最低时的采购批量

B. 储存保管费用最低时的采购批量

C. 采购费用和储存保管费用均最低时的采购批量

D. 采购费用和储存保管费用之和最低时的采购批量

7. 下列各项指标中，通常被用来衡量信用标准的是（　　）。

A. 预计的坏账损失率　　B. 预计的信用期限

C. 预计的现金折扣　　D. 预计的收账费用

8. 企业由于应收账款占用了资金而放弃的其他投资收益是（　　）。

A. 应收账款的管理成本　　B. 应收账款的坏账成本

C. 应收账款的机会成本　　D. 应收账款的短缺成本

9. 某种材料年度计划耗用总量为 36 000 吨，每次采购费用为 400 元，每吨材料储存保管费用为 20 元，则该种材料全年存货费用最低时的采购批量是（　　）吨。

A. 1 000　　B. 1 200　　C. 10 000　　D. 12 000

10. 下列各项中，属于应收账款机会成本的是（　　）。

A. 顾客的信用状况进行调查所需的费用

B. 催收账款的费用

C. 应收账款占用资金的应计利息

D. 由于应收账款不能及时收回发生的坏账损失

11. 在对企业全部材料实行分类管理时，应重点控制的是（　　）。

A. 耗用资金较少、用量较多的材料　　B. 耗用资金较少、品种较多的材料

C. 耗用资金较多、用量较多的材料　　D. 品种较多、用量较少的材料

12. 下列各项中，不影响材料经济采购批量的因素是（　　）。

A. 每次采购费用　　B. 材料年度采购总量

C. 单位材料储存保管费用　　D. 专设采购机构的基本开支

13. 下列适合采用紧缩的流动资产投资策略的企业是（　　）。

A. 销售边际毛利较高的产业

B. 融资较为困难的企业

C. 管理政策趋于保守的企业

D. 主要考虑配合运营经理和销售经理要求的企业

14. 某公司根据存货模型确定的最佳现金持有量为 100 000 元，有价证券的年利率为 10%。在最佳现金持有量下，该公司与现金持有量相关的现金使用总成本为（　　）元。

A. 5 000　　B. 10 000　　C. 15 000　　D. 20 000

15. 按照存货 ABC 控制法，作为催款的重点对象的是（　　）。

A. 应收账款逾期金额占应收账款逾期金额总额的比重大的客户

B. 应收账款账龄长的客户

C. 应收账款数额占全部应收账款数额比重大的客户

D. 应收账款比重小的客户

二、多选题

1. 采用紧缩的流动资产投资策略的特点有（　　）。

A. 较低水平的流动资产与销售收入比率　B. 较高的运营风险
C. 较高的投资收益率　D. 承担较大的流动资产持有成本

2. 企业持有现金的成本中与现金持有额有明显比例关系的有(　　)。
A. 机会成本　B. 管理成本　C. 短缺成本　D. 折扣成本

3. 企业在确定为应付突发事件而持有现金的数额时,需考虑的因素有(　　)。
A. 企业销售水平的高低　B. 企业临时融资的能力
C. 金融市场投资机会的多少　D. 企业现金流量预测的可靠程度

4. 按照随机模型,确定现金存量的下限时,应考虑的因素有(　　)。
A. 企业每日最低现金需要　B. 有价证券的日利息率
C. 有价证券的每次转换成本　D. 管理人员对风险的态度

5. 为了确保公司能一致性地运用信用和保证公平性,公司必须保持恰当的信用政策,信用政策必须明确规定(　　)。
A. 信用标准　B. 信用条件　C. 收账政策　D. 商业折扣

6. 在应收账款信用政策中,企业采用现金折扣政策的目的在于(　　)。
A. 吸引顾客为享受优惠而提前付款　B. 减轻企业税负
C. 缩短企业平均收款期　D. 扩大销售量

7. 下列各项中,不属于存货储存成本的有(　　)。
A. 存货仓储费用　B. 存货破损和变质损失
C. 存货储备不足而造成的损失　D. 存货占用资金的应计利息

8. 根据经济订货批量的基本模型,下列各项中,可能导致经济订货批量提高的有(　　)。
A. 每期对存货的总需求提高　B. 每次订货费用提高
C. 每期单位存货存储费提高　D. 存货的采购单价提高

9. 应收账款成本包括的主要项目有(　　)。
A. 机会成本　B. 管理成本　C. 坏账成本　D. 短缺成本

10. 在确定因放弃现金折扣而发生的信用成本时,需要考虑的因素有(　　)。
A. 数量折扣百分比　B. 现金折扣百分比
C. 折扣期　D. 信用期

11. 赊销在企业生产经营中所发挥的作用有(　　)。
A. 增加现金　B. 减少存货　C. 促进销售　D. 减少借款

12. 存货在企业生产经营过程中所具有的作用主要有(　　)。
A. 有利于销售　B. 保证生产正常进行
C. 降低储存成本　D. 维持均衡生产

13. 存货的取得成本通常包括(　　)。
A. 订货成本　B. 储存成本　C. 购置成本　D. 缺货成本

14. 下列各项中,属于建立存货经济订货批量基本模型假设前提的有(　　)
A. 存货总需求量是已知常数
B. 允许出现缺货
C. 货物是一种独立需求的物品,不受其他货物影响

D. 存货的价格稳定

15. 确定再订货点，需要考虑的因素有(　　)。

A. 保险储备量　　B. 每天消耗的原材料数量

C. 预计交货时间　　D. 每次订货成本

三、判断题

1. 营运资金是指在企业生产经营活动中用在流动资产上的资金，广义的营运资金是指流动资产减去流动负债的余额。(　　)

2. 在正常业务活动现金需要量的基础上，追加一定数量的现金余额以应付未来现金流入和流出的随机波动，这是出于投机性需求。(　　)

3. 利用"5C"信用评价系统评估顾客信誉时，其中能力是指个人申请人或公司申请人管理者的诚实和正直表现能力。(　　)

4. 在存货 ABC 控制法下，应当重点管理的是虽然品种数量较少，但金额较大的存货。(　　)

5. 研究存货合理保险储备量的目的，是为了寻求缺货成本的最小化。(　　)

6. 按随机模型要求，当现金存量低于回归线时，应及时补足现金，以保证最佳现金余额。(　　)

7. 企业制定筹资组合政策时一般采取长期资产由长期资金来融通，短期资产由短期资金来融通的方法。(　　)

8. 现金的管理成本一般会随着现金持有量的变化而变化。(　　)

9. 存货的生产和购置成本是指存货自身的价值，通常用数量与单价的乘积表示。(　　)

10. 企业在不允许缺货的情况下，主要考虑的问题是使全年订货总成本与全年储存总成本之和最低。(　　)

四、计算分析题

1. 某公司现金收支平稳，预计全年现金需要量为 90 000 元，现金与有价证券的转换成本为每次 400 元，有价证券年利率为 8%。

要求：

(1) 计算最佳现金持有量。

(2) 计算最低现金管理成本。

(3) 计算有价证券交易次数。

(4) 计算有价证券交易间隔期。

2. C 公司是一家冰箱生产企业，全年需要压缩机 360 000 台，均衡耗用。全年生产时间为 360 天，每次的订货费用为 160 元，每台压缩机储存费率为 80 元，每台压缩机的进价为 900 元。根据经验，压缩机从发出订单到进入可使用状态一般需要 5 天，保险储备量为2 000 台。

要求：

(1) 计算经济订货批量。

(2) 计算全年最佳订货次数。

(3) 计算最低存货成本。

3. 某企业预测 2019 年度的销售收入净额为 3 600 万元，应收账款平均收账天数为 60 天，变动成本率为 50%，企业的资金成本率为 10%。一年按 360 天计算。

要求：

(1) 计算 2019 年度应收账款的平均余额。

(2) 计算 2019 年度应收账款占用资金。

(3) 计算 2019 年度应收账款的机会成本额。

(4) 若 2019 年应收账款平均余额需要控制在 400 万元，在其他因素不变的条件下，问：应收账款平均收账天数应调整为多少天？

4. B 公司是一家制造类企业，产品的变动成本率为 60%，一直采用赊销方式销售产品，信用条件为 n/60。如果继续采用 n/60 的信用条件，预计 2020 年赊销收入净额为 1 000 万元，坏账损失为 20 万元，收账费用为 12 万元。

为扩大产品的销售量，B 公司拟将信用条件变更为 n/90。在其他条件不变的情况下，预计 2020 年赊销收入净额为 1 100 万元，坏账损失为 25 万元，收账费用为 15 万元。假定等风险投资最低报酬率为 10%，一年按 360 天计算，所有客户均于信用期满付款。

要求：

(1) 计算信用条件改变后 B 公司收益的增加额。

(2) 计算信用条件改变后 B 公司应收账款成本增加额。

(3) 请分析判断 B 公司是否应改变信用条件的决策，并说明理由。

模块六

利润及利润分配管理

第一节　利 润 管 理

一、利润的构成

利润是指企业在一定会计期间的经营成果。利润包括收入减去费用后的净额、直接计入当期利润的利得和损失等。利润体现了企业的综合经济效益，它反映出企业生产经营活动、投资活动和非生产经营活动的成果，同时也反映出企业的成本费用情况。

(一) 利润构成

利润作为企业经营的成果，从其形成过程看有营业利润、利润总额和净利润三个层次。

1. 第一个层次：营业利润

营业利润是企业在销售商品、提供劳务、让渡资产使用权等日常活动中产生的利润。

营业利润＝营业收入－营业成本－税金及附加－销售费用－管理费用－财务费用
－资产减值损失＋公允价值变动损益＋投资收益

其中：

营业收入 ＝ 主营业务收入 ＋ 其他业务收入
营业成本 ＝ 主营业务成本 ＋ 其他业务成本

提示：

营业利润是企业利润的重要组成部分，是企业的利润主体。这一指标能够比较恰当地反映企业管理者的经营业绩。

2. 第二个层次：利润总额

利润总额又称税前利润，是营业利润加上营业外收入减去营业外支出后的金额。

利润总额 ＝ 营业利润 ＋ 营业外收入 － 营业外支出

提示：

利润总额是企业在一定时期内实现盈亏的总额，集中反映企业生产经营活动各方面的效益，是企业最终的财务成果，是衡量企业生产经营管理的重要综合指标，也是国家考核企业经济效益最常用、最主要的综合经营指标之一。利润总额若为正数，则表示企业为盈利企业；若为负数，则表示该企业为亏损企业。如果亏损的企业不能及时消除不利因素扭亏为盈，最终将难以逃脱破产或者被兼并的悲惨命运。因此，企业要对利润进行管理首先要把握好对利润总额的管理。

3. 第三个层次：净利润

净利润又称税后利润，是利润总额扣除所得税费用后的净额。

净利润 ＝ 利润总额 － 所得税费用

提示：

所得税费用是指国家法人、自然人和其他经济组织在一定时期内的各种所得征收的一类税收。对净利润进行管理主要是要对所得税费用进行控制。按现行财务制度规定，企业利润总额按照国家规定的调整项目作相应调整后，要依法缴纳所得税。所得税是对企业生产经营活动所取得的经营所得征收的一种税收。所得税的负担主要取决于纳税人有无所得和所得多少，实行所得多的多征，所得少的少征，无所得的不征的原则。所得税的税负不易转移，符合公平负担原则。

（二）利润管理的意义

利润计划在实施过程中，往往会出现偏离计划的情况，因而，必须在整个利润形成过程中加强管理。利润管理的意义表现为：首先，利润管理是实施增产节约从而增加利润的保证；其次，利润管理是增加生产销售从而增加利润的必要工作；最后，利润管理能有效地监督利润计划的执行情况，保证利润计划的顺利完成。

（三）利润管理的目标

1. 制定合理的目标利润并保证其实现

企业在规划最优目标利润的时候，要以企业的实力为基础，综合分析和预测销售情况，产品价格、生产成本、生产能力和产品结构等因素对目标利润的影响，合理地制定目标利润。企业全部经营活动围绕目标利润有效地展开，通过将利润指标的分解，可以把企业的整体利益与各部门及员工的切身利益联系在一起，从而调动广大员工的积极性，保证目标利润的实现。

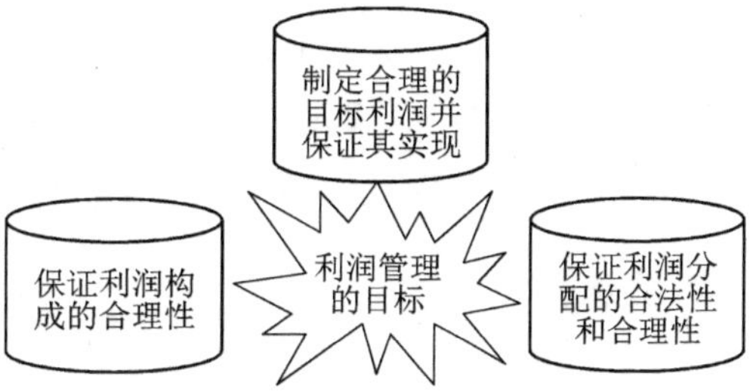

图 6-1　利润管理的目标

2. 保证利润构成的合理性

企业要合理安排其收入来源，以保证利润构成的合理性。在一般情况下，营业利润这一指标能够比较恰当地代表企业管理者的经营业绩，是利润的主要构成内容，在利润总额的构成中应该占主要地位。对于制造业企业来说，对外投资业务不是其主要业务，因此投资净收益在利润总额中的比例不宜过大，但对于投资公司来说，投资净收益在企业利润构成中的比重就应该较高。营业外收支净额与企业的生产经营活动无直接关系，在利润总额中的比例只应占较小的比例。

3. 保证利润分配的合法性和合理性

国家的财经法规对企业利润分配的顺序和原则作了相应规定，企业在依法缴纳所得税后，需严格按照规定的利润分配顺序对税后利润进行分配，按法定比例提取盈余公积金、公益金。进行股利分配时，必须保证资本金的完整，不得使用资本金支付股利，也不得影响企业的偿债能力，即要合理处理股东当前利益和公司长远发展之间的关系。

二、利润规划

利润规划是指企业对影响利润的诸多因素进行分析并确定目标利润，从而编制利润计划，以便有效使用资金，实现盈利。目标利润是指企业在一定时间内争取达到的利润目标，反映着一定时间财务、经营状况的好坏和经济效益高低的预期经营目标。测算目标利润的方法很多，通常有三种：量本利分析法、利润增长比率法、财务比率法等。

（一）量本利分析法

量本利分析法是建立在成本习性基础上，利用商品销售额与固定成本、变动成本之间的变动规律对目标利润进行预测的方法。

目标利润＝销售收入－总成本
＝销售收入－（变动成本＋固定成本）
＝单价×销量－单位变动成本×销量－固定成本
＝（单价－单位变动成本）×销量－固定成本

提示：

量本利分析法中的目标利润为息税前利润。息税前利润是指企业扣除利息费用和所得税之前的利润。息税前利润剔除了负债的利息和所得税费用等相关因素的影响，可以准确地反映企业的经营管理水平和盈利水平，有利于企业之间的比较。

【例 6-1】 某公司生产某产品，预计 2020 年销售量为 200 万件，销售单价为 10 万元；单位变动成本 4 万元，固定成本 800 万元。请计算该企业预计可实现的息税前利润。

息税前利润＝(10－4)×200－800＝400(万元)

提示：

变动成本率＝单位变动成本÷单价
目标利润 ＝(单价－单位变动成本)×销量－固定成本
变形后： 目标利润 ＝销售收入×(1－变动成本率)－固定成本

（二）利润增长比率法

利润增长比率法是根据上年度达到的利润，以及过去连续几年利润增长率的变动趋势与幅度，并结合预测期可能发生的变动情况，确定预计利润增长率，然后求得目标利润。

目标利润＝基期利润额×(1＋利润增长率)

【例 6-2】 某公司 2019 年度实现利润总额 800 万元，预计 2020 年的利润增长率为 5%。请计算该企业 2020 年可实现的利润总额。

解： 利润总额 ＝ 800 ×（1＋5%）＝ 840（万元）

（三）财务比率法

财务比率法是根据利润同有关财务指标的比例关系，通过取得相关财务比率来预测未来某一时期利润的方法。

目标利润 ＝ 预计销售收入 × 销售利润率

【例 6-3】 某企业 2020 年度预计实现销售收入 6 000 万元，估计销售利润率为 20%。请计算该企业 2020 年度可实现的利润总额。

解：　　利润总额 $= 6\,000 \times 20\% = 1\,200$(万元)

财务比率法要求企业对销售收入和销售利润率的预测比较准确，否则其结果会有较大的偏差。

第二节　利润分配管理

案　例

上市公司该不该分红

又是一年年报季。往年每到这个时刻，就开始有各式盘点，梳理A股市场上那些从未分红或者是极少分红的“铁公鸡”。但2018年有显著的不同，随着上市公司2018年年报的密集披露，高分红公司不断出现。据统计，2018年以来，截至发稿已经有528家公司发布分配预案，共有524家公司涉及现金分配，其中近50家公司现金分红超10亿元。

2013年之后，监管部门不断出台一系列政策，倡导上市公司现金分红，强化股东回报机制，对长期不分红的上市公司持续强化监管。这一系列文件被视为监管层要求上市公司强制分红。

不过，一个奇怪的现象是，有些处于最顶端的优质公司，反而以不分红“享誉世界”。最为典型的是巴菲特的伯克希尔哈撒韦公司。这家公司尽管几十年来从不分红，但股价持续保持上涨，如今已经每股超过17万美元。除此之外，谷歌同样不分红，可是市值已经超过7 000亿美元；脸书不分红，照样受到投资者的热爱。在国外成熟的资本市场，把钱用于扩大投资和研发而不是分红，已成为上市公司的一个新趋势。

也正因此，对上市公司究竟该不该分红的争议从未休止过。

利润分配是指分配主体对分配对象在各个分配参与者之间进行的分割和平衡，具体讲就是企业将净利润在投资者、经营者以及其他有特殊贡献的职工、企业留存之间进行的合理有效的分配。广义的利润分配是指对企业收入和利润进行分配的过程；狭义的利润分配则是指对企业净利润的分配。财务管理中的利润分配，主要是指企业的净利润分配，其实质就是确定给投资者分红与企业留用利润的比例。

一、利润分配的原则

利润分配的原则如图6-2所示，具体表述如下。

(一) 依法分配原则

为规范企业的利润分配行为，国家制定和颁布了若干法规，这些法规规定了企业利润分配的基本要求、一般程序和重大比例。企业的利润分配必须依法进行，这是正确处理企业各项财务关系的关键。

(二) 资本保全原则

企业的利润分配必须建立在盈利确认的基础上，即以资本保全为前提。企业必须在有可供分配利润的情况下进行利润分配，可供分配利润是投资者投入资本的增值部分。这种分配是收益分配，不是投资者资金的返还，只有这样才能充分保护投资者的利益。

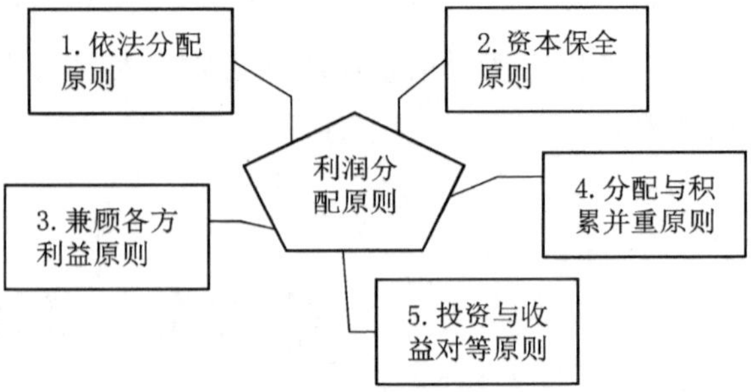

图 6-2　利润分配的原则

（三）兼顾各方利益原则

兼顾各方面利益原则，首先要处理好满足各方面的短期利益与注重维持企业长远的发展实力之间的关系；其次要处理好与企业利润分配有关利益的各个团体和个人之间的关系。企业的利润分配政策的确定关系到企业的长远盈利能力、企业资本结构的合理性、企业综合资金成本的高低和企业长短期偿债能力的保持，并影响企业投资人和债权人的信心、企业未来的举债能力和企业管理层及员工的积极性和主动性。

（四）分配与积累并重原则

企业的利润分配，要正确处理长期利益和近期利益这两者的关系，坚持分配与积累并重。企业除按规定提取法定盈余公积金以外，可适当留存一部分利润作为积累，这部分未分配利润不仅可以为企业扩大生产筹措资金，增强企业发展能力和抵抗风险的能力，还可以供未来年度进行分配或弥补亏损，起到平抑利润分配数额波动、稳定投资报酬率的作用。

（五）投资与收益对等原则

企业利润分配应当体现"谁投资谁收益"、收益大小与投资比例相适应的原则，即投资与收益对等原则。这是正确处理企业与投资者利益关系的立足点。投资者以出资额依法享有利润分配权，要求企业遵守公开、公平、公正的原则分配利润，不搞幕后交易，不帮助大股东侵蚀小股东利益，一视同仁地对待所有投资者，从根本上保护投资者的利益并提高其积极性。

二、利润分配的顺序

按照我国《公司法》等法律、法规的有关规定，公司当年实现的利润总额，应按照国家有关规定作相应调整后，依法缴纳所得税，然后按下列顺序进行分配。

（一）弥补以前年度亏损

根据我国财务制度规定，企业发生亏损后，可以用下一年度的税前利润弥补，若下一年度利润不足弥补的，可以在 5 年内弥补。若 5 年以内还没有以税前利润将亏损弥补足额，从第 6 年开始，只能以税后利润弥补亏损。在进行后续分配时要考虑企业的可供分配的利润。如果可供分配利润为正数，可以继续分配；若为负数，则停止分配。

可供分配利润 ＝ 本年净利润（或亏损）＋ 年初未分配利润（亏损）

（二）提取法定盈余公积金

企业实现的净利润在弥补亏损后，按 10％的比例提取法定盈余公积金，当法定盈余公积金达到注册资本的 50％时不再提取。

(三) 提取任意盈余公积金

任意盈余公积金按照公司章程或股东大会决议提取和使用，其目的是控制向投资者分配利润的水平以及调整各年利润分配的波动，通过这种方法对投资者分利加以限制和调节。法定盈余公积金和任意盈余公积金可用于弥补亏损、转增资本金，也可用于分配股利。但企业用盈余公积金转增资本金后，法定盈余公积金的余额不得低于注册资本的 25%。公司的资本公积金不能用于弥补亏损。

(四) 向投资者(或股东)分配利润(或股利)

净利润扣除上述项目后，加上以前年度的未分配利润，向投资者(或股东)进行分配。在向上市公司股东支付股利时，应优先支付优先股股利，后支付普通股股利。若公司违反上述利润分配顺序，在抵补亏损和提取法定盈余公积金之前向股东分配利润的，必须将违反规定发放的利润退还公司。

【例 6-4】 某股份有限公司 2019 年有关资料如下：

2019 年年度实现利润总额 5 000 万元，所得税税率为 25%；公司前两年累计亏损 1 000 万元；法定盈余公积提取比例为 10%，任意盈余公积金的提取比率为 10%；支付 2 000 万股普通股股利，每股 0.8 元。

解： 根据上述资料，该公司利润分配的程序如下。

(1) 弥补亏损、计缴所得税后的净利润=(5 000−1 000)×(1−25%)=3 000(万元)。

(2) 提取法定盈余公积金=3 000×10%=300(万元)。

(3) 提取任意盈余公积金=3 000×10%=300(万元)。

(4) 实际支付普通股股利=2 000×0.8=1 600(万元)。

(5) 年末未分配利润=3 000−300−300−1 600=800(万元)。

三、利润分配的制约因素

企业的利润分配政策通常是由企业管理者制定的，但是利润分配方案的最终实施还要受到其他约束条件的限制。这些条件包括客观上和主观上的诸多制约因素，因此，决策人只能遵循当时的经济环境与法律环境做出有限的选择。制约企业利润分配政策的因素如图 6-3 所示，具体表述如下。

(一) 法律因素

为了保护债权人和投资者的利益，国家的有关法律、法规对企业的利润分配进行了一定的限制性约束。

1. 资本保全约束

企业不能用资本[包括实收资本(或股本)和资本公积]发放股利，只能用来源于企业的当期利润或留存收益。其目的在于防止企业任意减少所有者权益，调整资本结构，伤害债权人的利益。

2. 资本积累约束

根据有关法律规定，公司必须按照一定的比例和基数提取各种公积金，股利只能从企业的可供分配利润中支付。资本积累要求在具体的分配政策上，贯彻“没有利润就不能分配”

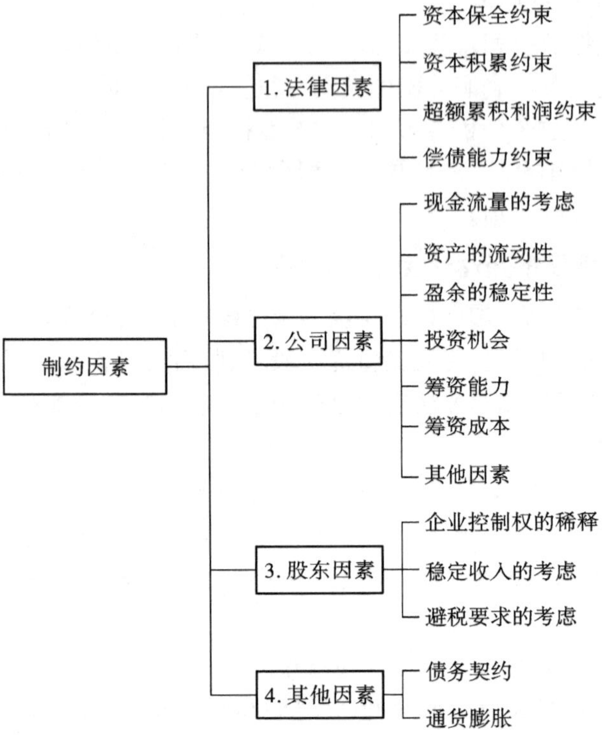

图 6-3　利润分配的制约因素

的原则，即使为了维护企业的形象，动用以前年度的盈余公积金分派股利，也要保留一定数额的留存收益。

3. 超额累积利润约束

对于股份公司，由于投资者接受股利缴纳的所得税要高于进行股票交易的资本利得所缴纳的税金，因此，许多企业通过累积利润来促使股价上涨，从而帮助股东避税。而在西方国家，税法规定如果公司为了避税而使得盈余的保留大大超过了公司目前及未来的投资需要时，将被加征额外的税款。

4. 偿债能力约束

企业在进行利润分配时，需要大量的现金，因此企业不能只看利润表上可供分配利润的数额，还要注意资产负债表上的现金结余情况。现金股利的支付会导致企业现金的流出，而支付现金股利会影响到企业偿债能力和正常经营。因此，要求公司考虑现金股利分配对偿债能力的影响，确定在分配后仍能保持较强的偿债能力，以维持公司的信誉和借贷能力，从而保证公司的正常资金周转。

（二）公司因素

1. 现金流量的考虑

企业资金的正常周转是企业生产经营的保证条件之一。公司在进行利润分配时，要保证正常的经营活动对现金的需求，以维持资金的正常周转，使生产经营得以有序进行。因此，有必要对企业利润分配政策进行控制。

2. 资产的流动性

支付现金股利将减少现金持有量，从而降低企业资产的流动性。企业的管理者通常希望保持一定的流动性，以作为其财务灵活性的缓冲，而不愿意支付大额股利而危及企业的稳定营运。因此，资产流动性较低的公司往往支付较低的股利。

3. 盈余的稳定性

一般来讲，公司盈余越稳定，则其股利支付水平越高。盈余不稳定的企业，对于未来盈利情况缺乏把握，就不敢贸然多分股利，会比较保守，从而较多采用低股利政策。

4. 投资机会

企业在预期未来有良好的投资机会时，企业将大部分盈余用于投资，这就会减少现金股利的发放；而在企业缺乏良好的投资机会时，则倾向于支付较高的现金股利。

5. 筹资能力

如果企业具有较强的筹资能力，可以随时筹集到生产经营所需要的资金，则企业具有较大的股利支付能力，反之则亦然。

6. 筹资成本

用留存收益的方式筹资与发行新股筹资相比，不需要支付任何筹资费用，这样有利于降低筹资成本。因此，很多企业将企业的净利润作为筹资的首选渠道，从而降低企业筹资成本，特别是负债资金较多、资本结构欠佳的时期。

7. 其他因素

不同发展阶段、不同行业的公司股利支付比例会有差异。

(三) 股东因素

1. 企业控制权的稀释

从控制权的角度考虑，具有控制权的股东往往主张限制股利的支付，而愿意较多的保留盈余，以防止控制权旁落他人。这是因为，如果企业的股利支付率高，就会导致留存盈余减少，这又意味着将来发行新股的可能性加大，而发行新股会稀释公司的控制权。

2. 稳定收入的考虑

从稳定收入的角度考虑，依靠股利维持生活的股东要求支付稳定的股利，反对企业留存较多的收益。

3. 避税要求的考虑

一般来讲，股利收入的税率要高于资本利得的税率。很多股东出于税负因素的考虑，而要求限制股利的支付，保留较多的收益，以实现在股利上涨时，获得较多的价差收益。因此，企业偏好于低股利支付水平。

(四) 其他因素

1. 债务契约

通常来说，股利支付水平越高，留存收益越少，公司破产风险就加大，就越有可能侵害到债权人的利益。因此，为了保证自己的利益不受侵害，债权人通常会在债券契约、租赁合同中加入关于借款公司股利政策条款，以限制公司股利的发放。

2. 通货膨胀

在通货膨胀时期，企业一般采用偏紧的利润分配政策。其原因在于，出现通货膨胀之后，货币购买力下降，固定资产重置资金会出现缺口，为了弥补缺口，企业往往少发放现金股利。

四、股利分配理论

案 例

关于股利分配的争论

A上市公司自2013年以来，其经营状况和盈利情况一直处于相对稳定的状态，且在收益分配上，每年都会发放一定比例的现金股利。但是2018年由于经济环境因素的影响，公司的盈利水平大幅下降，总资产报酬率从2017年的16%下降至5%，现金流量也明显趋于恶化。公司于2019年年初召开了董事会，会议就2018年度的股利分配进行讨论，并形成股利分配预案，交由股东大会决议。以下是董事会讨论发言：

董事甲：我认为公司2018年度应不发放现金股利。理由有：第一，公司2018年经营及盈利状况的不利变化主要是受经济环境因素影响导致的，而这些因素在短期内能否改变，尚难预测。因此，为了保持公司的支付能力，公司不宜进行现金股利分配。第二，公司资产报酬率下降，使得举债的财务风险较大，因此，公司不能举债发放现金股利。公司目前尚有近9 000万元的未分配利润，我建议公司采用股利股票分配政策，这样不仅可以有利于稳定公司的市场形象，还可以节约现金流出。

董事乙：我认为公司2018年应分配一定比例的现金股利。理由有：第一，公司每年都进行现金股利的分配，且股利分配比例相对稳定。如果公司2018年停止分配现金股利，将影响公司的市场形象和理财环境。第二，公司按2017年的分配水平支付现金股利，大约需要3 000万元，而公司目前的资产负债率仅为30%，尚有举债空间，公司可以通过举债来进行现金股利的分配。因此，公司进行现金股利分配不会存在问题。

公司的股利分配政策和公司的获利能力有关，应遵循一定的顺序。围绕公司股利政策对公司股票价值或者公司价值有无影响，形成了股利政策的基本理论。在西方学术界以及实务界，对该理论的研究有着不同的观点，形成了不同的股利理论。

（一）股利无关论

股利无关论认为，在一定的假设条件限制下，股利政策不会对公司的价值或股票的价格产生任何影响，投资者不关心公司股利的分配。公司市场价值的高低，是由公司所选择的投资决策的获利能力和风险组合所决定，而与公司的利润分配政策无关。

该理论是建立在完全资本市场理论之上的，假定条件包括：①市场具有强式效率；②不存在任何公司或个人所得税；③不存在任何筹资费用；④公司的投资决策与股利决策彼此独立；⑤股东对股利收入和资本增值之间并无偏好。

（二）股利相关论

股利相关论认为股利的支付与股票市场并不是无关的，而是有较大的相关性。股利相关论主要有以下几种观点。

1. “手中鸟”理论

该理论认为，用留存收益再投资给投资者带来的收益具有较大的不确定性，并且投资的风险随着时间的推移会进一步增大。因此，厌恶风险的投资者会偏好确定的股利收益，而不愿意将收益留存在公司内部，去承担未来的投资风险。在这种理论的指导下，需要公司定期向股东支付较高的股利。当公司支付较高的股利时，公司的股票价格会随之上升，公司价值将得到提高。

2. 信号传递理论

该理论认为，在信息不对称的情况下，公司可以通过股利政策向市场传递有关公司未来盈利能力的信息，从而会影响公司的股价。一般来讲，预期未来盈利能力强的公司往往愿意通过相对较高的股利支付水平，把自己同预期盈利能力差的公司区别开来，以吸引更多的投资者。

3. 所得税差异理论

该理论认为，由于普遍存在的税率的差异及纳税时间的差异，资本利得收益比股利收益更有助于实现收益最大化目标，企业应当采用低股利政策。

4. 代理理论

该理论认为，股利的支付能够有效地降低代理成本。首先，股利的支付减少了管理者对自由现金流量的支配权，这在一定程度上可以抑制公司管理者过度投资或在职消费行为，从而保护外部投资者的利益。其次，较多的现金股利发放，减少了内部融资，导致公司进入资本市场寻求外部融资，从而公司可以经常接受资本市场的有效监督，这样便可以通过资本市场的监督减少代理成本。因此，高水平的股利支付政策有助于降低企业的代理成本，但同时也增加了企业的外部融资成本，所以，最优的股利政策应当使这两种成本之和最小。

五、股利政策选择

股利政策是指在法律允许的范围内，可供企业管理者选择的、有关利润分配事项的方针和策略，即对税后利润有关事项所做出的方针和政策。在企业税后利润总额一定的情况下，税后利润分配最后是集中在企业任意公积金的提取比率和股利分配水平问题上。适当的股利政策，不仅可以树立良好的资本市场形象，促进企业发展，而且能激发广大投资者对公司继续投资的热情，从而使公司获得长期、稳定的发展条件和机会。在实际工作中，通常有以下股利政策供公司选择。

(一) 剩余股利政策

剩余股利政策是指公司在有良好的投资机会时，根据目标资本结构，测算出投资所需的权益资本额，先从盈余中留用，然后将剩余的盈余作为股利发放。当增加的资本达到预定的目标资本结构(最佳资本结构)后，如果有剩余，再派发股利；如果没有剩余，就不派发股利。剩余股利政策的依据是股利无关论。

知识链接

采用剩余股利政策时，应遵循以下四个步骤：

(1) 设定目标资本结构，在此结构下，公司的加权平均资本成本将达最低水平。

(2) 确定公司的最佳资本预算，并根据公司的目标资本结构预计资金需求中所需增加的权益资本数额。

(3) 最大限度地使用留存收益来满足资金需求中所需的权益资本数额。

(4) 留存收益在满足公司权益资本增加后，若还有剩余再用来发放股利。

【例 6-5】 某公司 2019 年税后净利润为 1 000 万元，2020 年的投资计划需要资金 1 200 万元，公司的目标资本结构为权益资本占 60%，债务资本占 40%。该公司采用剩余股利政策，则该公司应当如何融资和分配利润。

解：(1) 按照目标资本结构，公司投资方案所需的权益资本数额为：1 200×60%＝720(万元)。

(2) 2019 年可以发放的股利为：1 000－720＝280(万元)。

假设公司当年流通在外的普通股为 1 000 万股，那么，每股股利为：280/1 000＝0.28(元/股)。该公司还要筹措负债资金：1 200－720＝480(万元)。

剩余股利政策的优点是有利于降低再投资的资金成本，保持最佳的资本结构，实现企业价值的长期最大化。剩余股利政策的缺陷主要表现在：①若完全遵照执行剩余股利政策，股利发放额就会每年随着投资机会和盈利水平的波动而波动；②不利于投资者安排收入与支出，也不利于树立公司良好的形象。该方法一般适用于公司的初创阶段。

(二) 固定或稳定增长的股利政策

固定或稳定增长的股利政策是将每年发放的股利固定在某一固定的水平上并在较长的时期内不变，不论公司的盈利情况和财务状况如何，派发的股利额均保持不变。固定股利政策的主要目的是避免出现由于经营不善而削减股利的情况。

固定或稳定增长的股利政策的优点有：①稳定的股利向市场传递公司正常发展的信息，有利于树立公司的良好形象，增强投资者信心，稳定股票的价格；②稳定的股利额有利于投资者安排股利收入与支出，有利于吸引那些打算进行长期投资并对股利有很高依赖性的股东；③为了将股利维持在稳定的水平上，即使推迟某些投资方案或暂时偏离目标资本结构，也可能比降低股利或股利增长率更为有利。

固定或稳定增长的股利政策缺点有：①股利的支付与企业的盈利相脱节；②在企业无利可分时，若依然实施该政策，也是违反《公司法》的行为。

在这种股利政策下，当公司盈利发生一般变化时，并不影响股利的支付，股利始终保持在稳定的水平上，向投资音传递公司经营业绩稳定、风险较小的信息。因此，盈利比较稳定或正处于成长期、信誉一般的公司多采用这种股利政策。

(三) 固定股利支付率政策

固定股利支付率政策是指公司将每年净利润的某一固定百分比作为股利分派给股东。这一百分比通常称为股利支付率，股利支付率一经确定，一般不得随意变更。

【例 6-6】 某公司长期以来采用固定支付率政策进行股利分配。该公司 2018 年净利润为 1 000 万元，2019 年由于公司经营不善，税后净利润降为 950 万元。目前公司发行在外的普通股为 200 万股。该公司对未来仍有信心，决心投资 800 万元建设新工厂，其中 60%将来自举债，40%来自权益资金。此外，该公司 2018 年每股股利为 3 元。若该公司实行固定股利支付率政策，计算其 2019 年应支付的每股股利。

解：若该公司实行固定股利支付率政策，则：

固定股利支付率＝3×200÷1 000＝60%

2019 年可支付股利＝950×60％＝570(万元)

2019 年每股股利＝570÷200＝2.85(元)

思考：若该公司实行剩余股利支付率政策，计算其 2019 年应支付的每股股利。

固定股利支付率政策的优点有：①采用固定股利支付率政策，股利与公司盈余紧密地配合，体现了多盈多分、少盈少分、无盈不分的股利分配原则；②公司每年按固定的比例从税后利润中支付现金股利，从企业支付能力的角度看，这是一种稳定的股利政策。

固定股利支付率政策的缺点有：①年度间股利的波动很容易给投资者带来经营状况不稳定、投资风险较大的不良印象，成为公司的不利因素；②合适的固定股利支付率的确定难度大。如果固定股利支付率确定得较低，不能满足投资者对投资收益的要求；而固定股利支付率确定得较高，没有足够的现金派发股利时会给公司带来巨大的财务压力。该政策通常适用于经营比较稳定或正处于成长期的企业，且很难被长期使用。

(四) 低正常股利加额外股利政策

低正常股利加额外股利政策是指企业事先设定一个较低的正常股利额，每年除了按正常股利额向股东发放现金股利外，还在企业盈余较多、资金较为充裕的年度向股东发放额外股利。其特点是灵活性与稳定性相结合，对现金流量和净利润不稳定企业较为有利。

低正常股利加额外股利政策优点有：①赋予公司较大的灵活性，使公司在股利发放上留有余地和具有较大的财务弹性。公司可根据每年的具体情况，选择不同的股利发放水平，以稳定和提高股价，进而实现公司价值的最大化。②使那些依靠股利度日的股东每年至少可以得到虽然较低但比较稳定的股利收入，从而吸引住这部分股东。

低正常股利加额外股利政策缺点有：①由于年份之间公司盈利的波动，额外股利不断变化，造成分派的股利不同，容易给投资者收益不稳定的感觉。②当公司在较长时期持续发放额外股利后，可能会被股东误认为是“正常股利”，一旦取消，传递出去的信号可能会使股东认为这是公司财务状况恶化的表现，进而导致股价下跌。

对于那些盈利随着经济周期而波动较大的企业或者盈利与现金流量很不稳定的企业，低正常股利加额外股利政策也许是一种不错的选择。

【例 6-7】 某公司成立于 2018 年 1 月 1 日，2018 年实现的净利润为 1 000 万元，分配现金股利 550 万元，提取盈余公积 450 万元(所提盈余公积均已指定用途)；2019 年实现的净利润为 900 万元(不考虑计提法定盈余公积的因素)；2020 年计划增加投资，所需资金为 700 万元。假定公司目标资本结构为自有资金占 60％，借入资金占 40％。

解：(1) 在保持目标资本结构的前提下，计算 2020 年投资方案所需的自有资金额和需要从外部借入的资金额。

2020 年投资方案所需的自有资金额＝700×60％＝420(万元)

2020 年投资方案需要从外部借入的资金额＝700×40％＝280(万元)

(2) 在保持目标资本结构的前提下，如果公司执行剩余股利政策。计算 2019 年度应分配的现金股利。

2019 年度应分配的现金股利＝净利润－2020 年投资方案所需的自有资金额＝900－420＝480(万元)

在不考虑目标资本结构的前提下，如果公司执行固定股利政策，计算 2019 年度应分配的现金股利、可用于 2020 年投资的留存收益和需要额外筹集的资金额。

2019 年度应分配的现金股利＝上年分配的现金股利＝550(万元)

可用于 2020 年投资的留存收益＝900－550＝350(万元)

2020 年投资需要额外筹集的资金额＝700－350＝350(万元)

(4) 在不考虑目标资本结构的前提下，如果公司执行固定股利支付率政策，计算该公司的股利支付率和 2019 年度应分配的现金股利。

该公司的股利支付率＝550/1 000×100％＝55％

2019 年度应分配的现金股利＝55％×900＝495(万元)

(5) 假定公司 2020 年面临着从外部筹资的困难，只能从内部筹资，不考虑目标资本结构，计算在此情况下 2019 年度应分配的现金股利。

因为公司只能从内部筹资，所以 2020 年的投资需要从 2019 年的净利润中留存 700 万元，所以，2019 年度应分配的现金股利＝900－700＝200(万元)。

各种股利政策的计算方法及优缺点比较如表 6-1 所示。

表 6-1　各种股利政策的计算方法及优缺点比较

股利政策	计算方法	优点	缺点
剩余股利政策	股利＝净利润－投资所需自有资金＝净利润－投资所需资金×目标资金结构中自有资金的比例	有利于企业保持理想的资本结构，充分利用筹资成本最低的资金来源，使综合资金成本降至最低	会造成股票价格波动
固定或稳定增长的股利政策	股利＝股票股利×固定的每股股利	①有利于树立公司良好的形象；②有利于投资者安排股利收入和支出；③有利于向市场传递企业正常发展的信息，稳定股票价格	会造成股利的支付与盈余脱节，当企业盈余较低时，仍然要支付固定的股利，这可能导致资金短缺，出现财务状况恶化
固定股利支付率政策	股利＝净利润×某一固定股利支付率	发放的股利随着企业经营业绩的好坏而上下波动，体现了“多盈多分，少盈少分，不盈不分”的原则	导致各年股利不稳定，波动较大，不利于稳定股价，容易使股东产生企业发展不稳定的感觉

（续表）

股利政策	计算方法	优点	缺点
低正常股利加额外股利政策	股利＝固定且数额较少的股利＋额外股利	①有利于公司灵活掌握资金的调配；②有利于维持股价的稳定，从而增强股东对企业的信心；③有利于吸引那些依靠股利度日的股东，使之每年可以得到比较稳定的股利收入	股利派发仍然缺乏稳定性；取消额外股利，易造成企业“财务状况”负面印象，股价下跌

六、股利分配方案的确定与实施

（一）股利政策的选择

企业选择股利政策通常需要考虑以下几个因素：

（1）企业所处的成长与发展阶段。

（2）企业支付能力的稳定情况。

（3）企业获利能力的稳定情况。

（4）目前投资机会。

（5）投资者态度。

（6）企业的信誉状况。

在初创阶段，企业面临的经营风险和财力风险都很高，企业急需大量资金投入，融资能力差，即使获得了外部融资，资金成本一般也很高。因此，为降低财务风险，企业应贯彻先发展后分配的原则，剩余股利政策为最佳选择。

在高速增长阶段，企业的产品销售急剧上升，投资机会快速增加，资金需求大而紧迫，不宜宣派股利。但此时企业的发展前景已相对较明朗，投资者有分配股利的要求。为了平衡这两方面的要求，企业应采取正常股利加额外股利政策，股利支付方式应采用股票股利的形式避免现金支付。

在稳定增长阶段，企业产品的市场容量、销售收入稳定增长，对外投资需求减少，每股收益呈上升趋势，公司已具备持续支付较高股利的能力。此时，理想的股利政策应是稳定增长股利政策。

在成熟阶段，产品市场趋于饱和，销售收入不再增长，利润水平稳定。此时，企业通常已积累了一定的盈余和资金，为了与企业的发展阶段相适应，企业可考虑由稳定增长股利政策转为固定股利支付率政策。

在衰退阶段，产品销售收入减少，利润下降，企业为了不被解散或被其他公司兼并重组，需要投入新的行业和领域，以求新生。因此，企业已不具备较强的股利支付能力，应采用剩余股利政策。

（二）股利支付水平的确定

股利支付水平通常用股利支付率来衡量。股利支付率是当年发放股利与当年净利润之比，或每股股利除以每股收益。

是否对股东派发股利以及比率高低，主要取决于企业对下列因素的衡量：

(1) 企业所处的成长周期及目前的投资机会。

(2) 企业的再筹资能力及筹资成本。

(3) 企业的控制权结构。

(4) 顾客效应。

(5) 股利信号传递功能。

(6) 贷款协议以及法律限制。

(7) 通货膨胀因素等。

(三) 股利支付形式的确定

1. 现金股利

现金股利是以现金发放的股利，是公司最常见、最容易被投资者接受的股利形式。这种股利支付形式能满足大多数投资者希望得到一定数量的现金作为投资收益的愿望。发放现金股利将减少企业资产负债表的现金和留存收益。因此，企业在支付现金前，必须做好财务上安排，以便有充足的现金支付股利。因为企业一旦向股东宣告发放股利，就对股东承担了支付的责任，必须如期履约，否则不仅会丧失企业信誉，而且会带来不必要的麻烦。当企业现金不足，而外部筹资又受到限制时，就应该考虑其他股利支付方式。

2. 股票股利

股票股利是公司以增发股票的方式所支付的股利，在我国实务中通常称其为“红股”。股票股利对公司来说，并没有现金流出企业，也不会导致公司的财产减少，而只是将公司的留存收益转化为股本。但股票股利会增加流通在外的股票数量，同时降低股票的每股价值。它不会改变公司的股东权益总额，但会改变股东权益构成。股票股利最大的优点就是节约现金支出，因而常被现金短缺的企业所采用。我国《公司法》规定，公司可以采用现金股利和股票股利的股利支付形式。

3. 财产股利

财产股利是以现金之外的资产作为股利发放给股东的股利支付形式，主要包括实物股利和证券股利。实物股利是指公司以现金以外的实物资产支付股利，如公司的实物产品等。这种股利发放形式不会增加公司的现金流出，适用于公司现金不足、资产变现能力较弱的情况。但实物股利不容易为广大股东所接受，因此，一般情况下不采用实物股利方式。最常见的财产股利是以其他公司的证券代替货币资金发放给股东。由于证券的流动性比较好，仅次于货币，所以投资者愿意接受。

4. 负债股利

负债股利是指公司以负债形式发放股利，通常是以应付票据或公司债券抵付股利。这种股利支付方式虽然可以暂时缓解公司资金不足的矛盾，但一般不受股东的欢迎，甚至可能引起投资者的恐慌，导致股票价格大跌。另外，应付票据和公司债券都是带利息的，这会给公司带来较大的利息支付压力。

案 例

股票代码：600 ***　股票简称：A 股份　编号：2019-009

**** 实业股份有限公司 2018 年度利润分配方案实施公告**

重要内容提示：

- 每股派发现金红利 0.02 元(含税)
- 扣税前每股现金红利 0.02 元;扣税后每股现金红利 0.018 元
- 股权登记日：2019 年 5 月 22 日
- 除息日：2019 年 5 月 25 日
- 现金红利发放日：2019 年 6 月 2 日

一、2018 年度分配方案(略)

二、利润分配具体实施日(略)

三、分派对象(略)

四、分配方案实施方法(略)

五、咨询联系办法(略)

六、备查文件：公司 2018 年度股东大会决议。

** 股份有限公司

2019 年 5 月 18 日

(四) 股利发放日期的确定

股份公司分配股利必须遵循法定的程序，一般是由公司董事会决定并宣布，必要时要提交股东大会或股东代表大会决议通过，股东大会决议通过后，再对外公告。每年发放股利的次数因不同的国家、不同的公司而异。我国股份公司一般是一年发放一次或两次股利，即在年末和年中分配。西方国家股利通常是每季度发放一次。股利的发放须关注四个重要日期，即股利宣告日、股权登记日、除息日和股利支付日，如图 6-4 所示。

1. 股利宣告日

股份公司董事会根据定期发放股利的周期举行董事会议，讨论并提出股利分配方案，经公司股东大会决议通过后，由董事会对外正式宣布。对外正式宣布股利分配方案的日期即为股利宣告日。在宣布分配方案的同时，还要公布股权登记日、除息日和股利支付日。

2. 股权登记日

股权登记日是有权领取本期股利的股东资格登记截止日期。规定股权登记日是为了确定股东能否领取股利的日期界限。这是因为股票是流通的，公司股东会随股票交易而不断易人。为了明确本次股利的归属，确定这个日期是非常必要的。凡是在股权登记日这一天登记在册的股东才有资格领取本次分配的股利，而在这一天之后登记在册的股东，即使是在股利支付日之前买到的股票，也无权领取本次分配的股利，股利仍归原股东所有。

3. 除息日

除息日是指除去股利的日期，即领取股利的权利与股票分开的日期。按照证券业的惯例，一般规定股权登记日的前 4 天为除息日。在除息日之前购买的股票，能领取本次分配的股利，在除息日当天或以后购买的股票，则不能领取本次分配的股利。规定除息日是因为股票交易之后，需要办理过户手续的时间，而在除息日之后，股权登记日之前这几天购买的股票，股份公司可能不能及时得到股票所有权已经转让的通知。除息日对股票交易价格有明显的影响，除息日之前的股票交易价格中包含了将要发放的股利价值，因此，股价较高；除息日之后的股票交易价格中不再包含将要发放的股利价值，因此，其价格低于除息日之前的股票交易价格。在实行"T+0"交易制度下（"T+0"是证券市场的一种交易制度，指当天买入的证券当天即可出售），股票买卖交易的当天即可办理完交割过户手续。在这种交易制度下，股权登记日的次日（指工作日）即可确定为除息日。

4. 股利支付日

股利支付日又称付息日，是指将股利正式发放给股东的日期。在这一天，公司应将股利通过邮寄等方式支付给股东。计算机交易系统可以通过中央结算登记系统将股利直接打入股东资金账户，由股东向其证券代理商领取股利。

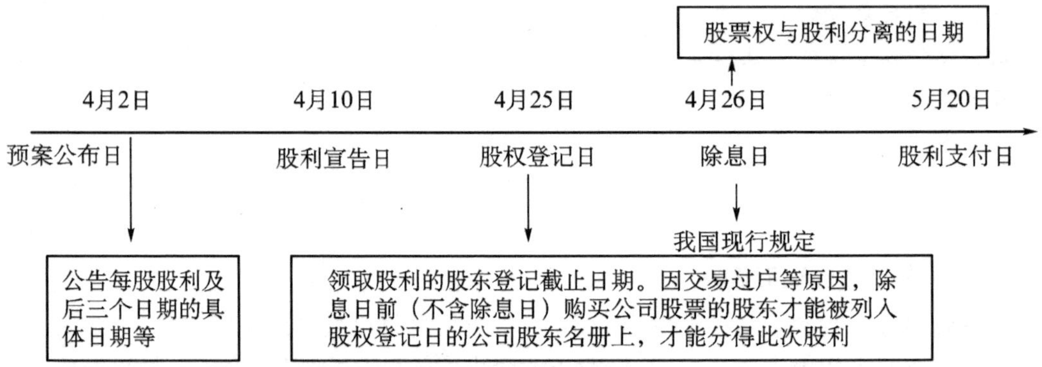

图 6-4　股利支付程序的流程

七、股票分割、股票回购与股票股利

（一）股票分割

股票分割（stock split）又称拆股，是指股份公司按一定比例以一股以上的新股交换一股流通在外的旧股的行为。如两股新股交换一股旧股。从会计的角度看，股票分割对公司的资本结构、资产的账面价值、股东权益各项目的构成均不产生影响，只是使公司发行在外的股票总数增加，每股股票代表的净资产降低。因此，股票分割与发放股票股利的作用非常相似，都是在不增加股东权益的情况下增加股票的数量。

股票分割的动机包括：第一，降低公司股票市价，更广泛的吸引散户投资；第二，促使企业兼并、合并政策的实施；第三，传递盈利能力增强的先导信号。

1. 股票分割的财务影响

【例 6-8】　某公司原发行面值 2 元的普通股 200 000 股，若按 1 股换成 2 股的比例进行股票分割，分割前后的股东权益如表 6-2、表 6-3 所示。

表 6-2　股票分割前的股东权益

项　　目	金额
普通股（面值 2 元，已发行 200 000 股）	400 000
资本公积	800 000

（续表）

项　　目	金额
留存收益	4 000 000
股东权益合计	5 200 000

表 6-3　股票分割后的股东权益

项　　目	金额
普通股(面值 1 元,已发行 400 000 股)	400 000
资本公积	800 000
留存收益	4 000 000
股东权益合计	5 200 000

假定股票分割前后公司净利润不变,均为 440 000 元。若股票分割前每股市价为 20 元,则分割后的每股收益和每股市价会因此而下降。股票分割前后股票收益对比如表 6-4 所示。

表 6-4　股票分割前后股票收益对比

项　　目	股票分割前	股票分割后
每股收益(EPS)	440 000÷200 000=2.2	440 000÷400 000=1.1
每股市价	20	20÷2=10

2. 股票分割对股东的影响

对于股东来讲,股票分割后各股东持有的股数增加,但持股比例不变,持有股票的总价值不变。不过,只要股票分割后每股现金股利的下降幅度小于股票分割幅度,股东仍能多获现金股利。

股票分割向社会传播的有利信息和降低了的股价,可能导致购买该股票的人增加,反使其价格上升,进而增加股东财富。

3. 股票分割对公司的影响

对于公司来讲,实行股票分割的主要目的在于通过增加股票股数降低每股市价,从而吸引更多的投资者。

股票分割往往是成长中公司的行为,所以宣布股票分割后容易给人一种“公司正处于发展之中”的印象,这种有利信息会对公司有所帮助。

股票分割有助于公司并购政策的实施,增加对被并购方的吸引力。

(二) 股票回购

股票回购(stock repurchase)是指股份公司出资将其发行流通在外的股票以一定价格购回予以注销或作为库存股的一种资本运作方式。作为成熟资本市场上常用的金融工具,股票回购在西方国家资本市场上发挥着重要的作用。在美国,股票回购已成为上市公司支付现金股利的一种十分重要的替代方式,并被大量用于支持公司的股票期权计划。

知识链接

我国《公司法》规定：公司不得收购本公司股份。但是，有下列情形之一的除外：

(1) 减少公司注册资本。

(2) 与持有本公司股份的其他公司合并。

(3) 将股份用于员工持股计划或者股权激励。

(4) 股东因对股东大会作出的公司合并、分立决议持异议，要求公司收购其股份。

(5) 将股份用于转换上市公司发行的可转换为股票的公司债券。

(6) 上市公司为维护公司价值及股东权益所必需。

股票回购的动因主要包括：第一，股票回购可以通过改变企业的资本结构影响市场价值；第二，股票回购可以改变每股净收益，从而改变投资者对企业价值的预期；第三，股票回购能够改变对经理层的激励和约束，从而影响企业市场价值；第四，股票回购是公司向股东传递信号的一种方式；第五，股票回购会引起企业控制权的相对转移；第六，股票回购引起的财富转移会改变企业价值。

1. 股票回购的财务影响

【例 6-9】 甲上市公司 2019 年度实现净收益 1 500 万元，目前发行在外的普通股股票 500 万股，每股市价为 21 元。甲公司决定用 500 万元发放现金股利或回购股票。如果发放现金股利，每股发放股利 1 元；如果回购股票，每股回购价格为 22 元，可回购 22.73 万股。假定回购股票前后公司股票市盈率保持不变。发放现金股利或回购股票后甲公司的相关财务数据如表 6-5 所示。

表 6-5 发放现金股利股票回购后甲公司的相关财务数据

项　　目	公司数据	个股数据
发放现金股利：		
现金股利	500(万元)	1.00(元/股)
年净收益	1 500(万元)	1 500/500=3(元/股)
市盈率	21÷3=7	
发放现金股利后股票价格	500×21=10 500(万元)	21.00(元/股)
股票回购：		
股票回购额	500(万元)	
年净收益	1 500(万元)	1 500÷(500−22.73)=3.14(元/股)
市盈率	7	
股票回购后股票价格	477.27×22=10 500(万元)	3.14×7=22.00(元/股)

由表 6-5 可知，甲公司股东有 2 种方法得到每股 1 元的收益，一是通过领取每股 1 元的现金股利；二是通过股票回购，使每股市价由 21 元上升为 22 元。

在股票回购中，非常重要的一点是要保持股票回购前后公司股票市盈率保持不变。这样，在回购中使出售股票和保留股票的股东都得到一个公平的价格，没有人因此获利，也没有人因此受损。当然，在股票回购的实际操作中，股票市场价格的反应不会像理论计算的那样准确，投资者对股票回购所含信息的判断和解释将导致股票价格的波动，并使之偏离理论价格。

2. 股票回购对股东的影响

对于投资者来说，与现金股利相比，股票回购不仅可以节约个人税收，而且具有更大的灵活性。因为股东对公司派发的现金股利没有是否接受的可选择性，对股票回购则具有可选择性。需要现金的股东可选择卖出股票，不需要现金的股东则可继续持有股票。如果公司急于回购相当数量的股票，而对股票回购的出价太高，以至于偏离均衡价格，那么结果会不利于选择继续持有股票的股东。这是因为回购行动过后，股票价格会出现回归性下跌。

3. 股票回购对上市公司的影响

股票回购需要大量资金支付回购的成本，易造成资金紧缺，资产流动性变差，影响公司发展后劲。上市公司进行股票回购首先必须要有资金实力为前提，如果公司负债率较高，再举债进行回购，将使公司资产流动性劣化，巨大的偿债压力将进一步影响公司正常的生产经营和发展后劲。

股票回购可能使公司的发起人股东更注重创业利润的兑现，而忽视公司长远的发展，损害公司的根本利益。

股票回购容易导致内幕操纵股价。股份公司拥有本公司最准确、最及时的信息，如果允许上市公司回购本公司股票，易导致其利用内幕消息进行炒作，使用大批普通投资者蒙受损失，甚至有可能出现借回购之名，行炒作本公司股票的违规之实。

（三）股票股利

股票股利不直接增加股东的财富，不导致公司资产的流出或负债的增加，因而不是公司资金的使用。股票股利也不增加公司的财产，但会引起所有者权益各项目的结构发生变化。

1. 股票股利的财务影响

发放股票股利后，如果盈利总额和市盈率不变，则会由于普通股股数增加而引起每股收益和每股市价的下降。但又由于股东所持股份的比例不变，所以每位股东所持股票的市场价值总额仍保持不变，因为股东权益总额没有因为发放股票股利而增加或减少。

发放股票股利之后每股收益和每股价格的计算公式为：

$$\text{发放股票股利之后每股收益} = \text{发放前每股收益} \times \frac{\text{发放前股数}}{\text{发放前股数}(1+\text{股票股利发放率})}$$

$$= \frac{\text{发放前每股收益}}{1+\text{股票股利发放率}}$$

$$\text{发放股票股利之后每股价格} = \frac{\text{发放前市值总额}}{\text{发放股票股利后股数}}$$

$$= \frac{\text{发放前股价}}{1+\text{股票股利发放率}}$$

2. 股票股利对股东的影响

股票股利不直接增加股东的财富，也不增加公司的价值，但对股东和公司都有特殊意义。其主要表现如下：

（1）有时公司发放股票股利后其股价并不成比例下降。一般在发放少量股票股利（如2%～3%）后，大体不会引起股价的立即变化。这可使股东得到股票价值相对上升的好处。

（2）发放股票股利通常是成长中的公司所为，因此投资者往往认为发放股票股利预示着公司将会有较大发展，利润将大幅度增长，足以抵消增发股票带来的消极影响。这种心理会稳定住股价甚至反致略有上升。

(3) 在股东需要现金时，还可以将分得的股票股利出售。有些国家的法律规定，出售股票所需缴纳的资本利得(价值增值部分)税率比收到现金股利所需缴纳的所得税税率低，这使得股东可以从中获得纳税上的好处。

3. 股票股利对公司的影响

发放股票股利可使股东分享公司的盈余而无需分配现金，这使公司留存了大量现金，便于进行再投资，有利于公司长期发展。

在盈余和现金股利不变的情况下，发放股票股利可以降低每股价值，从而吸引更多的投资者。

发放股票股利往往会向社会传递公司将会继续发展的信息，从而提高投资者对公司的信心，在一定程度上稳定股票价格。但在某些情况下，发放股票股利也会被认为是公司资金周转不灵的征兆，从而降低投资者对公司的信心，加剧股价的下跌。

发放股票股利的费用比发放现金股利的费用大，这会增加公司的负担。

课后练习

一、单选题

1. 预期未来获利能力强的公司，往往愿意通过相对较高的股利支付水平吸引更多的投资者。这种观点体现的股利理论是(　　)。

A. "手中鸟"理论　　B. 信号传递理论

C. 所得税差异理论　　D. 股利无关理论

2. 股利的支付减少了管理层对自由现金流量的支配权，这在一定程度上可以抑制公司管理层的过度投资或在职消费行为，从而保护外部投资者的利益。这种观点体现的股利理论是(　　)。

A. "手中鸟"理论　　B. 信号传递理论

C. 所得税差异理论　　D. 代理理论

3. 下列股利政策中，最能反映股利无关论观点的是(　　)。

A. 剩余股利政策　　B. 固定或稳定增长的股利政策

C. 固定股利支付率政策　　D. 低正常股利加额外股利政策

4. 按照剩余股利政策，某公司目前发行在外的股数为1 000万股，该公司在2019年的税后利润为1 000万元，2014年拟投资1 500万元，且该公司想要维持目前50%的负债比率。那么今年年末股利分配时，该公司发放的每股现金股利为(　　)元。

A. 0.5　　B. 0.25　　C. 1　　D. 0.75

5. 如果A上市公司以其持有的B上市公司的股票作为股利支付给股东，则这种支付股利的方式为(　　)。

A. 现金股利　　B. 财产股利　　C. 负债股利　　D. 股票股利

6. 下列关于股票回购说法中，不正确的是(　　)。

A. 股票回购是现金股利的一种替代方式

B. 股票回购不改变公司的资本结构

C. 股票回购可减少流通在外的股票数量,提高每股收益

D. 股票回购容易造成资金紧缺,资产流动性变差,影响公司发展后劲

7. 下列股权激励模式中适合于网络、高科技等风险较高企业的是(　　)。

A. 业绩股票激励模式　　B. 限制性股票模式

C. 股票增值权模式　　D. 股票期权模式

8. 通常适合采用低正常股利加额外股利政策的是(　　)。

A. 收益显著增长的公司　　B. 收益相对稳定的公司

C. 公司初创阶段　　D. 盈利与现金流量很不稳定的公司

9. 下列各项中,不影响股东权益变动的股利支付形式是(　　)。

A. 现金股利　　B. 股票股利　　C. 负债股利　　D. 财产股利

10. 下列各项中,能够增加普通股股票发行在外股数,但不会改变公司资本结构的行为是(　　)。

A. 增发普通股　　B. 发放现金股利　　C. 股票回购　　D. 股票分割

二、多选题

1. 企业收入与分配管理的意义包括(　　)。

A. 收入与分配管理集中体现了企业所有者、经营者与劳动者之间的利益关系

B. 收入与分配管理是企业再生产的条件以及优化资本结构的重要措施

C. 收入与分配管理是国家建设资金的重要来源之一

D. 收入与分配管理会减少企业的利润

2. 某公司刚刚于2019年8月成立,则其不宜采用的股利分配政策有(　　)。

A. 剩余股利政策　　B. 固定股利政策

C. 稳定增长股利政策　　D. 固定股利支付率政策

3. 利润与分配作为一项重要的财务活动,应当遵循的原则包括(　　)。

A. 依法分配原则　　B. 分配与积累并重原则

C. 兼顾各方利益原则　　D. 投资和收益对等原则

4. 下列股利政策中,会造成股利波动较大,容易让投资者感觉公司不稳定的股利分配政策有(　　)。

A. 剩余股利政策　　B. 固定或稳定增长的股利政策

C. 固定股利支付率政策　　D. 低正常股利加额外股利政策

5. 下列关于股票股利说法中,正确的有(　　)。

A. 在盈利总额不变的情况下,发放股票股利会导致每股收益下降

B. 在盈利总额和市盈率不变的情况下,发放股票股利不会改变股东持股的市场价值总额

C. 在盈利总额不变,市盈率上升的情况下,发放股票股利不会改变股东持股的市场价值总额

D. 发放股票股利可以促进公司股票的交易和流通

6. 下列各项中,属于发放股票股利导致的结果的有(　　)。

A. 股东权益内部结构发生变化　　B. 股东权益总额发生变化

C. 每股利润下降　　D. 股份总额发生变化

7. 下列关于股票回购的说法中，正确的有(　　)。

A. 股票回购容易导致公司操纵股价

B. 股票回购可以提高每股收益，使股价上升或将股价维持在一个合理的水平上

C. 股票回购容易造成资金紧缺，资产流动性变差，影响公司的发展后劲

D. 股票回购能够巩固既定控制权或转移公司的控制权

8. 下列关于股利分配政策说法中，正确的有(　　)。

A. 剩余股利政策一般适用于公司初创阶段

B. 固定或稳定增长的股利政策有利于树立公司的良好形象，增强投资者对公司的信心，稳定公司股票价格

C. 固定股利支付率政策体现了“多盈多分、少盈少分、无盈不分”的股利分配原则

D. 低正常股利加额外股利政策有利于股价的稳定

9. 下列说法中，正确的有(　　)。

A. 在股权登记日取得股票的股东无权领取本次分派的股利

B. 在除息日之前，股利权从属于股票

C. 在股利发放日，新购入股票的投资者能分享本次股利

D. 从除息日开始，新购入股票的投资者不能分享最近一期股利

10. 股票股利和股票分割的相同点有(　　)。

A. 会导致普通股股数增加

B. 都会导致每股收益和每股市价下降

C. 股东权益总额不变

D. 会导致股东权益内部结构变化

三、判断题

1. 根据“手中鸟”理论，公司向股东分配的股利越多，公司的市场价值越大。(　　)

2. 所得税差异理论认为，由于普遍存在的税率和纳税时间的差异，股利收入比资本利得收入更有助于实现收益最大化目标，公司应当采用高股利政策。(　　)

3. 剩余股利政策不利于投资者安排收入与支出，也不利于公司树立良好的形象，一般适用于公司成熟阶段。(　　)

4. 发放股票股利不会对公司的资产总额、负债总额及所有者权益总额产生影响，但会发生资金在所有者权益项目间的再分配。(　　)

5. 与发放现金股利相比，股票回购可以提高每股收益，使股价上升或将股价维持在一个合理的水平上。(　　)

6. 信号传递理论认为未来的资本利得具有很大的不确定性，并且其风险会随着时间的推移将进一步增大，所以，投资者会偏好于当期的现金股利。(　　)

7. 剩余股利政策的一个缺点是股利发放额每年随投资机会和盈利水平的波动而波动，不利于投资者安排收入与支出，也不利于公司树立良好的形象。(　　)

8. 如果公司的投资机会多，对资金的需求量大，那么它就很可能会考虑采用高股利支付水平的分配政策。(　　)

9. 企业发放股票股利会导致每股收益的下降，因此每股市价有可能会下降，每位股东

所持股票的市场价值总额也会下降。 （ ）

10. 股票分割不会影响公司的资本结构和股东权益，但会导致每股面值的降低，并由此会导致每股收益和每股市价的降低。 （ ）

四、计算分析题

1. 某公司 2018 年度实现的净利润为 1 200 万元，分配现金股利 600 万元。2019 年，公司实现的净利润为 1 000 万元，不考虑法定公积金的因素。2019 年，公司计划增加投资，所需资金为 800 万元。假设目标资本结构为股东权益占 60%，负债占 40%。

(1) 在保持目标资本结构的情况下，公司执行剩余股利政策，计算 2019 年度应分配的现金股利。

(2) 在不考虑目标资本结构的前提下，公司执行固定股利政策，计算 2019 年度应分配的现金股利、可用于 2020 年投资的留存收益和需要额外筹集的资金额。

(3) 在不考虑目标资本结构的前提下，公司执行固定股利支付率政策，计算该公司的股利支付率和 2019 年度应分配的现金股利。

(4) 假设公司 2020 年很难从外部筹集资金，只能从内部筹资，不考虑目标资本结构，计算 2019 年度应分配的现金股利。

2. F 公司为一家稳定成长的上市公司，2019 年度公司实现净利润 8 000 万元。公司上市三年来一直执行稳定增长的现金股利政策，年增长率为 5%，吸引了一批稳健的战略性机构投资者。公司投资者中个人投资者持股比例占 60%。2018 年度，公司每股派发 0.2 元的现金股利。公司计划 2020 年新增一投资项目，需要资金 8 000 万元。公司目标资产负债率为 50%。由于公司良好的财务状况和成长能力，公司与多家银行保持着良好的合作关系。公司 2019 年 12 月 31 日资产负债表有关数据如表 6-6 所示：

表 6-6 F 公司单位 2019 年 12 月 31 日资产负债表有关数据 单位：万元

项目	金额
货币资金	12 000
负债	20 000
股本（每股面值 1 元，发行在外 10 000 万普通股）	10 000
资本公积	8 000
盈余公积	3 000
未分配利润	9 000
股东权益总额	30 000

2020 年 3 月 15 日，公司召开董事会会议，讨论了甲、乙、丙三位董事提出的 2019 年度股利分配方案：

(1) 甲董事认为考虑到公司的投资机会，应当停止执行稳定增长的现金股利政策，将净利润全部留存，不分配股利，以满足投资需要。

(2) 乙董事认为既然公司有好的投资项目，有较大的现金需求，应当改变之前的股利政策，采用每 10 股送 5 股的股票股利分配政策。

(3) 丙董事认为应当维持原来的股利分配政策，因为公司的战略性机构投资者主要是保险公司，而他们要求固定的现金回报，且当前资本市场效率较高，不会由于发放股票股利使股价上涨。

要求：

(1) 在维持稳定增长的股利分配政策下，计算公司 2019 年度应当分配的现金股利总额。

(2) 分别站在企业和投资者的角度，比较分析甲、乙、丙三位董事提出的股利分配方案的利弊，并指出最佳股利分配方案。

模块七

财务分析

第一节　财务分析的内容

一、财务分析的概念

（一）财务分析的概念

财务分析是指依据财务报表及其他有关资料，运用科学方法对企业财务状况、经营成果及未来前景进行分析，借以掌握企业财务活动状况、预测财务发展趋势和进行经营决策的一项财务管理活动。

（二）财务分析的目的

财务分析以企业财务报告反映的财务指标为主要依据，对企业的财务状况和经营成果进行评价和剖析，目的是评价企业过去的经营业绩，衡量现在的财务状况，预测未来的发展趋势，为改进企业财务管理工作和优化经营决策提供重要的财务信息。

案　例

蓝天股份“神话”的破灭

2001 年 10 月 26 日，刘姝威在《金融内参》上发表文章《应立即停止对蓝田股份发放贷款》，引致蓝田方面的激烈反应。用中国蓝田（集团）总公司总裁瞿兆玉的话说，刘姝威的这篇文章让所有的银行全部停止对蓝田贷款。资金链断了，（蓝田）快“死”了。刘姝威运用国际通用的分析方法，分析了从蓝田股份的招股说明书到 2001 年中期报告的全部财务报告以及其他公开资料。根据对蓝田股份会计报表的研究推理，她写了一篇 600 多字的研究推理短文。

文章《应立即停止对蓝田股份发放贷款》包括四部分内容：蓝田股份的偿债能力分析；蓝田股份的农副水产品销售收入分析；蓝田股份的现金流量分析；蓝田股份的资产结构分析。根据以上分析，她研究推理出：蓝田股份的偿债能力越来越恶化；扣除各项成本和费用后，蓝田股份没有净收入来源；蓝田股份不能创造足够的现金流量以便维持正常经营活动和保证按时偿还银行贷款的本金和利息；银行应该立即停止对蓝田股份发放贷款。对蓝田股份得出这种结论，刘姝威说自己并没有用过于复杂的分析方法，无非就是那些常用的 20 多个财务指标，比如流动比率、速动比率、现金负债比率等。

2003 年年初，刘姝威并评为“感动中国——2002 年度人物”。颁奖词这样写道：“她用自己的大智大勇向一个虚假的神话提出质疑，面对一个强大的集团，面对一张深不可测的网，面对死亡的威胁，她以自己个人的力量坚持着这场强弱悬殊的战争，坚守着正义和良心的壁垒。正是这种中国知识分子的风骨，完美地证明了中国还有一双揉不进沙子的眼睛，推动了中国股市早日走上正轨，推动了中国经济的发展。”

二、财务分析的内容

财务分析信息需求者主要包括企业所有者、企业债权人、企业经营决策者、供应商和政府等。不同主体处于不同的利益考虑，对财务分析信息有着各自不同的要求，如表 7-1 所示。

表 7-1 财务分析的内容

分析主体	分析目的	分析内容
投资者	决定是否投资 关注资本的保值和增值状况 决定股利的分配政策	重视企业获利能力指标，主要进行企业盈利能力分析
债权人	决定是否给企业贷款 关注债务资金的安全性 关心资本结构、资金来源与用途	主要进行企业偿债能力分析，同时也关注企业盈利能力分析
供应商	确定合作关系与信用条件	主要进行营运能力分析
经营管理者	关注企业经营理财的各个方面	包括偿债能力、运营能力、获利能力，主要进行各方面综合分析，并关注企业财务风险和经营风险
政府相关部门	主要关注对社会的贡献和社会责任的履行	主要进行资金占用的使用效率和社会贡献程度

归纳起来，企业财务分析的基本内容包括偿债能力分析、营运能力分析和盈利能力分析。其中，偿债能力是财务目标实现的稳健性保证，营运能力是财务目标实现的物质基础，盈利能力既是营运能力与偿债能力共同作用的结果，同时也对他们起着推动作用。三者相辅相成，构成企业财务分析的基本内容。

三、财务分析的方法

(一) 比较分析法

1. 比较分析法的概念

比较分析法是指对两个或两个以上的可比数据进行对比，找出企业财务状况、经营成果中差异与问题的方法。

2. 比较分析法的方式

在实际工作中，企业可以根据分析的不同要求，采用以下三种方式。

1）同期比较

同期比较是指将指标的本期实际数与计划数进行对比，是同一指标不同形式的比较。该方法可以说明企业达到目标的程度，分析实际与计划的差异，为进一步财务分析提供依据。

$$计划完成差额 = 实际完成数 - 计划完成数$$

$$计划完成率 = \frac{实际完成数}{计划完成数} \times 100\%$$

【例 7-1】 A 公司 2019 年实际销售利润 480 万元，2019 年计划实现利润 500 万元，请利用比较分析法分析该公司计划完成情况。

解：

$$计划完成差额 = 480 - 500 = -20(万元)$$

$$计划完成率 = \frac{480}{500} \times 100\% = 96\%$$

2）纵向比较

纵向比较是指将指标的本期数和前期数进行对比，是同一指标不同时期的比较。该方法有助于了解企业经营管理活动的发展趋势和管理工作的质量好坏。（本期数与前期数—趋势分析）。

3）横向比较

横向比较是指将本企业的指标数与同行业平均水平或国内同行业先进水平的指标数之间进行对比，是同一指标不同企业的比较。该方法有助于揭示企业与同行业企业之间的差距，利于企业赶超先进水平。

同一指标纵向或横向对比结果有两种表现形式：一是差异额，二是差异率。

$$差异额 = 比较指标数 - 被比较指标数$$

$$差异率 = \frac{差异额}{被比较指标数} \times 100\%$$

【例 7-2】 B公司2018年实现销售利润200万元，2019年实现销售利润210万元。2018年该公司所处行业的平均销售利润为200万元，2019年行业平均销售利润为250万元，请利用比较分析法分析该公司销售情况。

解：(1) B公司2019年销售利润比2018年增加额＝210－200＝10(万元)

B公司2019年销售利润比2018年增长率$=\frac{10}{200}\times 100\%=5\%$

(2) B公司2019年销售利润低于行业平均利润额＝250－210＝40(万元)

行业平均利润增长率$=\frac{(250-200)}{200}\times 100\%=25\%$

答：B公司2019年比2018年利润增加10万元，增长率为5%，但2019年该公司的利润低于行业平均利润40万元，且利润增长速度(5%)远低于行业平均利润增长率(25%)，说明该公司需要了解市场行情，制订切实可行的销售计划以超过行业平均水平。

提示：

采用比较分析法应注意的问题有：

(1) 用于对比的各个时期的指标，其计算口径必须保持一致。

(2) 行业类型、经营规模上应具有可比性。

(3) 应剔出偶发性项目的影响，使分析所利用的数据能反映正常的生产经营状况。

(二) 比率分析法

1. 比率分析法的概念

比率分析法是把财务报表中某些彼此存在关联的项目加以对比，计算出比率，据以确定经济活动变动程度的分析方法。比率分析法是财务分析的最重要的方法。采用这种分析方法，能够将某些条件下的不可比指标变为可以比较的指标，便于管理人员进行分析。

2. 比率分析法的方式

按照分析的目的和角度不同，比率分析法可以利用构成比率、效率比率和相关比率指标进行分析。

1）构成比率

构成比率又称结构比率，是指财务报表中某个组成部分数值与总体数值的比率。它揭示的是部分与整体的关系。如固定资产占总资产的比重，负债占总权益的比重，收不回来的应收账款占全部应收账款的比重等，都属于构成比率指标。利用构成比率，可以考察总体中某个部分的形成和安排是否合理，以便协调各项财务活动。

$$构成比率 = \frac{某个组成部分数值}{总体数值} \times 100\%$$

2）效率比率

效率比率是某项经济活动中所费与所得的比率，反映投入与产出的关系。例如，成本费用与销售收入的比率，资金占用额与销售收入的比率等。利用效益比率指标，可以进行得失比较，考察经营成果，评价经济效益的水平。

$$效率比率 = \frac{所得}{所费} \times 100\%$$

3）相关比率

相关比率是以某个项目与其有关但又性质不相同的项目加以对比所得的比率，反映有关经济活动的相互关系。利用相关比率指标，可以考察有联系的相关业务安排得是否合理，以保障企业经济活动能够顺利进行。例如，将流动资产与流动负债加以对比，计算出流动比率，据以判断企业的短期偿债能力。

$$相关比率 = \frac{某一项目}{另一相关项目} \times 100\%$$

比率分析法的优点是计算简便，计算结果容易判断，而且可以使某些指标在不同规模的企业之间进行比较，甚至也能在一定程度上超越行业之间的差别进行比较。但是，比率分析法在计算出相关比率之后，并不能直接说明对应的经济意义，必须要结合一定的评价基准进行比较，才能得出结论，所以要与比较分析法结合使用。

提示：

采用比率分析法应注意的问题有：

(1) 对比项目的相关性。

(2) 对比口径的一致性。

(3) 衡量标准的科学性。

（三）趋势分析法

1. 趋势分析法的概念

趋势分析法是根据连续数期的财务报告，以第一年或另外选择某一年份作为基期，计算每一期各项目对基期同一项目的趋势百分比，或计算趋势比率及指数，形成一系列具有可比性的百分数或指数，从而揭示当期财务状况和经营成果的增减变化及其发展趋势。它是比较分析法的延伸，统计学上称之为动态分析。

2. 趋势分析法的方式

1）重要财务指标的比较

（1）定基动态比率，即用某一时期的数值作为固定的基期指标数值，将其他的各期数值与其对比来分析。其计算公式为：

$$定基动态比率=\frac{分析期数额}{固定基期数额}\times 100\%$$

（2）环比动态比率，即以每一分析期的前期数值为基期数值而计算出来的动态比率。其计算公式为：

$$环比动态比率=\frac{分析期数额}{前期数额}\times 100\%$$

【例 7-3】 以 2017 年为固定基期，分析 2018 年、2019 年利润增长比率，假设某企业 2017 年的净利润为 100 万元，2018 年的净利润为 120 万元，2019 年的净利润为 150 万元。则：

$$2018 年的定基动态比率=\frac{120}{100}\times 100\%=120\%$$

$$2019 年的定基动态比率=\frac{150}{100}\times 100\%=150\%$$

$$2018 年的环比动态比率=\frac{120}{100}\times 100\%=120\%$$

$$2019 年的环比动态比率=\frac{150}{120}\times 100\%=125\%$$

2）会计报表的比较

会计报表的比较是将连续数期的会计报表金额并列起来，比较其相同指标的增减变动金额和幅度，据以判断企业财务状况和经营成果发展变化的一种方法。

【例 7-4】 某企业利润表中反映 2017 年的净利润为 50 万元，2018 年的净利润为 100 万元，2019 年的净利润为 160 万元。

通过绝对值分析：

2018 年较 2017 年，净利润增长了 100－50＝50(万元)。

2019 年较 2018 年，净利润增长了 160－100＝60(万元)。

这说明 2019 年的效益增长好于 2018 年。

通过相对值分析：

2018 年较 2017 年，净利润增长率为：(100－50)÷50×100%＝100%。

2019 年较 2018 年，净利润增长率为：(160－100)÷100×100%＝60%。

这又说明 2019 年的效益增长明显不及 2018 年。

提示：

运用该方法进行比较分析时，既要计算有关指标增减变动的绝对值，又要计算其增减变动的相对值。这样可以有效地避免分析结果的片面性。

3）会计报表项目构成的比较

会计报表项目构成的比较是在会计报表比较的基础上发展而来的，它是以会计报表中的某个总体指标为100%,计算出其各组成项目占该总体指标的百分比,从而来比较各个项目百分比的增减变动,以此来判断有关财务活动的变化趋势。这种方式较前两种更能准确地分析企业财务活动的发展趋势。它既可用于同一企业不同时期财务状况的纵向比较,又可用于不同企业之间的横向比较。同时,这种方法还能避免不同时期(不同企业)之间业务规模差异的影响,有利于分析企业的耗费和盈利水平,但计算较为复杂。

提示:

编制比较财务报表的注意事项如下:

(1)掌握分析的重点。财务人员应对财务报表中的重点项目进行重点分析。

(2)在分析时应将绝对值比较和相对值比较两种指标结合使用。

(3)定基比较法和环比比较法均可使用,财务人员可根据具体情况加以选择。

3. 趋势分析法的应用实例

【例7-5】 A公司创立于2010年1月,是一家以计算机行业发展为主的产业化、多元化的小型高科技产业公司。该公司主要经营中西系列终端、计算机硬件及软件、打印机、POS终端等产品,初步形成了以电子信息技术为主体,计算机软硬件和信息服务、消费电子三大产业携手发展的产业格局。经过十几年的发展,该公司在"建立现代企业制度,充分发挥人才;资本与经营机制的优势,以计算机信息产业为基础,发展高新技术为先导"的经营宗旨下,经营业绩不断增加。该公司2019年12月31日的资产负债表、利润表资料如表7-2和表7-3所示。

表7-2 资产负债表(简化)　　会企01表

编制单位:A公司　　2019年12月31日　　单位:元

资　　产	期末余额	年初余额	负债和所有者权益(或股东权益)	期末余额	年初余额
流动资产:			流动负债:		
货币资金	172 400	134 000	短期借款	50 000	26 000
交易性金融资产	18 000	22 000	交易性金融负债		
应收票据			应付票据		
应收账款	168 000	136 000	应付账款	128 000	80 000
预付款项	8 400	8 000	预收款项		
应收利息			应付职工薪酬		
应收股利			应交税费	30 000	20 000
其他应收款			应付利息	9 600	8 000
存货	320 000	252 000	应付股利		
一年内到期的非流动资产			其他应付款	1 000	2 000
其他流动资产			一年内到期的非流动负债	56 000	44 000

（续表）

资　　产	期末余额	年初余额	负债和所有者权益（或股东权益）	期末余额	年初余额
流动资产合计	686 800	552 000	其他流动负债	6 600	6 000
非流动资产：			流动负债合计	281 200	186 000
可供出售金融资产			非流动负债：		
持有至到期投资			长期借款	130 000	50 000
长期应收款			应付债券	60 000	30 000
长期股权投资	160 000	10 000	长期应付款		
投资性房地产			专项应付款		
固定资产	328 000	260 000	预计负债		
在建工程	50 000	42 000	递延所得税负债		
工程物资			其他非流动负债		
固定资产清理			非流动负债合计	190 000	80 000
生产性生物资产			负债合计	471 200	266 000
油气资产			所有者权益（或股东权益）：		
无形资产	90 000	100 000	实收资本（或股东）	520 000	400 000
开发支出			资本公积	20 000	20 000
商誉			减：库存股		
长期待摊费用	400	2 000	盈余公积	160 000	160 000
递延所得税资产			未分配利润	144 000	120 000
其他非流动资产			所有者权益（或股东权益）合计	844 000	700 000
非流动资产合计	628 400	414 000			
资产总计	1 315 200	966 000	负债和所有者权益（或股东权益）总计	1 315 200	966 000

表 7-3　利润表（简化）　　　　会企 02 表

编制单位：A 公司　　　　2019 年 12 月　　　　单位：元

项　　目	本期金额	上期金额
一、营业收入	2 410 000	1 909 000
减：营业成本	1 941 176	1 567 961
税金及附加	120 000	85 000
销售费用	38 824	47 039
管理费用	58 200	32 000
财务费用	77 800	48 000

（续表）

项 目	本期金额	上期金额
加：投资收益（损失以“—”号填列）	30 000	13 000
其中：对联营企业和合营企业的投资收益	30 000	13 000
二、营业利润（亏损以“—”号填列）	204 000	142 000
加：营业外收入	41 000	40 000
减：营业外支出	45 000	42 000
三、利润总额（亏损总额以“—”号填列）	200 000	140 000
减：所得税费用	67 320	46 200
四、净利润（净亏损以“—”号填列）	132 680	93 800
五、每股收益：		
（一）基本每股收益		
（二）稀释每股收益		

要求：根据以上资料，对A公司的财务状况进行分析。

1. 水平分析

根据表7-2和表7-3所列的有关资料，可对该公司作出以下两个方面的分析。

(1) 资产、负债和所有者权益增减变动分析（见表7-4、表7-5）。

表7-4 A公司资产增减变动分析表

2019年12月　　单位：元

资产	2019年	2018年	增减	
			金额	百分比
流动资产	686 800	552 000	134 800	24.42%
长期投资	160 000	10 000	150 000	1 500.00%
固定资产	378 000	302 000	76 000	25.16%
无形资产	90 000	100 000	−10 000	−10.00%
长期待摊费用	400	2 000	−1 600	−80.00%
资产总计	1 315 200	966 000	349 200	36.15%

表7-5 A公司负债及所有者权益增减变动分析表

负债和所有者权益	2019年	2018年	增减	
			金额	百分比
流动负债	281 200	186 000	95 200	51.18%
长期负债	190 000	80 000	110 000	137.50%
负债合计	471 200	266 000	205 200	77.14%
所有者权益	844 000	700 000	144 000	20.57%
其中：实收资本	520 000	400 000	120 000	30.00%
负债及所有者权益总计	1 315 200	966 000	349 200	36.15%

【分析说明】

2019年，该公司资产总额增加了349 200元，增长36.15%。其中，流动资产增加134 800元，增长24.42%；长期投资增加150 000元，增长15倍；固定资产增加76 000元，增长25.16%。

2019年，该公司负债总额增加了205 200元，增加77.14%。其中，流动负债增加95 200元，增长51.18%；长期负债增长110 000元，增长137.50%。

2019年，该公司所有者权益总额增加144 000元，增长20.57%。

【分析结论】

该公司资金实力呈上升趋势。

(2) 利润增减变动分析(见表7-6)。

表7-6　A公司利润增减变动分析表

2019年12月　　单位：元

项　目	2019年	2018年	比上年增减	
			金额	百分比
一、营业收入	2 410 000	1 909 000	501 000	26.32%
减：营业成本	1 941 176	1 567 961	373 215	23.80%
税金及附加	120 000	85 000	35 000	41.18%
销售费用	38 824	47 039	−8 215	−17.46%
管理费用	58 200	32 000	26 200	81.88%
财务费用	77 800	48 000	29 800	62.08%
加：投资收益	30 000	13 000	17 000	130.77%
二、营业利润	204 000	142 000	62 000	43.66%
加：营业外收入	41 000	40 000	1 000	2.50%
减：营业外支出	45 000	42 000	3 000	7.14%
三、利润总额	200 000	140 000	60 000	42.86%
减：所得税费用	67 320	46 200	21 120	45.71%
四、净利润	132 680	93 800	38 880	41.44%

【分析说明】

2019年，该公司实现利润总额比上年增加60 000元，增长42.86%。其中，产品销售利润比上年增加71 985元，增长37.15%；投资收益比上年增加17 000元，增长1.3倍；营业外收入变动不大。影响产品销售利润的各因素有：2019年产品销售制造成本比上年增加373 215元，增长23.80%；税金及附加比上年增加35 000元，增长41.18%。

2019年，该公司营业利润比上年增加62 000元，增长43.66%。其中，2019年支出经营费用比上年减少8 215元，下降17.46%；2019年支出管理费用比上年增加26 200元，增长81.88%；2019年支出财务费用比上年增加29 800元，增长62.08%。

【分析结论】

该公司实现净利润、利润总额和产品销售利润、营业利润均呈上升趋势。

2. 垂直分析

资产、负债及所有者权益结构变动分析如表 7-7、表 7-8 所示。

表 7-7 A公司资产结构变动分析表

2019 年 12 月

资产	结构比率		
	2019 年	2018 年	增减
流动资产	52.22%	57.14%	−4.92%
长期投资	12.17%	1.04%	+11.13%
固定资产	28.74%	31.26%	−2.52%
无形资产	6.84%	10.35%	−3.51%
长期待摊费用	0.03%	0.21%	−0.18%
资产总计	100.00%	100.00%	

表 7-8 A公司负债及所有者权益结构变动分析表

负债及所有者权益	结构比率		
	2019 年	2018 年	增减
流动负债	21.38%	19.26%	+2.20%
长期负债	14.45%	8.28%	+6.17%
负债合计	35.83%	27.54%	+8.29%
所有者权益	64.17%	72.46%	−2.92%
其中：实收资本	39.54%	41.41%	−1.87%
负债及所有者权益总计	100.00%	100.00%	

【分析说明】

该公司流动资产和固定资产结构比率分别下降 4.92%和 2.52%，而长期投资结构比率却上升了 11.31%。其主要原因是对外投资联办企业交纳了股本 150 000 元。此结构变动是否合理，要结合财务比率指标进一步分析。

该公司负债结构比率上升 8.29%，所有者权益结构比率下降 8.29%，但负债只占全部负债及者权益的 35.83%，而所有者权益占全部负债及权益的 64.17%，说明企业负债经营的程度不太高，可结合资产负债率进一步分析，以了解结构比率增减变化是否合理。

第二节　财务指标的计算和分析

企业财务报表提供了企业特定日期财务状况及特定时期经营成果的信息，通过对这些信息的收集和分析，计算某些财务比率指标，可以说明资金活动的情况，反映企业生产经营过程和成果，以其简明的形式，帮助企业经营管理者深入了解企业，并做出正确的经营管理决策。

企业财务指标分析的内容包括企业财务状况与经营成果的分析，具体包括偿债能力指标、营运能力指标、盈利能力指标和发展能力指标。

一、偿债能力分析

偿债能力是指企业偿还到期债务(包括本息)的能力。偿债能力是反映企业财务状况和经营能力的重要指标。偿债能力指标包括短期偿债能力指标和长期偿债能力指标。

(一) 短期偿债能力指标的分析

短期偿债能力是指企业流动资产对流动负债及时足额偿还的保证程度，是衡量企业当前财务能力，特别是流动资产变现能力的重要标志。企业短期偿债能力分析主要采用比率分析法，衡量指标主要有流动比率、速动比率和现金比率。

1. 流动比率

流动比率是流动资产与流动负债的比率，表示企业每 1 元流动负债有多少流动资产作为偿还的保证，反映了企业的流动资产偿还流动负债的能力。其计算公式为：

$$流动比率=\frac{流动资产}{流动负债}$$

【例 7-6】 承[例 7-5]，A 公司 2018 年 12 月 31 日的流动资产为 552 000 元，流动负债为 186 000 元。则：

$$流动比率=\frac{流动资产}{流动负债}=\frac{552\ 000}{186\ 000}=2.97$$

思考：计算 A 公司 2019 年 12 月 31 日的流动比率。

一般情况下，债权人认为流动比率越高越好，流动比率越高反映其短期偿债能力强，债权人越放心。企业管理者则认为流动比率适宜为好，若流动比率过高，则会影响资金的使用效率和盈利能力，从而会影响企业的获利能力；若流动比率过低，则表示企业在清偿债务时可能面临困难。因此，分析流动比率时要注意流动资产的结构、流动资产中应收账款和存货的周转速度。

从理论上讲，流动比率为 2 是比较合理的。但是，由于行业性质不同，流动比率的实际标准也不同。所以，在分析流动比率时，应将其与同行业平均流动比率，本企业历史的流动比率进行比较，才能得出合理的结论。

2. 速动比率

速动比率是企业速动资产与流动负债的比率。速动资产包括货币资金、交易性金融资产、应收票据、应收票据和其他应收款等流动资产。在计算速动比率时，流动资产中之所以扣除存货，是因为存货在流动资产中变现速度较慢，有些存货可能滞销，无法变现。至于预付账款和待摊费用则根本不具有变现能力，只是减少企业未来的现金流出量，所以将其剔除。速动比率能够衡量企业流动资产中可以立即用于偿付流动负债的真实能力，较之流动比率，它能够更加准确、可靠地评价企业的资产流动性及其偿还短期负债的能力。其计算公式为：

$$速动比率=\frac{速动资产}{流动负债}$$

$$\begin{aligned}速动资产&=流动资产-存货\\&=流动资产-存货-预付账款-待摊费用\end{aligned}$$

国际上通常认为速动比率为 1 较为理想，它表明企业的每 1 元流动负债就有1 元易于变现的流动资产来抵偿，短期偿债能力有可靠的保证。速动比率过低，企业的短期偿债风险较大；速动比率过高，企业在速动资产上占用资金过多，造成速动资产闲置，丧失投资获利机会。

【例 7-7】 承[例 7-5]，A 公司 2019 年 12 月 31 日的流动资产为 552 000 元，其中，存货为252 000元，预付款项为 8 000，流动负债为 186 000 元。则：

$$流动比率=\frac{流动资产}{流动负债}=\frac{(552\,000-252\,000-8\,000)}{186\,000}=1.57$$

思考： 计算 A 公司 2019 年 12 月 31 日的速动比率。

3. 现金比率

现金比率又称即付比率，是企业立即可动用的现金类资产与流动负债的比率，它可以从现金流量角度来反映企业当期偿付短期负债的能力。现金类资产包括企业拥有的货币资金和持有的短期有价证券，一般是指速动资产扣除应收账款后的差额，由于应收账款存在着发生坏账损失的可能，某些到期的账款也不一定能按时收回，因此现金比率最能反映企业直接偿付流动负债的能力。其计算公式为：

$$现金比率=\frac{现金+短期有价证券}{流动负债}$$

企业合理的现金比率为 0.2 以上，用该指标评价企业偿债能力更为谨慎。该指标较大，表明现金类资产在流动资产中所占比例越大，企业应急能力也就越强，能够保障企业按时偿还到期债务。但该比率也不是越大越好，太大则表示企业流动资金利用不充分，收益能力不强。因此，采用现金比率评价企业的偿债能力时，应与流动比率和速动比率的分析评价相结合。

【例 7-8】 承[例 7-5]，A 公司 2018 年 12 月 31 日的货币资金为 134 000 元，交易性金融资产为 22 000 元，流动负债为 186 000 元。则：

$$现金比率=\frac{现金+短期有价证券}{流动负债}=\frac{(134\ 000+22\ 000)}{186\ 000}=0.84$$

思考： 计算 A 公司 2019 年 12 月 31 日的现金比率。

(二) 长期偿债能力指标的分析

长期偿债能力是指企业偿还长期负债的能力。衡量企业长期偿债能力主要是考虑企业资金结构是否合理、稳定，以及企业长期盈利能力的大小。它的大小是反映企业财务状况稳定与否及安全程度高低的重要标志。其分析指标主要有三项：资产负债率、产权比率和已获利息倍数。

1. 资产负债率

资产负债率又称负债比率，是企业的负债总额与资产总额之比。它表示企业资产总额中，债权人提供资金所占的比重，以及企业资产对债权人权益的保障程度。通常用该指标衡量企业利用债权人提供的资金进行经营活动的能力，反映债权人资金的安全保障程度。其计算公式为：

$$资产负债率=\frac{负债总额}{资产总额}\times 100\%$$

一般来说，资产负债率越小，企业偿债的稳定性越强，偿债的能力越强。资产负债率高低对企业的债权人、所有者和经营者具有不同的意义。对债权人而言，资产负债率越低越好，因为其债权的保障程度就越高；对所有者而言，最关心的是投入资本的收益率，只要企业的总资产收益率高于借款的利息率，举债越多，则资产负债率越大，所有者的投资收益越大。

一般情况下，企业负债经营规模应控制在一个合理的水平，企业资产总额应该大于负债总额，资产负债率应该小于100%。如果资产负债率在50%以下，则说明企业有较好的偿债能力和负债经营能力。因此，评价这个指标的标准，一般以50%较为合理。

【例7-9】 承[例7-5]，A公司2018年12月31日的资产总额为966 000元，负债总额为266 000元。则：

$$资产负债率=\frac{负债总额}{资产总额}\times 100\%=\frac{266\ 000}{966\ 000}\times 100\%=27.54\%$$

思考： 计算A公司2019年12月31日的资产负债率。

2. 产权比率

产权比率又称负债权益比率，是企业负债总额与所有者权益之间的比率。它反映债权人提供的资本与股东提供的资本的相对关系，说明企业财务结构的强弱，是企业财务结构稳健与否的重要标志，说明了债权人投入资本受到股东权益保障的程度。其计算公式为：

$$产权比率=\frac{负债总额}{所有者权益总额}$$

【例7-10】 承[例7-5]，A公司2018年12月31日的负债总额为266 000元，所有者权益总额为700 000元。则：

$$产权比率=\frac{负债总额}{所有者权益总额}=\frac{266\ 000}{700\ 000}=0.38$$

思考： 计算A公司2019年12月31日的产权比率。

产权比率越低，表明企业长期偿债能力越强，债权人权益的保障程度越高，承担的风险越小，但企业不能充分发挥资产的财务杠杆效应。如果产权比率过高，则企业长期偿债能力太弱，债权人权益就不安全。产权比率的评价标准，一般都应小于 1。

提示：

资产负债率与产权比率对评价偿债能力的作用基本相同，两者的主要区别是：资产负债率侧重于分析债务偿付安全性的物质保障程度，产权比率则侧重于解释财务结构的稳健程度以及自有资金对偿债风险的承受能力。

3. 已获利息倍数

已获利息倍数又称为利息保障倍数，是企业息税前利润与利息费用的比率，是衡量企业偿付负债利息能力的指标，反映公司获利能力对债务利息偿付的保证程度，测试债权人投入资本风险。其计算公式为：

$$已获利息倍数 = \frac{息税前利润}{利息费用} \times 100\%$$

$$息税前利润 = 利润总额 + 利息支出$$

上式中，"利息支出"是计入财务费用的利息支出，分母中"利息费用"指本期发生的全部应付利息，包括财务费用的利息支出以及企业资本化利息支出。

【例 7-11】 承[例 7-5]，A 公司 2018 年 12 月 31 日的利润总额为 200 000 元，利息支出为 48 000 元。则：

$$已获利息倍数 = \frac{息税前利润}{利息费用} \times 100\% = \frac{(140\,000 + 48\,000)}{48\,000} \times 100\% = 3.92$$

思考： A 公司 2019 年 12 月 31 日利息支出为 77 800 元，计算已获利息倍数。

【例 7-12】 某企业 2020 年的净利润为 1 107.3 万元，计入财务费用的利息支出为 46.2 万元，计入固定资产的资本化利息支出为 15 万元，所得税费用为 236.4 万元，计算该企业 2020 年的已获利息保障倍数。

$$已获利息倍数 = \frac{(1\,107.3 + 236.4 + 46.2)}{(46.2 + 15)} \times 100\% = 22.71$$

已获利息倍数越高，说明企业支付利息费用的能力越强；已获利息倍数越低，说明企业难以保证用经营所得来及时足额地支付负债利息。因此，它是企业是否举债经营，衡量其偿债能力强弱的主要指标。若要合理地确定企业的已获利息倍数，需将该指标与其他企业，特别是同行业平均水平进行比较。根据稳健性原则,应以指标最低年份的数据作为参照物。但是,一般情况下,已获利息倍数不能低于1。

二、营运能力分析

营运能力是企业对其有限资源的配置和利用能力。从价值角度看,就是企业资金的利用效果,即资金周转的速度快慢及其有效性。营运能力的分析,主要从流动资产周转状况、固定资产周转状况和总资产周转状况等三方面进行。营运能力指标体系包括营业周期、流动资产周转率(存货、应收账款、营运资金、流动资产)、固定资产周转率、总资产周转率。

营运能力分析是指通过计算企业资金周转的有关指标分析其资产利用的效率,是对企业管理层管理水平和资产运用能力的分析。营运能力指标计算公式为:

$$各项资产周转率(次数)=\frac{周转额}{各项资产平均余额}$$

$$各项资产平均余额=\frac{各资产期初数+各资产期末数}{2}$$

$$各项资产周转期(天数)=\frac{360}{各项资产周转率}$$

营运能力周转率指标是正指标,值越大,次数越多,周转越快,资产利用效果越好;周转天数指标是反指标,值越小,天数越少,周转越快,资产利用效果越好。

(一) 流动资产周转情况分析

1. 应收账款周转率

应收账款周转率又称应收账款周转次数,是一定时期内商品或产品赊销净额与应收账款平均余额的比值,是反映应收账款周转速度的一项指标。其计算公式为:

$$应收账款周转率(次数)=\frac{商品赊销净收入}{平均应收账款余额}$$

其中,应收账款是指扣除坏账准备后的余额。

$$赊销净收入=营业收入-现销收入-销售折扣与折让$$

$$平均应收账款余额=\frac{(期初应收账款余额+期末应收账款余额)}{2}$$

$$应收账款周转期(天数)=\frac{360}{应收账款周转次数}$$

应收账款周转率反映了企业应收账款变现速度的快慢及管理效率的高低,周转率越高,表明收账迅速,账龄较短,资产流动性强,短期偿债能力强,可以减少收账费用和坏账损失,从而相对增加企业流动资产的投资收益。同时,借助应收账款周转期与企业信用期限的比较,还可以评价购买单位的信用程度,以及企业原订的信用条件是否适当。但是,如果应收账款周转率过高,则可能是由于企业的信用政策过于苛刻所致,这样又可能限制企业销售规模的扩大,影响企业长远的盈利能力。因此,对应收账款周转率和应收账款周转天数不能片面地分析,应结合企业具体情况深入了解原因,以便作出正确的决策。与此同时,在评价一个企业应收款项周转率是否合理时,还应与同行业的平均水平相比较而定。

【例 7-13】 承[例 7-5]，A 公司 2017 年的应收账款余额为 165 004 元；2018 年的应收账款余额为136 000元，赊销净收入为 602 008 元。则：

$$平均应收账款余额=\frac{(期初应收账款余额+期末应收账款余额)}{2}$$

$$=\frac{(136\,000+165\,004)}{2}=150\,502(元)$$

$$应收账款周转率(次数)=\frac{商品赊销净收入}{平均应收账款余额}=\frac{602\,008}{150\,502}=4$$

$$应收账款周转期(天数)=\frac{360}{应收账款周转次数}=\frac{360}{4}=90(天)$$

思考：计算 A 公司 2019 年的应收账款周转期。

2. 存货周转率

存货周转率又称存货周转次数，是企业一定时期内的营业成本与存货平均余额的比率。它是反映企业的存货周转速度和销货能力的一项指标，也是衡量企业生产经营中存货营运效率的一项综合性指标。其计算公式为：

$$存货周转率(次数)=\frac{营业成本}{平均存货余额}$$

$$存货周转期(天数)=\frac{360}{存货周转次数}$$

存货周转速度快慢，不仅反映出企业采购、储存、生产、销售各环节管理工作状况的好坏，而且对企业的偿债能力及获利能力产生决定性的影响。一般来说，存货周转率越高，存货周转天数越短，说明存货周转越快，存货的流动性越强，其变现的速度越快，存货积压的风险就越小；反之，存货周转率越低，存货周转天数越长，说明存货周转越不顺畅，存货流动性差。当然，存货周转率过高，则可能是由于企业的存货水平过低所致，这样会导致采购过于频繁、缺货的情况出现，影响企业的正常生产。

【例 7-14】 承[例 7-5]，A 公司 2017 年的存货余额为 227 099 元；2018 年的存货余额为252 000 元，营业成本为 1 567 961 元。则：

$$存货周转率(次数)=\frac{营业成本}{平均存货余额}=\frac{1\,567\,961}{\frac{(227\,099+252\,000)}{2}}=6.55$$

$$存货周转期(天数)=\frac{360}{存货周转次数}=\frac{360}{6.55}=55(天)$$

思考：计算A公司2019年的存货周转期。

3. 流动资产周转率

流动资产周转率是营业收入与流动资产平均占用额的比率，是指在一定时间内流动资产可以周转的次数。流动资产周转期，是指流动资产周转一次所需要的时间。其计算公式为：

$$流动资产周转率（次数）=\frac{营业收入}{平均流动资产总额}$$

$$流动资产周转期（天数）=\frac{360}{流动资产周转率}$$

一般情况下，流动资产周转率越高越好。流动资产周转率越高，表明以相同的流动资产完成的周转额越多，流动资产利用效果越好。当然，如果流动资产周转得过快，还需要结合企业具体情况分析原因，看是否是由于流动资产管理不合理等不利原因造成的，同时结合存货和应收账款等具体流动资产的周转情况进行，只有这样才能真正分析透彻，找到根源。

【例7-15】 承[例7-5]，A公司2017年的流动资产余额为460 927.51元；2018年的流动资产余额为552 000元，营业收入为1 909 000元。则：

$$流动资产周转率（次数）=\frac{营业收入}{平均流动资产总额}=\frac{1\,909\,000}{\frac{(460\,927.51+552\,000)}{2}}=3.77$$

$$流动资产周转期（天数）=\frac{360}{流动资产周转率}=\frac{360}{3.77}=95（天）$$

思考：计算A公司2019年的流动资产周转期。

（二）固定资产周转情况分析

固定资产周转率是指企业年销售收入净额（营业收入）与固定资产平均净值的比率。它是反映企业固定资产周转情况，从而衡量固定资产利用效率的一项指标。其计算公式为：

$$固定资产周转率(次数)=\frac{营业收入}{平均固定资产净额}$$

$$固定资产周转期(天数)=\frac{360}{固定资产周转率}$$

一般情况下，固定资产周转率越高越好。固定资产周转率高，不仅表明了企业充分利用了固定资产，同时也表明企业固定资产投资得当，固定资产结构合理，能够充分发挥其效率；反之，固定资产周转率低，表明固定资产使用效率不高，提供的生产成果不多，企业的营运能力欠佳。

在实际分析该指标时，应剔除某些因素的影响。一方面，固定资产的净值随着折旧计提而逐渐减少，因固定资产更新，净值会突然增加；另一方面，由于折旧方法不同，固定资产净值缺乏可比性。

【例 7-16】 承[例 7-5]，A 公司 2017 年固定资产余额为 225 261 元；2018 年的固定资产余额为 260 000 元，营业收入为 1 899 239.09 元。则：

$$\begin{matrix}固定资产\\周转率(次数)\end{matrix}=\frac{营业收入}{平均固定资产净额}=\frac{1\ 909\ 000}{\frac{(225\ 261+260\ 000)}{2}}=7.87$$

$$固定资产周转期(天数)=\frac{360}{固定资产周转率}=\frac{360}{7.87}=46(天)$$

思考： 计算 A 公司 2019 年的固定资产周转期。

(三) 总资产周转情况分析

总资产周转率是企业营业收入与资产总额的比率。它可以用来反映企业全部资产的利用效率。其计算公式为：

$$总资产周转率(次数)=\frac{营业收入}{平均资产总额}$$

$$总资产周转期(天数)=\frac{360}{总资产周转率}$$

上式中，平均资产总额应按分析期的不同分别加以确定，并应当与营业收入在时间上保持一致。

总资产周转率反映了企业全部资产的使用效率。该周转率高，说明全部资产的经营效率高，取得的收入多；该周转率低，说明全部资产的经营效率低，取得的收入少，最终会影响企业的盈利能力。企业应采取各项措施来提高企业的资产利用程度，如提高销售收入或处理多余的资产。

【例 7-17】 承[例 7-5],A 公司 2017 年的总资产余额为 933 239.09 元;2018 年的总资产余额为 966 000 元,营业收入为 1 909 000 元。则:

$$\text{总资产周转率(次数)}=\frac{\text{营业收入}}{\text{平均资产总额}}=\frac{1\,909\,000}{\dfrac{(933\,239.09+966\,000)}{2}}=2$$

$$\text{总资产周转期(天数)}=\frac{360}{\text{总资产周转率}}=\frac{360}{2}=180(\text{天})$$

思考: 计算 A 公司 2019 年的总资产周转期。

思考: 流动资产周转率对总资产周转率的影响可以表达为:

$$\begin{aligned}\text{总资产周转率(次数)}&=\frac{\text{营业收入}}{\text{平均流动资产总额}}\times\frac{\text{平均流动资产总额}}{\text{平均资产总额}}\\&=\text{流动资产周转率}\times\text{流动资产占总资产平均比重}\end{aligned}$$

那么,固定资产周转率对总资产周转率的影响呢?

表 7-9 营运能力分析指标公式对比记忆

<table>
<tr><th>指标类别</th><th>指标名称</th><th>周转额</th><th>说明</th></tr>
<tr><td rowspan="3">流动资产营运能力指标</td><td>应收账款周转率</td><td>赊销净额</td><td rowspan="5">1. 分子为资产,由期初加期末平均计算求得
2. 分母为周转额,因指标不同而有区别
3. 周转期的计算以周转率为基础,与周转率成反比</td></tr>
<tr><td>存货周转率</td><td>营业成本</td></tr>
<tr><td>流动资产周转率</td><td rowspan="3">营业收入</td></tr>
<tr><td>固定资产营运能力指标</td><td>固定资产周转率</td></tr>
<tr><td>全部资产营运能力指标</td><td>总资产周转率</td></tr>
</table>

三、盈利能力分析

盈利能力又称获利能力，是指企业赚取利润的能力，它是企业持续经营和发展的保证。盈利能力是指企业获得盈利的能力，它决定企业最终盈利状况的根本因素，受到企业管理者的高度关注。对于企业的投资人和潜在投资人、债权人以及政府来说，企业盈利能力的高低也是他们关注的焦点。因此，盈利能力分析指标是综合分析企业实力和发展前景的重要指标，它通常体现为企业收益数额的大小与水平的高低。企业盈利能力的分析可从企业盈利能力一般分析和社会贡献能力分析两方面进行研究。

（一）企业盈利能力一般分析

1. 销售毛利率

销售毛利率是销售毛利与营业收入净额之比，销售毛利由营业收入净额减去营业成本而得，其最大的特点在于没有扣除期间费用。因此，它能够排除管理费用、财务费用、销售费用对营业利润的影响，直接反映销售收入和支出的关系。销售毛利率指标反映了产品或商品销售的初始获利能力。其计算公式为：

$$销售毛利率=\frac{销售毛利}{营业收入净额}\times 100\%$$

$$销售毛利=营业收入净额-营业成本$$

$$营业收入净额=营业收入-销售退回、销售折扣与折让$$

销售毛利率越高，表示取得同样销售收入的销售成本越低，销售利润越高，也表示在营业收入净额中营业成本占的比重较小，企业通过销售获得利润的能力更强。该指标直观地反映企业主营业务对于利润创造的贡献。

【例 7-18】 承[例 7-5]，A 公司 2018 年的营业收入为 1 909 000 元，营业成本为 1 567 961 元。则：

$$销售毛利率=\frac{(1\,909\,000-1\,567\,961)}{1\,909\,000}\times 100\%=17.86\%$$

思考： 计算 A 公司 2019 年的销售毛利率。

2. 销售利润率

销售利润率是衡量企业销售收入的收益水平的指标，属于盈利能力类指标。其计算公式为：

$$销售利润率=\frac{利润总额}{营业收入}\times 100\%$$

销售利润率是企业营业活动的最终获利能力指标，销售利润率越高越好。销售利润率越高，则说明企业的获利能力越强。在分析时，应根据分析目的与要求，确定适当的标准值，如行业均值，全国均值等。

销售毛利率与销售利润率是不同的两个指标，因为后者已剔除了期间费用、资产减值损失、公允价值变动损益、投资收益、营业外支出等影响因素。因此，可以看出销售毛利率一般大于销售利润率。影响销售利润率的因素是销售额和销售成本，从指标计算可以看出，只有当利润的增长速度快于销售收入净额的增长速度时，销售利润率才会上涨。

【例 7-19】 承[例 7-5]，A 公司 2018 年的营业收入为 1 909 000 元，利润总额为140 000 元。则：

$$销售利润率=\frac{利润总额}{营业收入}\times 100\%=\frac{140\,000}{1\,909\,000}\times 100\%=7.33\%$$

思考：计算 A 公司 2019 年的销售利润率。

3. 销售净利率

销售净利率是企业净利润与营业收入之间的比率。它是以营业收入为基础分析评价企业的获利能力，反映营业收入的收益水平指标。该指标表明每一元营业收入带来的多少净利润。通过分析销售净利率的变化，不仅可以促进企业扩大销售，还可以让企业注意改善经营管理，控制期间费用，提高盈利水平。其计算公式为：

$$销售净利率=\frac{净利润}{营业收入}\times 100\%$$

一般来说，销售净利率越高，表明企业的获利能力越强，说明企业在正常经营的情况下由盈转亏的可能性越小，并且通过扩大主营业务规模获取利润的能力越强。与此同时，将企业的销售净利率与同行业平均水平或竞争对手的比较，可以了解企业销售业务的盈利空间在整个行业中的低位以及与竞争对手相比的优劣，找出差距，分析不足，提高企业利用销售业务盈利的能力。

【例 7-20】 承[例 7-5]，A 公司 2018 年的营业收入为 1 909 000 元，净利润为 93 800 元。则：

$$销售净利率=\frac{净利润}{营业收入}\times 100\%=\frac{93\,800}{1\,909\,000}\times 100\%=4.91\%$$

思考：计算A公司2019年的销售净利率。

4. 成本费用利润率

成本费用率是企业一定期间的利润总额与成本费用总额之间的比率。成本费用利润率指标表明每付出一元成本费用可获得多少利润，体现了经营耗费所带来的经营成果。它是从企业内部管理等方面，对资本收益状况的进一步修正。该指标通过企业收益与支出比较，客观评价企业的获利能力，并从耗费的角度补充评价企业收益状况，有利于促进企业加强内部管理，节约支出，提高经营收益。其计算公式为：

$$\text{成本费用利润率}=\frac{\text{利润总额}}{\text{成本费用总额}}\times 100\%$$

$$=\frac{\text{利润总额}}{\text{营业成本}+\text{税金及附加}+\text{销售费用}+\text{管理费用}+\text{财务费用}}\times 100\%$$

【例7-21】 承[例7-5]，A公司2018年的营业成本为1 567 961元，税金及附加为85 000元，销售费用为47 039元，管理费用32 000元，财务费用48 000元，利润总额为140 000元。则：

$$\text{成本费用利润率}=\frac{140\,000}{(1\,567\,961+85\,000+47\,039+32\,000+48\,000)}\times 100\%=7.87\%$$

思考：计算A公司2019年的成本费用利润率。

一般情况下，成本费用利润率越高，表明企业为取得收益所付出的代价越小，成本费用控制的越好，企业活力能力越强；否则相反。

5. 总资产报酬率

总资产报酬率是指企业投资报酬与投资总额之间的比率。它用来评价企业资产利用的综合效果，也是衡量企业利用债权人和所有者权益总额所取得盈利的重要指标，同时也是评价企业通过投资以取得报酬的能力。通过对该指标的深入分析，可以增强各方面对企业资产经营的关注，促进企业提高单位资产的收益水平。其计算公式为：

$$\text{总资产报酬率}=\frac{\text{息税前利润总额}}{\text{平均资产总额}}\times 100\%$$
$$=\frac{\text{利润总额}+\text{利息支出}}{\text{平均资产总额}}\times 100\%$$

总资产报酬率高，说明企业投入产出的水平好，资产的运用效率高，也意味着企业的资产盈利能力强。一般情况下，企业可将总资产报酬率与市场资本利率进行比较，如果总资产报酬率大于市场资本利率，则表明企业可以充分利用财务杠杆，进行负债经营，获取尽可能多的收益。总资产报酬率主要取决于总资产周转率和息税前利润率两个方面，资产利用效率越好，资产周转速度越快，息税前利润率越高，总资产报酬率越高。

【例 7-22】 承[例 7-5]，A 公司 2017 年的总资产余额为 933 239.09 元；2018 年的总资产余额为 966 000 元，利润总额为 140 000 元，财务费用为 48 000 元。则：

$$\text{总资产报酬率}=\frac{(140\ 000+48\ 000)}{\frac{(933\ 239.09+966\ 000)}{2}}\times 100\%=19.8\%$$

思考： 计算 A 公司 2019 年的总资产报酬率。

6. 净资产收益率

净资产收益率又称股东权益收益率，是净利润与平均股东权益的百分比，是公司税后利润除以净资产得到的百分比率。该指标反映股东权益的收益水平，用以衡量公司运用自有资本的效率。净资产收益率是衡量股东资金使用效率的重要财务指标。净资产收益率越高，说明投资带来的收益越高；净资产收益率越低，说明企业所有者权益的获利能力越弱。

一般来说，负债增加会导致净资产收益率的上升。企业资产包括了两部分，一部分是股东的投资，即所有者权益（它是股东投入的股本，企业公积金和留存收益等的总和）；另一部分是企业借入和暂时占用的资金。企业适当运用财务杠杆可以提高资金的使用效率，借入的资金过多会增大企业的财务风险，借入的资金过少会降低资金的使用效率。其计算公式为：

$$\text{净资产收益率}=\frac{\text{净利润}}{\text{平均所有者权益}}\times 100\%$$

【例 7-23】 承[例 7-5]，假设 A 公司 2017 年的净资产余额为 633 333 元；2018 年的净

资产余额为 700 000 元，净利润为 93 800 元。则：

$$净资产收益率 = \frac{93\,800}{\frac{(633\,333 + 700\,000)}{2}} \times 100\% = 14.07\%$$

思考： 计算 A 公司 2019 年的净资产收益率。

（二）社会贡献能力分析

社会贡献能力分析是指从价值角度分析企业对社会和国家所作的贡献。企业对社会贡献的主要评价指标有以下两个。

1. 社会贡献率

社会贡献率是企业社会贡献总额与平均资产总额的比值。它反映了企业占用社会经济资源所产生的社会经济效益大小，是社会进行资源有效配置的基本依据。其计算公式为：

$$社会贡献率 = \frac{企业对社会贡献总额}{企业总资产平均余额} \times 100\%$$

其中，企业对社会的贡献总额是指企业在一定期间通过生产经营活动，为社会创造的价值，包括支付给职工的工资、奖金、津贴、劳保退休统筹及其他社会公益性支出、利息支出、各种税金及附加等。

社会贡献率指标直观、形象地反映了企业经营每一元资产能为社会做出的贡献额。该指标值越大，表明企业为社会所作的贡献越大。

2. 社会积累率

社会积累率是企业上缴的各项财政收入与企业社会贡献总额的比值。社会积累率反映在企业对社会的贡献额中，上缴国家财政的税费所占的份额。社会积累率用于衡量企业社会贡献总额中多少用于上缴国家财政和支持社会公益事业，从而直接或间接反映企业的社会责任。其计算公式为：

$$社会积累率 = \frac{企业上缴财政的税费总额}{企业对社会的贡献总额} \times 100\%$$

其中，上缴的财政收入总额包括企业依法向财政缴纳的各项税款，如增值税、所得税、税金及附加、其他税款等。

【例 7-24】 某公司 2019 年的平均总资产余额为 3 600 元，当年支付给职工的工资、奖金、津贴、劳保退休统筹及其他公益性支出总额为 690 万元，利息支出为 84 万元，税金及附加为 93 万元，所得税费用为 291 万元，税后净利润为 456 万元。则：

公司对社会的贡献总额＝690＋84＋93＋291＋456＝1 614(万元)

公司上缴财政的税费总额＝93＋291＝384(万元)

社会贡献率＝1 614÷3 600×100％＝44.83％

社会积累率＝384÷1 614×100％＝23.79％

第三节 财务综合分析

财务综合分析是指将偿债能力、营运能力、盈利能力、发展能力等分析指标纳入一个有机的整体之中，对企业的各个方面进行系统、全面的分析，从而对企业的财务状况和经营成果作出整体的评价与判断。健全有效的财务综合指标体系的特点如图 7-1 所示。

评价指标要全面

设置的评价指标要尽可能涵盖偿债能力、营运能力和盈利能力等各方面的考核要求

主辅指标功能要匹配

在分析中要明确企业分析指标的主辅地位，要能从不同侧面、不同层次反映企业财务状况，揭示企业经营业绩

满足各方面经济需求

既要能满足企业内部管理者决策的需要，也要能满足外部投资者和政府管理机构决策及实施宏观调控的要求

图 7-1　健全有效的财务综合指标体系特点

财务综合分析与评价不是各单项财务能力分析的简单相加，而是通过一定的技术方法进行的有机结合，在主要财务指标分析的基础上再对其辅助指标进行分析。财务综合分析与评价有很多种思路和方法，其中最常用的两种方法是沃尔评分法和杜邦财务分析体系。

一、沃尔评分法

沃尔评分法又叫综合评分法，它通过对选定的多项财务比率进行评分，然后计算综合得分，并据此评价企业综合的财务状况。

亚历山大·沃尔在 20 世纪初出版的《信用晴雨表研究》和《财务报表比率分析》中提出了信用能力指数的概念，他选择了 7 个财务比率，包括流动比率、产权比率、固定资产比率、存货周转率、应收账款周转率、固定资产周转率和自有资金周转率，分别给定各指标的比重，然后确定标准比率(以行业平均数为基础)，将实际比率与标准比率相比，得出相对比率，将此相对比率与各指标比重相乘，得出总评分。

沃尔评分法的主要思想是将分散的财务指标通过一个加权体系综合起来，使得一个多维度的评价体系变成一个综合得分。沃尔评分法的优点是简单易用，便于操作。其缺点是理论上存在着一定的缺陷，未能说明为什么选择这 7 个财务比率，未能证明各个财务比率所占权重的合理性，也未能说明比率的标准值是如何确定的。

现代社会与沃尔时代已经发生很大的变化，最初提出的 7 个财务比率已难以完全适应现代企业评价的需要。目前在应用时，除了需要将企业偿债能力、营运能力、盈利能力、发展能力的指标均纳入以外，还要适当加入一些非财务指标。

【例 7-25】 以 B 公司为例，说明沃尔评分法应用的基本步骤。

(1) 选择评价指标。

(2) 确定各项指标的权重及标准值。权重是根据指标的重要性以百分制分配的，标准值一般采用平均数或企业历史先进数、国家的有关标准或国际公认数为基准而确定的。

(3) 计算各项指标的实际值及其得分，然后计算综合得分，其计算公式为：

$$各项指标的得分 = \frac{指标的实际值}{指标的标准值} \times 指标相应的权重$$

$$综合得分 = \sum 各项指标得分$$

表 7-10　B 公司沃尔评分法的指标体系及其权重与标准值

指标体系	权 重	标准值	实际值	得分
偿债能力指标	20			
1. 资产负债率	12	60%	18.90%	3.78
2. 已获利息保障倍数	8	3	26.32	70.17
营运能力指标	18			
1. 流动资产周转率	9	2	0.33	1.49
2. 总资产周转率	9	5	0.17	0.31
盈利能力指标	38			
1. 净资产收益率	25	25%	7.04%	7.04
2. 总资产报酬率	13	16%	5.83%	4.74
发展能力指标	24			
1. 营业收入增长率	12	10%	8.00%	9.60
2. 资本积累率	12	15%	14.00%	11.20
综合得分	100			108.33

(4) 形成评价结果。企业的综合得分如果大于 100 分，则说明财务状况较好；反之亦然。一般认为，企业的综合得分如果接近 100 分，则说明企业的综合财务状况接近于行业的平均水平；企业的综合得分如果明显超过 100 分，则说明企业的综合财务状况优于行业的平均水平；企业的综合得分如果大大低于 100 分，则说明企业的综合财务状况较差，应当积极采取措施加以改善。

提示：

在沃尔评分法的各个步骤中，最为关键也最为困难的是第二步和第三步，即确定各项指标的权重及标准值和计算各项指标的实际值及其得分。

二、杜邦财务分析体系

杜邦分析法是利用相关财务比率的内在联系构建一个综合的指标体系，来考察企业整体财务状况和经营成果的一种分析方法。杜邦财务分析的核心指标是权益收益率，也就是净资产收益率。该方法即将核心指标分解为若干财务指标，通过分析各分解指标的变动对净资产收益率的影响来揭示企业获利能力及其变动的原因。

杜邦财务分析体系的主要指标关系式如下：

$$净资产收益率 = 总资产净利率 \times 权益乘数$$
$$总资产净利率 = 销售净利率 \times 总资产周转率$$
$$净资产收益率 = 销售净利率 \times 总资产周转率 \times 权益乘数$$

(一) 净资产收益率是杜邦分析体系的源头和核心

净资产收益率的高低取决于企业的总资产收益率和平均权益乘数，而总资产收益率又取决于销售净利率和总资产周转率。因此，净资产收益率的水平取决于反映盈利能力的总资产收益率和销售净利率、反映营运能力的总资产周转率以及反映资本结构和偿债能力的平均权益乘数。

(二) 销售净利率是反映企业盈利能力的重要指标

销售净利率受到净利润和主营业务收入两个因素的影响，而净利润又取决于企业各项收入和费用的水平。因此，对销售净利率的分析，可以进一步深入到各项收入和费用中去，深入挖掘影响企业盈利能力的具体原因。

(三) 总资产周转率是反映企业营运能力的重要指标

总资产周转率是企业资产管理水平的重要体现，受到主营业务收入和平均资产总额两个因素的影响。因此，要提高总资产周转率，一方面需要开拓市场，增加营业收入；另一方面需要控制资产占用资金的数额并合理安排资产的结构。此外，对总资产周转率的分析还应结合对流动资产周转率、固定资产周转率、存货周转率、应收账款周转率等的分析进行。

(四) 权益乘数是反映企业资本结构、财务杠杆程度以及偿债能力的重要指标

权益乘数的计算公式为：

$$权益乘数 = \frac{资产总额平均余额}{所有者权益总额平均余额}$$

权益乘数越高，说明企业资本结构中的负债比例越高，财务杠杆程度越高，偿债能力相对越弱。因此，保持适当的权益乘数，必须合理安排资产、负债和股东权益三者之间的关系，即合理地安排企业的资本结构。

【例 7-26】 承[例 7-5]，应用杜邦财务分析法对 A 公司 2018 年的财务状况和经营成果进行综合分析：2018 年 A 公司的净资产收益率为 14.07%，总资产周转率为 2，销售净利率为 4.95%；总资产期初余额为 933 239.09 元，期末余额为 966 000 元；净资产期初余额为 633 333 元，净资产期末余额为 700 000 元。则：

$$权益乘数=\frac{\frac{(933\ 239.09+966\ 000)}{2}}{\frac{(633\ 333+700\ 000)}{2}}=1.42$$

杜邦分析过程如图 7-2 所示。

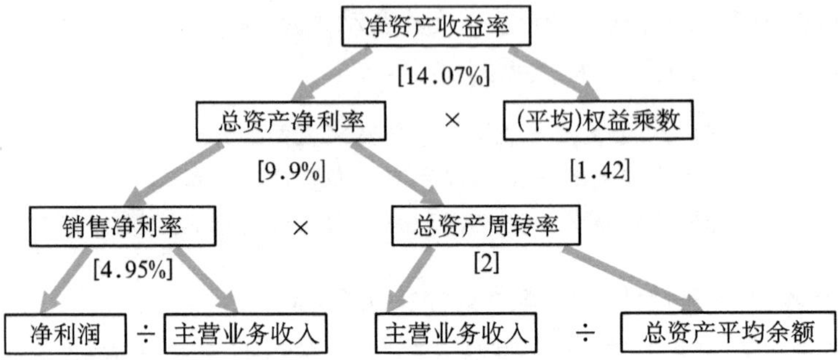

图 7-2 杜邦分析图

请运用杜邦分析法对 A 公司 2019 年的整体财务状况和经营成果进行分析。

课后练习

一、单选题

1. 企业债权人因不能参与企业剩余收益分享，首先关注的是其投资的安全性，因此较为重视企业的(　　)。

A. 偿债能力　　B. 营运能力　　C. 盈利能力　　D. 发展能力

2. 下列财务分析主体中，必须对企业营运能力、偿债能力、获利能力及发展能力的全部信息予以详尽了解和掌握的是(　　)。

A. 企业所有者　　B. 企业债权人
C. 企业经营决策者　　D. 税务机关

3. 乙公司 2020 年年末资产总额为 6 000 万元，权益乘数为 5，则资产负债率为(　　)。

A. 80%　　B. 69.72%　　C. 82.33%　　D. 85.25%

4. 乙公司的流动资产由速动资产和存货组成，年末流动资产为 70 万元，年末流动比率为 2，年末速动比率为 1，则年末存货余额为(　　)万元。

A. 70　　B. 45　　C. 35　　D. 15

5. 影响速动比率可信性的重要因素是(　　)。

A. 存货的变现能力　　B. 交易性金融资产的变现能力
C. 长期股权投资的变现能力　　D. 应收账款的变现能力

6. 企业所有者作为投资人，关心其资本的保值和增值状况，因此较为重视企业的(　　)。

A. 偿债能力　　B. 营运能力　　C. 盈利能力　　D. 发展能力

7. 甲企业 2020 年流动资产平均余额为 200 万元，流动资产周转次数为 8 次，2020 年净利润为 420 万元，则 2020 年甲企业销售净利率为（　　）。

A. 26.25%　　B. 30%　　C. 35%　　D. 28.25%

8. 甲公司 2020 年的销售净利率比 2019 年下降 6%，总资产周转率提高 8%，假定权益乘数与 2019 年相同，那么甲公司 2020 年的净资产收益率比 2019 年提高（　　）。

A. 4.5%　　B. 5.5%　　C. 2%　　D. 10.5%

9. 某公司 2020 年的销售收入为 5 000 万元，年初应收账款余额为 200 万元，年末应收账款为 800 万元，坏账准备按应收账款余额的 8%计提。每年按 360 天计算，则该公司的应收账款周转天数为（　　）天。

A. 15　　B. 36　　C. 22　　D. 24

10. 在杜邦财务分析体系中，综合型最强的财务指标是（　　）。

A. 销售净利率　　B. 净资产收益率

C. 总资产净利率　　D. 总资产周转率

二、多选题

1. 财务分析信息的需求者主要包括（　　）。

A. 企业所有者　　B. 企业债权人　　C. 企业经营者　　D. 政府

2. 企业财务分析的基本内容包括（　　）。

A. 偿债能力分析　　B. 营运能力分析

C. 发展能力分析　　D. 盈利能力分析

3. 采用比率分析法，应当注意的事项包括（　　）。

A. 对比项目的相关性　　B. 对比口径的一致性

C. 衡量标准的科学性　　D. 对比项目的重要性

4. 下列各项指标中，可用分析企业长期偿债能力的有（　　）。

A. 产权比率　　B. 流动比率　　C. 资产负债率　　D. 速动比率

5. 在计算速动资产时，应将存货从流动资产中剔除，其主要原因有（　　）。

A. 流动资产中存货的变现速度最慢　　B. 部分存货可能已被抵押

C. 存货不能变现　　D. 存货成本和市价可能存在差异

6. 在其他条件不变的前提下，如果企业流动比率很高可能是由于（　　）情况引起的。

A. 存货周转期过长　　B. 现金闲置

C. 流动负债过多　　D. 应收账款周转快

7. 某公司的资产负债率较高，则下列说法正确的有（　　）。

A. 说明某企业的财务风险大　　B. 不能充分发挥财务杠杆作用

C. 说明某企业的财务风险小　　D. 说明企业盈利能力较强

8. 在其他条件不变的情况下，会引起总资产周转率指标上升的经济业务有（　　）。

A. 用银行存款偿还负债　　B. 用现金购置一项固定资产

C. 借入一笔短期借款　　D. 用银行存款支付一年的电费

9. 计算下列指标时，其分母需要采用平均数的有（　　）。

A. 基本每股收益　　B. 权益乘数

C. 应收账款周转天数　　D. 应收账款周转次数

10. 下列分析方法中，属于企业财务综合分析方法的有（　　）。

A. 趋势分析法　　　　B. 杜邦分析法
C. 沃尔评分法　　　　D. 因素分析法

三、判断题

1. 企业所有者作为投资人必须对企业经营理财的各个方面，包括营运能力、偿债能力、获利能力及发展能力等方面的全部信息予以详尽地了解和掌握，主要进行各方面综合分析，并关注企业财务风险和经营风险。（　）

2. 在财务分析中，通过对比两期或连续数期财务报告中的相同指标，确定其增减变动的方向、数额和幅度，来说明企业财务状况或经营成果变动趋势的方法称为比较分析法。（　）

3. 现金比率用于分析企业的短期偿债能力，所以现金比率越大越好。（　）

4. 流动比率高的企业短期偿债能力不一定很强。（　）

5. 计算利息保障倍数时，其中的“利息费用”既包括当期计入财务费用中的利息费用，也包括计入固定资产成本的资本化利息。（　）

6. 最能反映企业直接偿付流动负债能力的指标是速动比率。（　）

7. 一般而言，利息保障倍数越大，表明企业可以偿还债务的可能性也越大。（　）

8. 无论是企业短期债务人，还是企业投资者、经营者，都希望流动比率越高越好。（　）

9. 权益乘数的高低取决于企业的资金结构：资产负债率越高，权益乘数越小，财务风险越小。（　）

10. 由杜邦财务分析体系可知，净资产收益率等于资产净利率乘以权益乘数。因此，企业的负债程度越高，净资产收益率就越大。（　）

四、计算分析题

1. 已知某公司2019年财务报表的有关资料如表7-11所示。

表7-11　某公司2019年财务报表的有关资料　　单位：万元

资产负债表项目	年初数	年末数
资产	7 500	9 500
负债	4 000	5 500
所有者权益	3 500	4 000
利润表项目	上年数	本年数
业收入	略	15 000
净利润	略	300

要求：计算杜邦分析体系中的下列指标（凡计算指标涉及资产负债表项目数据的，均按平均数计算），列出净资产收益率与上述其他各项指标的关系式，并用本题数据加以验证。

(1) 资产收益率。

(2) 资产净利率（计算结果保留小数点后三位）。

(3) 销售净利率。

(4) 总资产周转率（计算结果保留小数点后三位）。

(5) 权益乘数(计算结果保留小数点后三位)。

2. 已知A公司的资产负债表和利润表如表7-12和表7-13所示。

表7-12 A公司资产负债表(简表)

2019年12月31日 单位:万元

资产	年初数	年末数	负债及所有者权益	年初数	年末数
流动资产:			流动负债合计	175	150
货币资金	50	45	非流动负债合计	245	200
应收账款	60	90	负债合计	420	350
预付账款	23	36	所有者权益合计	380	500
存货	92	144			
流动资产合计	225	315			
固定资产	575	535			
总计	800	850	负债和所有者权益总计	800	850

表7-13 A公司利润表(简表) 单位:万元

项 目	金额
销售收入	420
减:营业成本(变动成本)	240
税金及附加(变动成本)	42
减:期间费用(固定成本)	60
其中:利息费用	10
营业利润	78
减:所得税(所得税税率为25%)	19.5
净利润	58.5

要求:根据上述资料,回答下列问题。

(1) 计算2019年年末的流动比率、速动比率、资产负债率、现金比率和权益乘数。

(2) 计算2019年总资产周转率、销售净利率和净资产收益率。

附　表

附表一　复利现值系数表

公式：$\frac{1}{(1+i)^n}$

期数	1%	2%	3%	4%	5%	6%	7%	8%	9%	10%	11%	12%	13%	14%	15%	16%	17%	18%	19%	20%	21%	22%	23%	24%
1	0.990 1	0.980 4	0.970 9	0.961 5	0.952 4	0.943 4	0.934 6	0.925 9	0.917 4	0.909 1	0.900 9	0.892 9	0.885 0	0.877 2	0.869 6	0.862 1	0.854 7	0.847 5	0.840 3	0.833 3	0.826 4	0.819 7	0.813 0	0.806 5
2	0.980 3	0.961 2	0.942 6	0.924 6	0.907 0	0.890 0	0.873 4	0.857 3	0.841 7	0.826 4	0.811 6	0.797 2	0.783 1	0.769 5	0.756 1	0.743 2	0.730 5	0.718 2	0.706 2	0.694 4	0.683 0	0.671 9	0.661 0	0.650 4
3	0.970 6	0.942 3	0.915 1	0.889 0	0.863 8	0.839 6	0.816 3	0.793 8	0.772 2	0.751 3	0.731 2	0.711 8	0.693 1	0.675 0	0.657 5	0.640 7	0.624 4	0.608 6	0.593 4	0.578 7	0.564 5	0.550 7	0.537 4	0.524 5
4	0.961 0	0.923 8	0.888 5	0.854 8	0.822 7	0.792 1	0.762 9	0.735 0	0.708 4	0.683 0	0.658 7	0.635 5	0.613 3	0.592 1	0.571 8	0.552 3	0.533 7	0.515 8	0.498 7	0.482 3	0.466 5	0.451 4	0.436 9	0.423 0
5	0.951 5	0.905 7	0.862 6	0.821 9	0.783 5	0.747 3	0.713 0	0.680 6	0.649 9	0.620 9	0.593 5	0.567 4	0.542 8	0.519 4	0.497 2	0.476 1	0.456 1	0.437 1	0.419 0	0.401 9	0.385 5	0.370 0	0.355 2	0.341 1
6	0.942 0	0.888 0	0.837 5	0.790 3	0.746 2	0.705 0	0.666 3	0.630 2	0.596 3	0.564 5	0.534 6	0.506 6	0.480 3	0.455 6	0.432 3	0.410 4	0.389 8	0.370 4	0.352 1	0.334 9	0.318 6	0.303 3	0.288 8	0.275 1
7	0.932 7	0.870 6	0.813 1	0.759 9	0.710 7	0.665 1	0.622 7	0.583 5	0.547 0	0.513 2	0.481 7	0.452 3	0.425 1	0.399 6	0.375 9	0.353 8	0.333 2	0.313 9	0.295 9	0.279 1	0.263 3	0.248 6	0.234 8	0.221 8
8	0.923 5	0.853 5	0.789 4	0.730 7	0.676 8	0.627 4	0.582 0	0.540 3	0.501 9	0.466 5	0.433 9	0.403 9	0.376 2	0.350 6	0.326 9	0.305 0	0.284 8	0.266 0	0.248 7	0.232 6	0.217 6	0.203 8	0.190 9	0.178 9
9	0.914 3	0.836 8	0.766 4	0.702 6	0.644 6	0.591 9	0.543 9	0.500 2	0.460 4	0.424 1	0.390 9	0.360 6	0.332 9	0.307 5	0.284 3	0.263 0	0.243 4	0.225 5	0.209 0	0.193 8	0.179 9	0.167 0	0.155 2	0.144 3
10	0.905 3	0.820 3	0.744 1	0.675 6	0.613 9	0.558 4	0.508 3	0.463 2	0.422 4	0.385 5	0.352 2	0.322 0	0.294 6	0.269 7	0.247 2	0.226 7	0.208 0	0.191 1	0.175 6	0.161 5	0.148 6	0.136 9	0.126 2	0.116 4
11	0.896 3	0.804 3	0.722 4	0.649 6	0.584 7	0.526 8	0.475 1	0.428 9	0.387 5	0.350 5	0.317 3	0.287 5	0.260 7	0.236 6	0.214 9	0.195 4	0.177 8	0.161 9	0.147 6	0.134 6	0.122 8	0.112 2	0.102 6	0.093 8
12	0.887 4	0.788 5	0.701 4	0.624 6	0.556 8	0.497 0	0.444 0	0.397 1	0.355 5	0.318 6	0.285 8	0.256 7	0.230 7	0.207 6	0.186 9	0.168 5	0.152 0	0.137 2	0.124 0	0.112 2	0.101 5	0.092 0	0.083 4	0.075 7
13	0.878 7	0.773 0	0.681 0	0.600 6	0.530 3	0.468 8	0.415 0	0.367 7	0.326 2	0.289 7	0.257 5	0.229 2	0.204 2	0.182 1	0.162 5	0.145 2	0.129 9	0.116 3	0.104 2	0.093 5	0.083 9	0.075 4	0.067 8	0.061 0
14	0.870 0	0.757 9	0.661 1	0.577 5	0.505 1	0.442 3	0.387 8	0.340 5	0.299 2	0.263 3	0.232 0	0.204 6	0.180 7	0.159 7	0.141 3	0.125 2	0.111 0	0.098 5	0.087 6	0.077 9	0.069 3	0.061 8	0.055 1	0.049 2
15	0.861 3	0.743 0	0.641 9	0.555 3	0.481 0	0.417 3	0.362 4	0.315 2	0.274 5	0.239 4	0.209 0	0.182 7	0.159 9	0.140 1	0.122 9	0.107 9	0.094 9	0.083 5	0.073 6	0.064 9	0.057 3	0.050 7	0.044 8	0.039 7
16	0.852 8	0.728 4	0.623 2	0.533 9	0.458 1	0.393 6	0.338 7	0.291 9	0.251 9	0.217 6	0.188 3	0.163 1	0.141 5	0.122 9	0.106 9	0.093 0	0.081 1	0.070 8	0.061 8	0.054 1	0.047 4	0.041 5	0.036 4	0.032 0
17	0.844 4	0.714 2	0.605 0	0.513 4	0.436 3	0.371 4	0.316 6	0.270 3	0.231 1	0.197 8	0.169 6	0.145 6	0.125 2	0.107 8	0.092 9	0.080 2	0.069 3	0.060 0	0.052 0	0.045 1	0.039 1	0.034 0	0.029 6	0.025 8
18	0.836 0	0.700 2	0.587 4	0.493 6	0.415 5	0.350 3	0.295 9	0.250 2	0.212 0	0.179 9	0.152 8	0.130 0	0.110 8	0.094 6	0.080 8	0.069 1	0.059 2	0.050 8	0.043 7	0.037 6	0.032 3	0.027 9	0.024 1	0.020 8
19	0.827 7	0.686 4	0.570 3	0.474 6	0.395 7	0.330 5	0.276 5	0.231 7	0.194 5	0.163 5	0.137 7	0.116 1	0.098 1	0.082 9	0.070 3	0.059 6	0.050 6	0.043 1	0.036 7	0.031 3	0.026 7	0.022 9	0.019 6	0.016 8
20	0.819 5	0.673 0	0.553 7	0.456 4	0.376 9	0.311 8	0.258 4	0.214 5	0.178 4	0.148 6	0.124 0	0.103 7	0.086 8	0.072 8	0.061 1	0.051 4	0.043 3	0.036 5	0.030 8	0.026 1	0.022 1	0.018 7	0.015 9	0.013 5
21	0.811 4	0.659 8	0.537 5	0.438 8	0.358 9	0.294 2	0.241 5	0.198 7	0.163 7	0.135 1	0.111 7	0.092 6	0.076 8	0.063 8	0.053 1	0.044 3	0.037 0	0.030 9	0.025 9	0.021 7	0.018 3	0.015 4	0.012 9	0.010 9
22	0.803 4	0.646 8	0.521 9	0.422 0	0.341 8	0.277 5	0.225 7	0.183 9	0.150 2	0.122 8	0.100 7	0.082 6	0.068 0	0.056 0	0.046 2	0.038 2	0.031 6	0.026 2	0.021 8	0.018 1	0.015 1	0.012 6	0.010 5	0.008 8
23	0.795 4	0.634 2	0.506 7	0.405 7	0.325 6	0.261 8	0.210 9	0.170 3	0.137 8	0.111 7	0.090 7	0.073 8	0.060 1	0.049 1	0.040 2	0.032 9	0.027 0	0.022 2	0.018 3	0.015 1	0.012 5	0.010 3	0.008 6	0.007 1
24	0.787 6	0.621 7	0.491 9	0.390 1	0.310 1	0.247 0	0.197 1	0.157 7	0.126 4	0.101 5	0.081 7	0.065 9	0.053 2	0.043 1	0.034 9	0.028 4	0.023 1	0.018 8	0.015 4	0.012 6	0.010 3	0.008 5	0.007 0	0.005 7
25	0.779 8	0.609 5	0.477 6	0.375 1	0.295 3	0.233 0	0.184 2	0.146 0	0.116 0	0.092 3	0.073 6	0.058 8	0.047 1	0.037 8	0.030 4	0.024 5	0.019 7	0.016 0	0.012 9	0.010 5	0.008 5	0.006 9	0.005 7	0.004 6
26	0.772 0	0.597 6	0.463 7	0.360 7	0.281 2	0.219 8	0.172 2	0.135 2	0.106 4	0.083 9	0.066 3	0.052 5	0.041 7	0.033 1	0.026 4	0.021 1	0.016 9	0.013 5	0.010 9	0.008 7	0.007 0	0.005 7	0.004 6	0.003 7
27	0.764 4	0.585 9	0.450 2	0.346 8	0.267 8	0.207 4	0.160 9	0.125 2	0.097 6	0.076 3	0.059 7	0.046 9	0.036 9	0.029 1	0.023 0	0.018 2	0.014 4	0.011 5	0.009 1	0.007 3	0.005 8	0.004 7	0.003 7	0.003 0
28	0.756 8	0.574 4	0.437 1	0.333 5	0.255 1	0.195 6	0.150 4	0.115 9	0.089 5	0.069 3	0.053 8	0.041 9	0.032 6	0.025 5	0.020 0	0.015 7	0.012 3	0.009 7	0.007 7	0.006 1	0.004 8	0.003 8	0.003 0	0.002 4
29	0.749 3	0.563 1	0.424 3	0.320 7	0.242 9	0.184 6	0.140 6	0.107 3	0.082 2	0.063 0	0.048 5	0.037 4	0.028 9	0.022 4	0.017 4	0.013 5	0.010 5	0.008 2	0.006 4	0.005 1	0.004 0	0.003 1	0.002 5	0.002 0
30	0.741 9	0.552 1	0.412 0	0.308 3	0.231 4	0.174 1	0.131 4	0.099 4	0.075 4	0.057 3	0.043 7	0.033 4	0.025 6	0.019 6	0.015 1	0.011 6	0.009 0	0.007 0	0.005 4	0.004 2	0.003 3	0.002 6	0.002 0	0.001 6

附表二　复利终值系数表

公式：$(1+i)^n$

期数	1%	2%	3%	4%	5%	6%	7%	8%	9%	10%	11%	12%	13%	14%	15%	16%	17%	18%	19%	20%	21%
1	1.010 0	1.020 0	1.030 0	1.040 0	1.050 0	1.060 0	1.070 0	1.080 0	1.090 0	1.100 0	1.110 0	1.120 0	1.130 0	1.140 0	1.150 0	1.160 0	1.170 0	1.180 0	1.190 0	1.200 0	1.210 0
2	1.020 1	1.040 4	1.060 9	1.081 6	1.102 5	1.123 6	1.144 9	1.166 4	1.188 1	1.210 0	1.232 1	1.254 4	1.276 9	1.299 6	1.322 5	1.345 6	1.368 9	1.392 4	1.416 1	1.440 0	1.464 1
3	1.030 3	1.061 2	1.092 7	1.124 9	1.157 6	1.191 0	1.225 0	1.259 7	1.295 0	1.331 0	1.367 6	1.404 9	1.442 9	1.481 5	1.520 9	1.560 9	1.601 6	1.643 0	1.685 2	1.728 0	1.771 6
4	1.040 6	1.082 4	1.125 5	1.169 9	1.215 5	1.262 5	1.310 8	1.360 5	1.411 6	1.464 1	1.518 1	1.573 5	1.630 5	1.689 0	1.749 0	1.810 6	1.873 9	1.938 8	2.005 3	2.073 6	2.143 6
5	1.051 0	1.104 1	1.159 3	1.216 7	1.276 3	1.338 2	1.402 6	1.469 3	1.538 6	1.610 5	1.685 1	1.762 3	1.842 4	1.925 4	2.011 4	2.100 3	2.192 4	2.287 8	2.386 4	2.488 3	2.593 7
6	1.061 5	1.126 2	1.194 1	1.265 3	1.340 1	1.418 5	1.500 7	1.586 9	1.677 1	1.771 6	1.870 4	1.973 8	2.082 0	2.195 0	2.313 1	2.436 4	2.565 2	2.699 6	2.839 8	2.986 0	3.138 4
7	1.072 1	1.148 7	1.229 9	1.315 9	1.407 1	1.503 6	1.605 8	1.713 8	1.828 0	1.948 7	2.076 2	2.210 7	2.352 6	2.502 3	2.660 0	2.826 2	3.001 2	3.185 5	3.379 3	3.583 2	3.797 5
8	1.082 9	1.171 7	1.266 8	1.368 6	1.477 5	1.593 8	1.718 2	1.850 9	1.992 6	2.143 6	2.304 5	2.476 0	2.658 4	2.852 6	3.059 0	3.278 4	3.511 5	3.758 9	4.021 4	4.299 8	4.595 0
9	1.093 7	1.195 1	1.304 8	1.423 3	1.551 3	1.689 5	1.838 5	1.999 0	2.171 9	2.357 9	2.558 0	2.773 1	3.004 0	3.251 9	3.517 9	3.803 0	4.108 4	4.435 5	4.785 4	5.159 8	5.559 9
10	1.104 6	1.219 0	1.343 9	1.480 2	1.628 9	1.790 8	1.967 2	2.158 9	2.367 4	2.593 7	2.839 4	3.105 8	3.394 6	3.707 2	4.045 6	4.411 4	4.806 8	5.233 8	5.694 7	6.191 7	6.727 5
11	1.115 7	1.243 4	1.384 2	1.539 5	1.710 3	1.898 3	2.104 9	2.331 6	2.580 4	2.853 1	3.151 8	3.478 6	3.835 9	4.226 2	4.652 4	5.117 3	5.624 0	6.175 9	6.776 7	7.430 1	8.140 3
12	1.126 8	1.268 2	1.425 8	1.601 0	1.795 9	2.012 2	2.252 2	2.518 2	2.812 7	3.138 4	3.498 5	3.896 0	4.334 5	4.817 9	5.350 3	5.936 0	6.580 1	7.287 6	8.064 2	8.916 1	9.849 7
13	1.138 1	1.293 6	1.468 5	1.665 1	1.885 6	2.132 9	2.409 8	2.719 6	3.065 8	3.452 3	3.883 3	4.363 5	4.898 0	5.492 4	6.152 8	6.885 8	7.698 7	8.599 4	9.596 4	10.699 3	11.918 2
14	1.149 5	1.319 5	1.512 6	1.731 7	1.979 9	2.260 9	2.578 5	2.937 2	3.341 7	3.797 5	4.310 4	4.887 1	5.534 8	6.261 3	7.075 7	7.987 5	9.007 5	10.147 2	11.419 8	12.839 2	14.421 0
15	1.161 0	1.345 9	1.558 0	1.800 9	2.078 9	2.396 6	2.759 0	3.172 2	3.642 5	4.177 2	4.784 6	5.473 6	6.254 3	7.137 9	8.137 1	9.265 5	10.538 7	11.973 7	13.589 5	15.407 0	17.449 4
16	1.172 6	1.372 8	1.604 7	1.873 0	2.182 9	2.540 4	2.952 2	3.425 9	3.970 3	4.595 0	5.310 9	6.130 4	7.067 3	8.137 2	9.357 6	10.748 0	12.330 3	14.129 0	16.171 5	18.488 4	21.113 8
17	1.184 3	1.400 2	1.652 8	1.947 9	2.292 0	2.692 8	3.158 8	3.700 0	4.327 6	5.054 5	5.895 1	6.866 0	7.986 1	9.276 5	10.761 3	12.467 7	14.426 5	16.672 2	19.244 1	22.186 1	25.547 7
18	1.196 1	1.428 2	1.702 4	2.025 8	2.406 6	2.854 3	3.379 9	3.996 0	4.717 1	5.559 9	6.543 6	7.690 0	9.024 3	10.575 2	12.375 5	14.462 5	16.879 0	19.673 3	22.900 5	26.623 3	30.912 7
19	1.208 1	1.456 8	1.753 5	2.106 8	2.527 0	3.025 6	3.616 5	4.315 7	5.141 7	6.115 9	7.263 3	8.612 8	10.197 4	12.055 7	14.231 8	16.776 5	19.748 4	23.214 4	27.251 6	31.948 0	37.404 3
20	1.220 2	1.485 9	1.806 1	2.191 1	2.653 3	3.207 1	3.869 7	4.661 0	5.604 4	6.727 5	8.062 3	9.646 3	11.523 1	13.743 5	16.366 5	19.460 8	23.105 6	27.393 0	32.429 4	38.337 6	45.259 3
21	1.232 4	1.515 7	1.860 3	2.278 8	2.786 0	3.399 6	4.140 6	5.033 8	6.108 8	7.400 2	8.949 2	10.803 8	13.021 1	15.667 6	18.821 5	22.574 5	27.033 6	32.323 8	38.591 0	46.005 1	54.763 7
22	1.244 7	1.546 0	1.916 1	2.369 9	2.925 3	3.603 5	4.430 4	5.436 5	6.658 6	8.140 3	9.933 6	12.100 3	14.713 8	17.861 0	21.644 7	26.186 4	31.629 3	38.142 1	45.923 3	55.206 1	66.264 1
23	1.257 2	1.576 9	1.973 6	2.464 7	3.071 5	3.819 7	4.740 5	5.871 5	7.257 9	8.954 3	11.026 3	13.552 3	16.626 6	20.361 6	24.891 5	30.376 2	37.006 2	45.007 6	54.648 7	66.247 4	80.179 5
24	1.269 7	1.608 4	2.032 8	2.563 3	3.225 1	4.048 9	5.072 4	6.341 2	7.911 1	9.849 7	12.239 2	15.178 6	18.788 1	23.212 2	28.625 2	35.236 4	43.297 3	53.109 0	65.032 0	79.496 8	97.017 2
25	1.282 4	1.640 6	2.093 8	2.665 8	3.386 4	4.291 9	5.427 4	6.848 5	8.623 1	10.834 7	13.585 5	17.000 1	21.230 5	26.461 9	32.919 0	40.874 2	50.657 8	62.668 6	77.388 1	95.396 2	117.390 9
26	1.295 3	1.673 4	2.156 6	2.772 5	3.555 7	4.549 4	5.807 4	7.396 4	9.399 2	11.918 2	15.079 9	19.040 1	23.990 5	30.166 6	37.856 8	47.414 1	59.269 7	73.949 0	92.091 8	114.475 5	142.042 9
27	1.308 2	1.706 9	2.221 3	2.883 4	3.733 5	4.822 3	6.213 9	7.988 1	10.245 1	13.110 0	16.738 7	21.324 9	27.109 3	34.389 9	43.535 3	55.000 4	69.345 5	87.259 8	109.589 3	137.370 6	171.871 9
28	1.321 3	1.741 0	2.287 9	2.998 7	3.920 1	5.111 7	6.648 8	8.627 1	11.167 1	14.421 0	18.579 9	23.883 9	30.633 5	39.204 5	50.065 6	63.800 4	81.134 2	102.966 6	130.411 2	164.844 7	207.965 1
29	1.334 5	1.775 8	2.356 6	3.118 7	4.116 1	5.418 4	7.114 3	9.317 3	12.172 2	15.863 1	20.623 7	26.749 9	34.615 8	44.693 1	57.575 5	74.008 5	94.927 1	121.500 5	155.189 3	197.813 6	251.637 7
30	1.347 8	1.811 4	2.427 3	3.243 4	4.321 9	5.743 5	7.612 3	10.062 7	13.267 7	17.449 4	22.892 3	29.959 9	39.115 9	50.950 2	66.211 8	85.849 9	111.064 7	143.370 6	184.675 3	237.376 3	304.481 6

附表三　年金现值系数表

公式：$\frac{1-(1+i)^{-n}}{i}$

期数	1%	2%	3%	4%	5%	6%	7%	8%	9%	10%	11%	12%	13%	14%	15%	16%	17%	18%	19%	20%	21%	22%
1	0.990 1	0.980 4	0.970 9	0.961 5	0.952 4	0.943 4	0.934 6	0.925 9	0.917 4	0.909 1	0.900 9	0.892 9	0.885 0	0.877 2	0.869 6	0.862 1	0.854 7	0.847 5	0.840 3	0.833 3	0.826 4	0.819 7
2	1.970 4	1.941 6	1.913 5	1.886 1	1.859 4	1.833 4	1.808 0	1.783 3	1.759 1	1.735 5	1.712 5	1.690 1	1.668 1	1.646 7	1.625 7	1.605 2	1.585 2	1.565 6	1.546 5	1.527 8	1.509 5	1.491 5
3	2.941 0	2.883 9	2.828 6	2.775 1	2.723 2	2.673 0	2.624 3	2.577 1	2.531 3	2.486 9	2.443 7	2.401 8	2.361 2	2.321 6	2.283 2	2.245 9	2.209 6	2.174 3	2.139 9	2.106 5	2.073 9	2.042 2
4	3.902 0	3.807 7	3.717 1	3.629 9	3.546 0	3.465 1	3.387 2	3.312 1	3.239 7	3.169 9	3.102 4	3.037 3	2.974 5	2.913 7	2.855 0	2.798 2	2.743 2	2.690 1	2.638 6	2.588 7	2.540 4	2.493 6
5	4.853 4	4.713 5	4.579 7	4.451 8	4.329 5	4.212 4	4.100 2	3.992 7	3.889 7	3.790 8	3.695 9	3.604 8	3.517 2	3.433 1	3.352 2	3.274 3	3.199 3	3.127 2	3.057 6	2.990 6	2.926 0	2.863 6
6	5.795 5	5.601 4	5.417 2	5.242 1	5.075 7	4.917 3	4.766 5	4.622 9	4.485 9	4.355 3	4.230 5	4.111 4	3.997 5	3.888 7	3.784 5	3.684 7	3.589 2	3.497 6	3.409 8	3.325 5	3.244 6	3.166 9
7	6.728 2	6.472 0	6.230 3	6.002 1	5.786 4	5.582 4	5.389 3	5.206 4	5.033 0	4.868 4	4.712 2	4.563 8	4.422 6	4.288 3	4.160 4	4.038 6	3.922 4	3.811 5	3.705 7	3.604 6	3.507 9	3.415 5
8	7.651 7	7.325 5	7.019 7	6.732 7	6.463 2	6.209 8	5.971 3	5.746 6	5.534 8	5.334 9	5.146 1	4.967 6	4.798 8	4.638 9	4.487 3	4.343 6	4.207 2	4.077 6	3.954 4	3.837 2	3.725 6	3.619 3
9	8.566 0	8.162 2	7.786 1	7.435 3	7.107 8	6.801 7	6.515 2	6.246 9	5.995 2	5.759 0	5.537 0	5.328 2	5.131 7	4.946 4	4.771 6	4.606 5	4.450 6	4.303 0	4.163 3	4.031 0	3.905 4	3.786 3
10	9.471 3	8.982 6	8.530 2	8.110 9	7.721 7	7.360 1	7.023 6	6.710 1	6.417 7	6.144 6	5.889 2	5.650 2	5.426 2	5.216 1	5.018 8	4.833 2	4.658 6	4.494 1	4.338 9	4.192 5	4.054 1	3.923 2
11	10.367 6	9.786 8	9.252 6	8.760 5	8.306 4	7.886 9	7.498 7	7.139 0	6.805 2	6.495 1	6.206 5	5.937 7	5.686 9	5.452 7	5.233 7	5.028 6	4.836 4	4.656 0	4.486 5	4.327 1	4.176 9	4.035 4
12	11.255 1	10.575 3	9.954 0	9.385 1	8.863 3	8.383 8	7.942 7	7.536 1	7.160 7	6.813 7	6.492 4	6.194 4	5.917 6	5.660 3	5.420 6	5.197 1	4.988 4	4.793 2	4.610 5	4.439 2	4.278 4	4.127 4
13	12.133 7	11.348 4	10.635 0	9.985 6	9.393 6	8.852 7	8.357 7	7.903 8	7.486 9	7.103 4	6.749 9	6.423 5	6.121 8	5.842 4	5.583 1	5.342 3	5.118 3	4.909 5	4.714 7	4.532 7	4.362 4	4.202 8
14	13.003 7	12.106 2	11.296 1	10.563 1	9.898 6	9.295 0	8.745 5	8.244 2	7.786 2	7.366 7	6.981 9	6.628 2	6.302 5	6.002 1	5.724 5	5.467 5	5.229 3	5.008 1	4.802 3	4.610 6	4.431 7	4.264 6
15	13.865 1	12.849 3	11.937 9	11.118 4	10.379 7	9.712 2	9.107 9	8.559 5	8.060 7	7.606 1	7.190 9	6.810 9	6.462 4	6.142 2	5.847 4	5.575 5	5.324 2	5.091 6	4.875 9	4.675 5	4.489 0	4.315 2
16	14.717 9	13.577 7	12.561 1	11.652 3	10.837 8	10.105 9	9.446 6	8.851 4	8.312 6	7.823 7	7.379 2	6.974 0	6.603 9	6.265 1	5.954 2	5.668 5	5.405 3	5.162 4	4.937 7	4.729 6	4.536 4	4.356 7
17	15.562 3	14.291 9	13.166 1	12.165 7	11.274 1	10.477 3	9.763 2	9.121 6	8.543 6	8.021 6	7.548 8	7.119 6	6.729 1	6.372 9	6.047 2	5.748 7	5.474 6	5.222 3	4.989 7	4.774 6	4.575 5	4.390 8
18	16.398 3	14.992 0	13.753 5	12.659 3	11.689 6	10.827 6	10.059 1	9.371 9	8.755 6	8.201 4	7.701 6	7.249 7	6.839 9	6.467 4	6.128 0	5.817 8	5.533 9	5.273 2	5.033 3	4.812 2	4.607 9	4.418 7
19	17.226 0	15.678 5	14.323 8	13.133 9	12.085 3	11.158 1	10.335 6	9.603 6	8.950 1	8.364 9	7.839 3	7.365 8	6.938 0	6.550 4	6.198 2	5.877 5	5.584 5	5.316 2	5.070 0	4.843 5	4.634 6	4.441 5
20	18.045 6	16.351 4	14.877 5	13.590 3	12.462 2	11.469 9	10.594 0	9.818 1	9.128 5	8.513 6	7.963 3	7.469 4	7.024 8	6.623 1	6.259 3	5.928 8	5.627 8	5.352 7	5.100 9	4.869 6	4.656 7	4.460 3
21	18.857 0	17.011 2	15.415 0	14.029 2	12.821 2	11.764 1	10.835 5	10.016 8	9.292 2	8.648 7	8.075 1	7.562 0	7.101 6	6.687 0	6.312 5	5.973 1	5.664 8	5.383 7	5.126 8	4.891 3	4.675 0	4.475 6
22	19.660 4	17.658 0	15.936 9	14.451 1	13.163 0	12.041 6	11.061 2	10.200 7	9.442 4	8.771 5	8.175 7	7.644 6	7.169 5	6.742 9	6.358 7	6.011 3	5.696 4	5.409 9	5.148 6	4.909 4	4.690 0	4.488 2
23	20.455 8	18.292 2	16.443 6	14.856 8	13.488 6	12.303 4	11.272 2	10.371 1	9.580 2	8.883 2	8.266 4	7.718 4	7.229 7	6.792 1	6.398 8	6.044 2	5.723 4	5.432 1	5.166 8	4.924 5	4.702 5	4.498 5
24	21.243 4	18.913 9	16.935 5	15.247 0	13.798 6	12.550 4	11.469 3	10.528 8	9.706 6	8.984 7	8.348 1	7.784 3	7.282 9	6.835 1	6.433 8	6.072 6	5.746 5	5.450 9	5.182 2	4.937 1	4.712 8	4.507 0
25	22.023 2	19.523 5	17.413 1	15.622 1	14.093 9	12.783 4	11.653 6	10.674 8	9.822 6	9.077 0	8.421 7	7.843 1	7.330 0	6.872 9	6.464 1	6.097 1	5.766 2	5.466 9	5.195 1	4.947 6	4.721 3	4.513 9
26	22.795 2	20.121 0	17.876 8	15.982 8	14.375 2	13.003 2	11.825 8	10.810 0	9.929 0	9.160 9	8.488 1	7.895 7	7.371 7	6.906 1	6.490 6	6.118 2	5.783 1	5.480 4	5.206 0	4.956 3	4.728 4	4.519 6
27	23.559 6	20.706 9	18.327 0	16.329 6	14.643 0	13.210 5	11.986 7	10.935 2	10.026 6	9.237 2	8.547 8	7.942 6	7.408 6	6.935 2	6.513 5	6.136 4	5.797 5	5.491 9	5.215 1	4.963 6	4.734 2	4.524 3
28	24.316 4	21.281 3	18.764 1	16.663 1	14.898 1	13.406 2	12.137 1	11.051 1	10.116 1	9.306 6	8.601 6	7.984 4	7.441 2	6.960 7	6.533 5	6.152 0	5.809 9	5.501 6	5.222 8	4.969 7	4.739 0	4.528 1
29	25.065 8	21.844 4	19.188 5	16.983 7	15.141 1	13.590 7	12.277 7	11.158 4	10.198 3	9.369 6	8.650 1	8.021 8	7.470 1	6.983 0	6.550 9	6.165 6	5.820 4	5.509 8	5.229 2	4.974 7	4.743 0	4.531 2
30	25.807 7	22.396 5	19.600 4	17.292 0	15.372 5	13.764 8	12.409 0	11.257 8	10.273 7	9.426 9	8.693 8	8.055 2	7.495 7	7.002 7	6.566 0	6.177 2	5.829 4	5.516 8	5.234 7	4.978 9	4.746 3	4.533 8

附表四　年金终值系数表

公式：$\frac{(1+i)^n-1}{i}$

期数	1%	2%	3%	4%	5%	6%	7%	8%	9%	10%	11%	12%	13%	14%	15%	16%	17%	18%	19%
1	1.000 0	1.000 0	1.000 0	1.000 0	1.000 0	1.000 0	1.000 0	1.000 0	1.000 0	1.000 0	1.000 0	1.000 0	1.000 0	1.000 0	1.000 0	1.000 0	1.000 0	1.000 0	1.000 0
2	2.010 0	2.020 0	2.030 0	2.040 0	2.050 0	2.060 0	2.070 0	2.080 0	2.090 0	2.100 0	2.110 0	2.120 0	2.130 0	2.140 0	2.150 0	2.160 0	2.170 0	2.180 0	2.190 0
3	3.030 1	3.060 4	3.090 9	3.121 6	3.152 5	3.183 6	3.214 9	3.246 4	3.278 1	3.310 0	3.342 1	3.374 4	3.406 9	3.439 6	3.472 5	3.505 6	3.538 9	3.572 4	3.606 1
4	4.060 4	4.121 6	4.183 6	4.246 5	4.310 1	4.374 6	4.439 9	4.506 1	4.573 1	4.641 0	4.709 7	4.779 3	4.849 8	4.921 1	4.993 4	5.066 5	5.140 5	5.215 4	5.291 3
5	5.101 0	5.204 0	5.309 1	5.416 3	5.525 6	5.637 1	5.750 7	5.866 6	5.984 7	6.105 1	6.227 8	6.352 8	6.480 3	6.610 1	6.742 4	6.877 1	7.014 4	7.154 2	7.296 6
6	6.152 0	6.308 1	6.468 4	6.633 0	6.801 9	6.975 3	7.153 3	7.335 9	7.523 3	7.715 6	7.912 9	8.115 2	8.322 7	8.535 5	8.753 7	8.977 5	9.206 8	9.442 0	9.683 0
7	7.213 5	7.434 3	7.662 5	7.898 3	8.142 0	8.393 8	8.654 0	8.922 8	9.200 4	9.487 2	9.783 3	10.089 0	10.404 7	10.730 5	11.066 8	11.413 9	11.772 0	12.141 5	12.522 7
8	8.285 7	8.583 0	8.892 3	9.214 2	9.549 1	9.897 5	10.259 8	10.636 6	11.028 5	11.435 9	11.859 4	12.299 7	12.757 3	13.232 8	13.726 8	14.240 1	14.773 3	15.327 0	15.902 0
9	9.368 5	9.754 6	10.159 1	10.582 8	11.026 6	11.491 3	11.978 0	12.487 6	13.021 0	13.579 5	14.164 0	14.775 7	15.415 7	16.085 3	16.785 8	17.518 5	18.284 7	19.085 9	19.923 4
10	10.462 2	10.949 7	11.463 9	12.006 1	12.577 9	13.180 8	13.816 4	14.486 6	15.192 9	15.937 4	16.722 0	17.548 7	18.419 7	19.337 3	20.303 7	21.321 5	22.393 1	23.521 3	24.708 9
11	11.566 8	12.168 7	12.807 8	13.486 4	14.206 8	14.971 6	15.783 6	16.645 5	17.560 3	18.531 2	19.561 4	20.654 6	21.814 3	23.044 5	24.349 3	25.732 9	27.199 9	28.755 1	30.403 5
12	12.682 5	13.412 1	14.192 0	15.025 8	15.917 1	16.869 9	17.888 5	18.977 1	20.140 7	21.384 3	22.713 2	24.133 1	25.650 2	27.270 7	29.001 7	30.850 2	32.823 9	34.931 1	37.180 2
13	13.809 3	14.680 3	15.617 8	16.626 8	17.713 0	18.882 1	20.140 6	21.495 3	22.953 4	24.522 7	26.211 6	28.029 1	29.984 7	32.088 7	34.351 9	36.786 2	39.404 0	42.218 7	45.244 5
14	14.947 4	15.973 9	17.086 3	18.291 9	19.598 6	21.015 1	22.550 5	24.214 9	26.019 2	27.975 0	30.094 9	32.392 6	34.882 7	37.581 1	40.504 7	43.672 0	47.102 7	50.818 0	54.840 9
15	16.096 9	17.293 4	18.598 9	20.023 6	21.578 6	23.276 0	25.129 0	27.152 1	29.360 9	31.772 5	34.405 4	37.279 7	40.417 5	43.842 4	47.580 4	51.659 5	56.110 1	60.965 3	66.260 7
16	17.257 9	18.639 3	20.156 9	21.824 5	23.657 5	25.672 5	27.888 1	30.324 3	33.003 4	35.949 7	39.189 9	42.753 3	46.671 7	50.980 4	55.717 5	60.925 0	66.648 8	72.939 0	79.850 2
17	18.430 4	20.012 1	21.761 6	23.697 5	25.840 4	28.212 9	30.840 2	33.750 2	36.973 7	40.544 7	44.500 8	48.883 7	53.739 1	59.117 6	65.075 1	71.673 0	78.979 2	87.068 0	96.021 8
18	19.614 7	21.412 3	23.414 4	25.645 4	28.132 4	30.905 7	33.999 0	37.450 2	41.301 3	45.599 2	50.395 9	55.749 7	61.725 1	68.394 1	75.836 4	84.140 7	93.405 6	103.740 3	115.265 9
19	20.810 9	22.840 6	25.116 9	27.671 2	30.539 0	33.760 0	37.379 0	41.446 3	46.018 5	51.159 1	56.939 5	63.439 7	70.749 4	78.969 2	88.211 8	98.603 2	110.284 6	123.413 5	138.166 4
20	22.019 0	24.297 4	26.870 4	29.778 1	33.066 0	36.785 6	40.995 5	45.762 0	51.160 1	57.275 0	64.202 8	72.052 4	80.946 8	91.024 9	102.443 6	115.379 7	130.032 9	146.628 0	165.418 0
21	23.239 2	25.783 3	28.676 5	31.969 2	35.719 3	39.992 7	44.865 2	50.422 9	56.764 5	64.002 5	72.265 1	81.698 7	92.469 9	104.768 4	118.810 1	134.840 5	153.138 5	174.021 0	197.847 4
22	24.471 6	27.299 0	30.536 8	34.248 0	38.505 2	43.392 3	49.005 7	55.456 8	62.873 3	71.402 7	81.214 3	92.502 6	105.491 0	120.436 0	137.631 6	157.415 0	180.172 1	206.344 8	236.438 5
23	25.716 3	28.845 0	32.452 9	36.617 9	41.430 5	46.995 8	53.436 1	60.893 3	69.531 9	79.543 0	91.147 9	104.602 9	120.204 8	138.297 0	159.276 4	183.601 4	211.801 3	244.486 8	282.361 8
24	26.973 5	30.421 9	34.426 5	39.082 6	44.502 0	50.815 6	58.176 7	66.764 8	76.789 8	88.497 3	102.174 2	118.155 2	136.831 5	158.658 6	184.167 8	213.977 6	248.807 6	289.494 5	337.010 5
25	28.243 2	32.030 3	36.459 3	41.645 9	47.727 1	54.864 5	63.249 0	73.105 9	84.700 9	98.347 1	114.413 3	133.333 9	155.619 6	181.870 8	212.793 0	249.214 0	292.104 9	342.603 5	402.042 5
26	29.525 6	33.670 9	38.553 0	44.311 7	51.113 5	59.156 4	68.676 5	79.954 4	93.324 0	109.181 8	127.998 8	150.333 9	176.850 1	208.332 7	245.712 0	290.088 3	342.762 7	405.272 1	479.430 6
27	30.820 9	35.344 3	40.709 6	47.084 2	54.669 1	63.705 8	74.483 8	87.350 8	102.723 1	121.099 9	143.078 6	169.374 0	200.840 6	238.499 3	283.568 8	337.502 4	402.032 3	479.221 1	571.522 4
28	32.129 1	37.051 2	42.930 9	49.967 6	58.402 6	68.528 1	80.697 7	95.338 8	112.968 2	134.209 9	159.817 3	190.698 9	227.949 9	272.889 2	327.104 1	392.502 8	471.377 8	566.480 9	681.111 6
29	33.450 4	38.792 2	45.218 9	52.966 3	62.322 7	73.639 8	87.346 5	103.965 9	124.135 4	148.630 9	178.397 2	214.582 8	258.583 4	312.093 7	377.169 7	456.303 2	552.512 1	669.447 5	811.522 8
30	34.784 9	40.568 1	47.575 4	56.084 9	66.438 8	79.058 2	94.460 8	113.283 2	136.307 5	164.494 0	199.020 9	241.332 7	293.199 2	356.786 8	434.745 1	530.311 7	647.439 1	790.948 0	966.712 2